Księga kobiet

OSHO

Księga kobiet

Duchowa siła kobiecości

przełożył Paweł Karpowicz

Wydawnictwo Czarna Owca
Warszawa 2018

Tytuł oryginału
THE BOOK OF WOMEN

Redakcja
Krystyna Podhajska

Projekt okładki
Magda Kuc

Zdjęcie na okładce
Nneirda/Shutterstock

Korekta
Ewa Jastrun, Marcjanna Bulik

DTP
Dorota Borkowska

Materiał zawarty w tej książce pochodzi z różnych wystąpień publicznych Osho z okresu ponad 30 lat. Wszystkie wykłady Osho zostały wydane w całości w formie książkowej i są również dostępne w postaci oryginalnych nagrań. Nagrania dźwiękowe i pełny zbiór tekstów można znaleźć w internecie: OSHO Library, www.osho.com

Wydanie IV

Druk i oprawa
ABEDIK S.A.

Książka została wydrukowana na papierze Ecco Book Cream 70 g/m², vol. 2,0 dystrybuowanym przez antalis

ISBN 978-83-8143-067-8

Wydawnictwo
CZARNA OWCA

ul. Alzacka 15a, 03-972 Warszawa
www.czarnaowca.pl
Redakcja: tel. 22 616 29 20; e-mail: redakcja@czarnaowca.pl
Dział handlowy: tel. 22 616 29 36; e-mail: handel@czarnaowca.pl
Księgarnia i sklep internetowy: tel. 22 616 12 72; e-mail: sklep@czarnaowca.pl

Spis treści

Wprowadzenie

W jaki sposób jako mężczyzna możesz mówić o kobiecej psychice?

Nie mówię jako mężczyzna, nie mówię jako kobieta. W ogóle nie wypowiadam się z poziomu umysłu. Używam umysłu, lecz wypowiadam się jako świadomość. Świadomość nie jest mężczyzną ani kobietą. Tego rodzaju rozróżnienie można stosować i wobec ciała, i wobec umysłu, ponieważ umysł jest wewnętrzną częścią ciała, a ciało jest zewnętrzną częścią umysłu. Ciało i umysł są nierozdzielne, są całością.

W rzeczywistości mówienie o ciele *i* umyśle jest nieprawidłowe. Nie powinniśmy używać spójnika „i" ani łącznika. Jesteśmy ciałemumysłem[1].

Dlatego tylko wtedy, kiedy mówimy o ciele i umyśle, używanie pojęć „męskość" i „kobiecość" jest odpowiednie. Istnieje jednak coś poza ciałem i umysłem, coś transcendentnego – prawdziwy rdzeń, twoja istota. Tę

[1] Osho chodzi o to, że nie powinniśmy zapisywać nazwy tego pojęcia jako „ciało-umysł", z łącznikiem (przyp. tłum.).

istotę stanowi jedynie świadomość, bycie świadkiem, postrzeganie. To czysta świadomość.

Nie wypowiadam się w tym momencie jako mężczyzna; nie mógłbym mówić o kobiecie. Wypowiadam się jako świadomość. Wielokrotnie żyłem i w ciele kobiety, i w ciele mężczyzny. Byłem świadkiem tego wszystkiego. Widziałem wszystkie domy, widziałem wszystkie ubrania. To, o czym mówię, wynika z bardzo wielu żywotów. Nie wynika jedynie z tego życia. Obecne życie stanowi zwieńczenie bardzo długiej pielgrzymki.

Tak więc nie słuchajcie mnie jako mężczyzny ani jako kobiety, ponieważ wówczas mnie nie usłyszycie. Słuchajcie mnie jako świadomości.

1. Kobiecość

Wydaje się, że jesteś pierwszym znanym na tej planecie mężczyzną, który naprawdę rozumie kobiety i je akceptuje. Czy mógłbyś powiedzieć coś na ten temat?

Powiedziałem, że kobieta ma być kochana, a nie rozumiana. To przede wszystkim.

Życie jest tak tajemnicze, że dłońmi nie możemy dosięgnąć jego szczytów, oczyma nie możemy wniknąć w jego najgłębszą tajemnicę. Zrozumienie każdego przejawu egzystencji – mężczyzn, kobiet, drzew, zwierząt czy ptaków – jest zadaniem nauki, a nie mistyki. Naukowcy zaczynają to pojmować. Rezygnują ze swego dawnego uporu i fałszywego przekonania, że pewnego dnia poznają wszystko, co można poznać. Nie jestem naukowcem. Dla mnie nauka jest tajemnicą.

Dzięki Albertowi Einsteinowi nastąpiła zmiana, nauka wkroczyła na nową drogę. Stało się tak dlatego, że im bardziej Einstein wnikał w najgłębsze pokłady materii, tym bardziej czuł się zakłopotany. Musiał pozostawić wszelką logikę, porzucić postawę racjonalną. Nie można bowiem narzucać naturze własnych wyobrażeń na jej temat. Nie będzie ona podążać za naszą logiką. Albert Einstein wspomina, że w pewnym momencie swego życia wahał się, czy upierać się przy postawie racjonalnej. Byłoby to jednak głupie. Byłoby to ludzkie, lecz nie inteligentne. Jeżeli nawet kładziesz nacisk na logikę i racjonalność, życie nie zmienia się zgodnie z twoją logiką. To twoja logika ma się zmieniać zgodnie z życiem. Im głębiej wnikasz w istotę życia, tym bardziej tajemnicze się ono staje. Przychodzi taki moment, kiedy człowiek musi pozostawić logikę i racjonalność – po prostu musi słuchać natury. Nazywam to ostatecznym zrozumieniem. Nie jest to jednak zrozumienie w zwykłym tego słowa znaczeniu. Wiesz, czujesz, lecz nie możesz w żaden sposób tego wyrazić.

Mężczyzna jest tajemnicą, kobieta jest tajemnicą, wszystko, co istnieje, jest tajemnicą. Wszystkie nasze wysiłki, by poznać tę tajemnicę, zawodzą.

Pamiętam pewnego mężczyznę, który kupował w sklepie z zabawkami prezent dla syna na Boże Narodzenie. Był znanym matematykiem, dlatego właściciel sklepu przyniósł mu układankę. Matematyk spróbował ją ułożyć... Była naprawdę wspaniała... Próbował, próbował, zaczął się pocić. Nie mógł znaleźć właściwego rozwiązania. Klienci, sprzedawcy i właściciel sklepu przyglądali mu się ze zdziwieniem. W końcu zrezygnował i krzyknął do właściciela sklepu:

– Jestem matematykiem i skoro nie potrafię poradzić sobie z tą układanką, czy myślisz, że uda się to mojemu synowi?

– Nie rozumiesz. Jest ona skonstruowana w ten sposób, że nikt nie potrafi znaleźć rozwiązania, niezależnie od tego, czy jest matematykiem, czy też nie – odpowiedział właściciel.

– Dlaczego skonstruowano ją właśnie tak?

– Dlatego, by dziecko uczyło się od początku, że życie jest zagadką nie do rozwiązania.

Życia możesz doświadczać, możesz nim się cieszyć. Możesz zjednoczyć się z tajemnicą. Jednak idea, by zrozumieć życie z pozycji obserwatora, jest błędna.

Sam siebie nie rozumiem. Jestem dla siebie samego największą tajemnicą. Jednak mogę udzielić wam kilku wskazówek.

Psychiatra to facet, który stawia pytania i każe słono sobie za to płacić. Żona stawia ci pytania za darmo.

Jak osiągnąć szczęście? Możesz mówić o miłości, czułości i namiętności. Jednak prawdziwe szczęście wiąże się z odkryciem, że nigdy nie byłeś od niego oddzielony.

Na początku kobiety opierają się zalotom mężczyzn, w końcu zaś zatrzymują ich siłą.

Jeżeli chcesz, by kobieta zmieniła zdanie, zgódź się z nią. Chcesz wiedzieć, o co naprawdę chodzi kobiecie? Spójrz na nią, zamiast jej słuchać.

Pewna dama podeszła do policjanta i powiedziała:

– Panie oficerze, ten człowiek na rogu ulicy mi dokucza.

– Cały czas się przyglądałem – powiedział policjant – ten mężczyzna nawet nie spojrzał na panią.

– No właśnie – stwierdziła kobieta – czyż nie jest to afront?

Romantyczny młodzieniec odwrócił się w łóżku ku pięknej młodej dziewczynie i spytał:

– Czy jestem pierwszym mężczyzną, z którym się kochasz? Dziewczyna przez chwilę się zastanawiała, po czym odpowiedziała:

– Być może, mam słabą pamięć do twarzy.

Wszystko jest tajemnicze. Lepiej tym się cieszyć, niż próbować to zrozumieć. Ostatecznie człowiek, który próbuje zrozumieć życie, okazuje się głupcem. Natomiast człowiek, który cieszy się życiem, zyskuje coraz większą mądrość i cieszy się coraz bardziej. Staje się bardziej świadomy wszechogarniającej tajemnicy.

Najwyższe zrozumienie polega na tym, by pojąć, że nic nie może zostać zrozumiane, że wszystko jest tajemnicze i cudowne. Moim zdaniem z tego rodzi się postawa religijna człowieka.

Czy mógłbyś wyjaśnić, jakie są różnice między mężczyznami a kobietami?

Większość różnic między mężczyznami a kobietami wynika z uwarunkowań powstających w ciągu tysięcy lat. Te uwarunkowania nie są właściwe samej naturze. Istnieje także kilka różnic, które nadają mężczyznom i kobietom wyjątkowe piękno i niezwykłą indywidualność. Łatwo je wyliczyć.

Przede wszystkim kobieta ma zdolność dawania życia, natomiast mężczyzna jej nie ma. Pod tym względem znajduje się on na niższej pozycji. To odegrało dużą rolę w procesie, w którego wyniku mężczyźni zdominowali kobiety. Kompleks niższości prowadzi do narodzin poczucia wyższości. Mężczyzna oszukuje samego siebie, oszukuje cały świat. Przez stulecia niszczył geniusz kobiety, jej talenty i uzdolnienia. W rezultacie mógł potwierdzić swoją wyższość przed samym sobą i przed światem.

Kobieta daje życie. Z tego powodu przez dziewięć miesięcy jest szczególnie wrażliwa. Jest też zależna od mężczyzny, co on wykorzystuje w bardzo niemiły sposób. A tymczasem to różnica fizjologiczna, która nie powinna mieć większego znaczenia.

Psychika kobiety jest niszczona przez mężczyznę, wmawiającego jej nieprawdę. Czyni to kobietę niewolnicą, stawia na gorszej pozycji. Przyczyną tej sytuacji jest większa siła mięśni mężczyzny. Lecz siła mięśni jest częścią naszej zwierzęcej natury. Jeżeli to miałoby decydować o wyższej pozycji, warto pamiętać, że wiele zwierząt dysponuje większą siłą mięśni niż mężczyzna.

Z pewnością istnieją jednak rzeczywiste różnice. Musimy je odnaleźć wśród wielu wytworzonych sztucznie. Jedna z różnic, którą spostrzegam, polega na tym, że kobieta jest bardziej niż mężczyzna zdolna do miłości. Miłość u mężczyzny mocniej lub słabiej wiąże się z potrzebą fizyczną. Dla kobiety natomiast miłość jest czymś większym, wyższym – to doświadczenie duchowe. Z tego powodu kobieta jest monogamiczna, natomiast mężczyzna poligamiczny. Mężczyzna chciałby posiąść wszystkie kobiety na świecie i jeszcze nie byłby usatysfakcjonowany. Jego apetyt nie ma granic.

Kobieta może być usatysfakcjonowana jedną miłością, całkowicie spełniona. Nie patrzy na ciało mężczyzny, lecz na jego ukryte głęboko cechy. Nie zakochuje się w mężczyźnie, który ma piękne, muskularne ciało. Zakochuje się w mężczyźnie, który jest obdarzony charyzmą, czymś trudnym do określenia, lecz niezmiernie atrakcyjnym. Taki mężczyzna ma w sobie tajemnicę, którą można badać. Kobieta chce, by jej mężczyzna nie był zwykłym mężczyzną, lecz przygodą odkrywania świadomości.

Mężczyzna ma niewielką wydolność w życiu seksualnym. Może mieć tylko jeden orgazm. Kobieta jest pod tym względem nieskończenie doskonalsza. Może przeżywać wiele orgazmów. To jedna z najbardziej kłopotliwych kwestii. Orgazm mężczyzny jest zlokalizowany, ogranicza się do strefy narządów płciowych. Orgazm kobiety jest całkowity i nie ogranicza się do strefy genitalnej. Całe ciało kobiety jest seksualne i może ona przeżywać piękne orgazmiczne doświadczenie, tysiąckrotnie większe, głębsze, bardziej sycące i bogatsze niż doświadczenie mężczyzny.

Tragedia polega na tym, że całe ciało kobiety powinno zostać pobudzone. Mężczyzna nie jest tym zainteresowany i nigdy nie był. Używa kobiety niczym maszyny do seksu, po prostu po to, by rozładować napięcie seksualne. Mężczyzna kończy w ciągu kilku sekund. A kiedy on kończy, ona jeszcze nawet nie zaczęła. Kiedy mężczyzna kończy uprawianie miłości, odwraca się i zasypia; akt seksualny pomaga mu uwolnić wszystkie napięcia, zrelaksować się i dobrze spać. Kobieta szlocha i płacze. Ona jeszcze nie wystartowała, nie została poruszona. Została wykorzystana. To najgorsza rzecz, jaka może się w życiu wydarzyć – być potraktowanym w sposób przedmiotowy, jak rzecz. Kobieta nie może wybaczyć mężczyźnie tego, że ją wykorzystał.

By kobieta stała się rzeczywistą partnerką i doznawała orgazmu, mężczyzna musi się nauczyć gry wstępnej. Nie może się spieszyć z pójściem do łóżka. Musi uczynić miłość rodzajem sztuki. Potrzebne jest stosowne miejsce – świątynia miłości – gdzie pali się kadzidło, gdzie nie ma jaskrawych świateł, lecz płoną świece. Mężczyzna powinien zbliżać się do kobiety, kiedy znajduje się we wspaniałym nastroju, kiedy jest pełen radości, kiedy ma się czym dzielić.

Zazwyczaj tak się dzieje, że kobiety i mężczyźni kłócą się ze sobą, a potem uprawiają miłość. To zatruwa miłość. Miłość jest rodzajem paktu, który potwierdza, że walka została zakończona, przynajmniej tego wieczoru. To rodzaj przekupstwa i oszustwa.

Mężczyzna powinien uprawiać miłość tak, jak malarz maluje obraz, jak poeta układa wiersze, jak muzyk gra: gdy czuje, że namiętność wypełnia jego serce. Ciało kobiety powinno być traktowane jak instrument muzyczny, którym tak naprawdę jest. Kiedy mężczyzna odczuwa radość, wtedy seks nie jest po prostu rozładowaniem napięcia, nie jest relaksem czy sposobem na dobry sen. Pojawia się gra wstępna. Mężczyzna tańczy z kobietą, śpiewa z kobietą. Wibracje pięknej muzyki wypełniają świątynię miłości, unosi się w niej zapach ulubionego kadzidła. Musi mieć to charakter świętości, ponieważ nie ma niczego świętego w zwykłym życiu, dopóki nie uczynimy miłości świętą. To początek otwierania drzwi do krainy zwanej nadświadomością.

Miłości nigdy nie można narzucać, miłość nigdy nie powinna być związana z wysiłkiem. Nie może ona wynikać z umysłu. Po prostu bawisz się, tańczysz, śpiewasz, radujesz się. Kiedy miłość sama przychodzi, jest piękna. Kiedy produkujesz miłość, jest brzydka.

Kiedy w czasie uprawiania miłości mężczyzna leży na kobiecie, nazywa się to pozycją misjonarską. Wschód stał się świadomy dyskomfortu wynikającego z tej pozycji. Mężczyzna jest cięższy, wyższy, bardziej muskularny. Rozgniata delikatną istotę pod sobą. Na Wschodzie stosowano sposób odwrotny – to kobieta znajdowała się na górze. Kobieta, przygniatana ciężarem ciała mężczyzny, jest pozbawiona swobody ruchów. Porusza się tylko mężczyzna i osiąga orgazm w ciągu niewielu sekund, a kobieta po prostu płacze. Była partnerką, lecz nie mogła się zaangażować. Została wykorzystana.

Kobieta, kiedy znajduje się na górze, dysponuje większą swobodą ruchów, mniejszą zaś swobodę ma mężczyzna. To powoduje, że czas orgazmu ich obojga zbliża się do siebie. Kiedy oboje wchodzą w doświadczenie orgazmu, jest to jakby kontakt z innym światem. Jest to przebłysk *samadhi*. Dla mężczyzny to pierwszy przebłysk świadomości, że nie jest on ciałem. Zapomina o ciele, zapomina o świecie. Zarówno mężczyzna, jak i kobieta docierają do nowego wymiaru, którego nigdy przedtem nie doświadczali.

Kobieta ma zdolność do wielokrotnego orgazmu, dlatego mężczyzna powinien działać tak wolno, jak to możliwe. W rzeczywistości jednak mężczyzna spieszy się i niszczy całą relację. Mężczyzna powinien być głęboko odprężony, a wówczas kobieta może doznać wielokrotnego orgazmu. Jego orgazm powinien nadejść na końcu, kiedy orgazm kobiety osiągnął szczyt. Te różnice są naturalne, nie wynikają z jakichkolwiek uwarunkowań.

Istnieją też inne różnice. Na przykład kobieta jest bardziej ześrodkowana niż mężczyzna. Jest bardziej pogodna, bardziej wyciszona, bardziej cierpliwa, bardziej zdolna do czekania. Prawdopodobnie z tego powodu jest też bardziej odporna na choroby i żyje dłużej niż mężczyzna. Z powodu pogodnego usposobienia i delikatności kobieta może doskonale wypełniać życie mężczyzny. Może wprowadzać w życie mężczyzny kojącą, przyjemną atmosferę. Ale mężczyzna czuje obawę. Nie chce być otoczony przez kobietę, nie chce jej pozwolić na stworzenie wokół siebie przyjemnego ciepła. Obawia się, że w ten sposób mógłby stać się zależny. Tak więc przez całe wieki mężczyzna trzymał kobietę na dystans. Mężczyzna czuje obawę, ponieważ gdzieś w głębi wie, że kobieta jest czymś więcej niż on. Kobieta może rodzić nowe życie. Natura wybrała ją – nie jego – do reprodukcji.

Funkcja mężczyzny w procesie reprodukcji jest prawie żadna, co stworzyło największy problem – mężczyzna zaczął podcinać kobiecie skrzydła, na wszelkie możliwe sposoby zaczął ją poniżać, potępiać; to miało mu pomóc uwierzyć w jego wyższość. Traktował kobiety jak bydło, a nawet gorzej.

W Chinach przez całe tysiąclecia panowało przekonanie, że kobieta jest pozbawiona duszy. Dlatego mąż mógł zabić żonę i nie odpowiadał z tego powodu przed prawem. Żona była jego własnością. Jeżeli mężczyzna chciał zniszczyć swoje meble, było to legalne. Jeżeli chciał zniszczyć swoją kobietę, również było to legalne. Oto największa zniewaga – stwierdzenie, że kobieta nie ma duszy.

Mężczyzna pozbawił kobietę możliwości zdobycia wykształcenia, pozbawił ją finansowej niezależności. Pozbawił ją też możliwości przemieszczania się. Bał się, ponieważ wiedział, że kobieta go przewyższa, że jest piękna. Wiedział, że przyznanie kobiecie niezależności jest niebezpieczne. Z tego powodu przez wieki nie dawano kobietom niezależności. Kobieta muzułmańska zmuszona jest nawet do zakrywania twarzy. Nikt, prócz męża, nie może widzieć piękna jej twarzy ani głębi jej oczu.

W hinduizmie kobieta musiała umrzeć, kiedy umierał jej mąż. Co za niesamowita zazdrość! Mężczyzna posiadał kobietę przez całe życie i chciał ją posiadać nawet po śmierci.

Kto wie, co się stanie, kiedy ja umrę? Być może znajdzie innego, lepszego ode mnie partnera – myślał.

I tak *sati* obowiązywało przez tysiące lat. Trudno sobie wyobrazić coś bardziej tragicznego.

Mężczyzna jest niezwykle egoistyczny. Z tego powodu nazywam go męskim szowinistą. Stworzył społeczeństwo, w którym nie ma miejsca dla kobiety. A przecież kobieta ma tyle wspaniałych cech! Na przykład mężczyzna ma dar inteligencji, kobieta natomiast dar miłości. Rodzi się wyposażona w zdolność do miłości. Ma więcej współczucia, więcej życzliwości, więcej wyrozumiałości. Nie oznacza to jednak, że kobieta nie może posiąść wiedzy. Może – należy tylko stworzyć jej sprzyjające warunki.

Mężczyzna i kobieta są dwoma strunami jednej harfy. Kiedy jednak zostaną rozdzieleni, cierpią. Ponieważ nie znają powodu swego cierpienia, zaczynają mścić się jedno na drugim.

Kobieta może pomóc w tworzeniu harmonijnego społeczeństwa. Różni się od mężczyzny, lecz nie jest mu nierówna. Jest równa mężczyźnie, podobnie jak każdy inny mężczyzna. Ma talenty niezbędne społeczeństwu. Nie wystarczy zarabianie pieniędzy, nie wystarczy odnoszenie sukcesów. Bardziej przydatny jest piękny dom, a kobieta ma taką zdolność, by każdy budynek przekształcić w dom. Potrafi napełnić go miłością. Ma taką wrażliwość. Potrafi mężczyźnie pomóc się odprężyć.

W *Upaniszadach* można znaleźć dziwny fragment. Młoda para przychodzi do proroka, a on udziela jej błogosławieństwa. Szczególne słowa kieruje do kobiety: „Mam nadzieję, że zostaniesz matką dziesięciorga dzieci, a twój mąż stanie się twoim jedenastym dzieckiem. Jeżeli nie staniesz się matką dla twego męża, nie będziesz prawdziwą żoną". W tych słowach zawiera się głęboki psychologiczny wgląd. Potwierdza go współczesna wiedza psychologiczna: każdy mężczyzna szuka w kobiecie swej matki, a każda kobieta szuka w mężczyźnie swego ojca.

Z tego powodu każde małżeństwo doznaje niepowodzenia. Nie możesz znaleźć drugiej matki. Kobieta, którą poślubiłeś, nie przybywa do twego domu po to, by być twoją matką. Chce być żoną, kochanką. Jednak błogosławieństwo zawarte w *Upaniszadach*, które liczą sobie pięć czy sześć tysięcy lat, dostarcza inspiracji dla współczesnej psychologii. Kobieta, niezależnie od tego, kim jest, jest przede wszystkim matką. Jest niezbędna. Ojciec to instytucja wprowadzona, a nie naturalna.

Przeprowadzano eksperymenty dotyczące tego zagadnienia. Dzieciom odizolowanym od matek dawano wszelkie niezbędne im wyposażenie, środki medyczne, żywność. Stosowano wynalazki z różnych gałęzi nauki, lecz – co dziwne – te dzieci marniały i umierały w ciągu trzech miesięcy. Wówczas odkryto, że kontakt z ciałem matki i jej ciepło są absolutnie konieczne, by życie mogło się rozwijać. To ciepło jest absolutnie konieczne na początku istnienia w tym rozległym, chłodnym wszechświecie. Gdy go zabraknie, dziecko będzie czuło się opuszczone, będzie marniało i wreszcie umrze.

Nie ma powodu, by mężczyzna czuł się istotą niższą niż kobieta. Całe nieporozumienie wynika z tego, że traktuje się mężczyznę i kobietę jak dwa gatunki. Należą oni do jednej ludzkości. Mają uzupełniające się właściwości. Potrzebują siebie nawzajem i tylko wówczas, gdy są razem, tworzą całość. Należy podejść do życia z otwartością. Różnice nie oznaczają sprzeczności. Kobiety i mężczyźni mogą sobie wzajemnie pomóc, ogromnie siebie wzmocnić. Kobieta, która cię kocha, może wzmocnić twoją kreatywność, może zainspirować cię do rzeczy, o których nigdy nawet nie marzyłeś. Ona o nic nie pyta. Po prostu pragnie twojej miłości.

Większość rzeczy, które różnią mężczyzn i kobiety, to wynik warunkowania. Różnice powinny być podtrzymywane, ponieważ powodują wzajemną atrakcyjność obu płci. Nie można ich jednak wykorzystywać w celu poniżania kogokolwiek. Chciałbym, aby zarówno kobiety, jak i mężczyźni stworzyli organiczną całość, a jednocześnie pozostawali całkowicie wolni. Miłość nigdy nie tworzy krępujących więzów, lecz daje wolność. Dzięki takiej miłości możemy stworzyć lepszy świat. Połowę ludzkości pozbawiono szansy wniesienia wkładu w to dzieło. Ta właśnie połowa, czyli kobiety, ma ogromny potencjał, którego świat potrzebuje. Ich wkład może uczynić ten świat prawdziwym rajem.

Kobieta powinna szukać własnej duszy, własnego potencjału i rozwijać go. Wówczas czeka ją wspaniała przyszłość. Mężczyzna i kobieta nie są istotami ani sobie równymi, ani nierównymi. Są istotami niepowtarzalnymi. Spotkanie dwóch niepowtarzalnych istot wnosi do życia coś cudownego.

2. Jego opowieść

W Proroku *Khalila Gibrana kobieta prosi Almustafę, by opowiedział o bólu. Czy możesz skomentować ten fragment?*

A jakaś niewiasta tymi słowy przemówiła:
Powiedz nam o bólu.
I rzekł:
Wasz ból to muszli pęknięcie, w której rozumienie
wasze się skrywa.
Podobnie jak pestka owocu pęka,
by serce jego słońce ujrzało, tak i ty ból
poznać musisz.
I gdybyś serce swoje w zadziwieniu ciągłym
nad cudami życia twego utrzymać potrafił,
twój ból nie wydałby się mniej
cudownym niż radość twoja;
I zmienne pory swego serca byś zaakceptował,
tak jak pory roku nad polami
twymi przechodzące zawsze akceptowałeś.
I poprzez zimy zgryzot swoich
na życie pogodnie byś spoglądał.

Wiele z twojego bólu sam przecie wybrałeś.
Niby gorzkie lekarstwo, którym lekarz,
jaki jest w tobie, duszę twoją chorą leczy.
Ufaj zatem lekarzowi i miksturę jego
w ciszy i pokoju wypijaj:
Jako że ręka jego, chociaż ciężka
i twarda, przez czułą dłoń Najwyższego
jest prowadzona.
A choć kielich, który ci podaje, usta twe
pali, z tej samej gliny ulepion został,
którą Wielki Garncarz łzami swymi świętymi
zrosił[2].

Wydaje się, że nawet mężczyźnie kalibru Khalila Gibrana bardzo trudno uwolnić się od głęboko zakorzenionego męskiego szowinizmu. Mówię o tym, ponieważ stwierdzenia Almustafy w pewnym sensie są słuszne. Jednak pomijają coś bardzo istotnego.

Almustafa zapomina, że pytanie postawiła kobieta. Jego odpowiedź jest bardzo ogólna, odnosi się zarówno do mężczyzn, jak i do kobiet. Prawdą jest natomiast to, że ból i cierpienie, które były udziałem kobiet tego świata, przekraczają wszelkie wyobrażenie mężczyzn. Z tego powodu mówię, że Almustafa odpowiada na pytanie, ale nie odpowiada osobie pytającej. Jeżeli nie odpowiada się osobie pytającej, odpowiedź pozostaje powierzchowna, choć może wydawać się głęboka. Odpowiedź jest akademicka, filozoficzna.

Nie pojawia się w niej rozpoznanie tego, co mężczyzna uczynił kobiecie. Nie jest to kwestia jednego dnia, lecz tysięcy lat. Almustafa nawet o tym nie wspomina.

---

[2] Tłumaczenie Paweł Karpowicz.

Przeciwnie, robi to, co zawsze robią kapłani i politycy – pociesza. Za pięknymi słowami nie kryje się nic prócz pocieszenia. Pocieszenie nie może jednak zastąpić prawdy.

A pewna niewiasta przemówiła...

Czyż nie jest to zastanawiające, że wśród tego tłumu nie znalazł się mężczyzna, który zapytałby o ból? Czy to przypadek? Nie, z pewnością nie. Jest to bardzo symptomatyczne, że właśnie kobieta zadała pytanie o ból. Jedynie kobieta wie, jak wiele odniosła ran, ile doznała zniewolenia – fizycznego, psychicznego, duchowego. Kobieta cierpiała i nadal cierpi.

Kobieta została zraniona w najgłębszym rdzeniu swojej istoty. Żaden mężczyzna nie zna głębi bólu, pojawiającego się, gdy są niszczone godność, duma i człowieczeństwo.

Almustafa powiedział: *Wasz ból to muszli pęknięcie, w której rozumienie wasze się skrywa.*

To trywialne. To stwierdzenie tak powierzchowne, że czasami wstydzę się za Khalila Gibrana. Mógł to powiedzieć każdy głupiec. To powiedzenie nie jest warte Khalila Gibrana: *Wasz ból to muszli pęknięcie, w której rozumienie wasze się skrywa.* To uproszczenie, uogólnienie.

Podobnie jak pestka owocu pęka, by serce jego słońce ujrzało, tak i ty ból poznać musisz.

Nie lubię tego stwierdzenia. Wspiera ono tezę, że człowiek musi doświadczyć bólu. To truizm, lecz nie prawda. Wydaje się ono zgodne z rzeczywistością. Ziarno musi przejść przez wielkie cierpienie. Jeśli nie obumrze, nigdy nie narodzi się drzewo; nie będą się mogły pojawić piękne listowie i wspaniałe kwiaty. Kto jednak pamięta o ziarnie i jego odwadze? Kto pamięta, że trzeba obumrzeć po to, by mogło narodzić się nieznane?

Prawdą jest, że *muszla, w której rozumienie wasze się skrywa*, przechodzi przez cierpienie, pęka, uwalnia rozumienie. Musi się pojawić pewien ból. Czym jednak jest muszla? Khalil Gibran powinien wyjaśnić, czym jest muszla: całą nagromadzoną przez człowieka wiedzą, wszystkimi jego uwarunkowaniami, całym procesem wychowania i edukacji, całym społeczeństwem, całą cywilizacją. To wszystko tworzy tę muszlę – skorupę, która trzyma w zamknięciu ciebie i twoje zrozumienie. Jednak poeta nie mówi ani słowa o tym, co znaczy muszla.

Gautama Budda był mężczyzną. Jego najwięksi uczniowie – Mahakaśjapa, Siariputra, Moggalayan – także byli mężczyznami. Czy nie żyła wtedy żadna kobieta, która mogłaby osiągnąć ten sam poziom świadomości? Budda odmawiał inicjowania kobiet, jakby nie były ludźmi. Po co się nimi zajmować? Niech najpierw osiągną postać mężczyzny.

Budda twierdził, że mężczyzna jest niczym skrzyżowanie dróg, z którego można dotrzeć wszędzie, osiągnąć oświecenie i ostateczne wyzwolenie. Nie mówił nic o kobiecie. Nie jest ona skrzyżowaniem dróg, lecz ciemną uliczką, na której nikt nie zapalił światła. Nigdzie nie można nią dojść.

Bycie mężczyzną stanowi najprostszą drogę do celu. Najpierw kobieta musi wejść na tę drogę, musi stać się mężczyzną, musi się narodzić w ciele mężczyzny. Wówczas będzie mogła osiągnąć oświecenie.

Almustafa mówi: *musicie poznać ból*, ale w jakim celu? Jeżeli kobieta nie może osiągnąć oświecenia, dlaczego ma przechodzić przez ból? Nie jest przecież złotem, które poddane działaniu ognia staje się czystsze.

I gdybyś serce swoje w zadziwieniu ciągłym nad cudami życia twego utrzymać potrafił, twój ból nie wydawałby się mniej cudownym niż twoja radość... To prawda, lecz czasami prawda może być niebezpieczna niczym obosieczny miecz. Z jednej strony prawda chroni, z drugiej zaś niszczy. Jeżeli patrzysz na świat z podziwem, będziesz zaskoczony, stwierdziwszy, że nawet ból ma swoistą słodycz, jest na swój sposób cudowny i radosny. Ból jest nie mniej cudowny niż radość. Osobliwym faktem jest to, że kobieta bardziej przypomina dziecko, jest pełna zadziwienia światem. Mężczyzna natomiast zawsze kieruje się wiedzą. A czymże jest wiedza? Wiedza jest środkiem do tego, by uniknąć zadziwienia światem. Nauka jako całość próbuje wyjaśnić rzeczywistość, a słowo „nauka" znaczy „wiedza". Im więcej wiesz, tym mniej w tobie podziwu – oto prosty fakt...

W miarę upływu lat tracisz wrażliwość i zdolność do zadziwienia. Stajesz się coraz bardziej znudzony. Powód leży w twoim przekonaniu, że już wszystko wiesz. Tak naprawdę nie wiesz niczego, lecz twój umysł wypełnia zapożyczona wiedza. Nie pomyślisz nawet, że na spodzie tej wiedzy znajdują się ciemność i ignorancja...

Almustafa nie wspomniał o tym, że kobiety bardziej niż mężczyźni są podobne do dziecka. Ich niewinność to jeden z aspektów ich piękna. One „nie wiedzą". Mężczyzna nigdy nie pozwolił, by kobieta wiedziała cokolwiek. Kobieta zna się na drobnych sprawach – na prowadzeniu domu i kuchni, na opiece nad dziećmi, na trosce o męża. Tego rodzaju sprawy nie przeszkadzają słuchać uważnie. Nie wymagają wielkiej wiedzy. Łatwo odłożyć je na bok.

Z tego powodu ilekroć przychodzi do mnie kobieta, słucha mnie głębiej, uważniej, z miłością. Jeżeli mężczyzna po raz pierwszy przychodzi, by mnie słuchać, jest oporny, czujny. Obawia się, że wpłynę na niego, że go zranię, jeżeli nie uznam jego wiedzy. Gdy jest przebiegły, interpretuje wszystkie moje wypowiedzi zgodnie z własną wiedzą. Powie wtedy: „Wiem to wszystko. Nie ma w tym niczego nowego". W ten sposób chroni swoje ego, chroni się za twardą skorupą. Jeżeli ta skorupa nie pęknie i człowiek nie będzie w stanie zachwycać się tak, jak czyni to dziecko, nie będzie mógł się skontaktować ze swą prawdziwą istotą, ze swą duszą.

Doświadczenie, które zdobyłem, podróżując po całym świecie, mówi, że kobieta słucha uważnie. W jej oczach można spostrzec błyski podziwu. Nie jest to słuchanie powierzchowne. To, co kobieta słyszy, trafia głęboko do jej serca.

Choć pytanie zostało postawione przez kobietę, Khalil Gibran nie zwraca na to uwagi. Faktycznie, mężczyzna jest tak tchórzliwy, że obawia się stawiać pytania. Pytania mogą ujawnić jego ignorancję.

Wszystkie najważniejsze pytania w *Proroku* stawiają kobiety. Dotyczą one małżeństwa, miłości, dzieci, bólu. Są prawdziwe. Nie dotyczą Boga ani płaszczyzny filozoficznej, lecz samego życia. Może się wydawać, że nie dotyczą one zasadniczych problemów, ale w rzeczywistości są bardzo ważne. Osoba, która potrafi rozwiązać te problemy, wkracza w nową rzeczywistość.

Almustafa odpowiada w taki sposób, jakby pytania pochodziły od kogoś abstrakcyjnego. Nie udziela odpowiedzi pytającemu. Ja natomiast uważam, że rzeczywistym pytaniem jest osoba, która je stawia.

Dlaczego pytanie zrodziło się w kobiecie, a nie w mężczyźnie? Ponieważ to kobieta cierpiała z powodu zniewolenia, z powodu poniżenia, z powodu zależności ekonomicznej. A jej najgłębsze cierpienie było spowodowane ciągłym zachodzeniem w ciążę. Przez całe wieki kobieta żyła w nieustannym bólu.

W początkowym okresie ciąży kobieta często nie może jeść, zwraca pokarm. Po dziewięciu miesiącach ciąży następuje poród. Narodziny dziecka stawiają kobietę na granicy życia i śmierci. Gdy kobieta nie zakończyła jeszcze cyklu ciąży i narodzin dziecka, mężczyzna jest już gotów zapłodnić ją ponownie. Wydaje się, że funkcja kobiety sprowadza się do bycia fabryką, produkującą ludzi.

Na czym polega funkcja mężczyzny? Mężczyzna nie uczestniczy w bólu kobiety. Kobieta cierpi przez dziewięć miesięcy, cierpi w czasie porodu. Co natomiast robi mężczyzna? Mężczyzna wykorzystuje kobietę, traktuje ją jako obiekt seksualny, by zaspokoić swą chuć. A przy tym ciągle powtarza: „Kocham cię". Jeżeli mężczyźni prawdziwie kochaliby kobiety, na świecie nie byłoby przeludnienia. Słowo „kocham" jest puste.

I zmienne pory swego serca byś zaakceptował, tak jak pory roku nad polami twymi przechodzące zawsze akceptowałeś.

Są to prawdziwe słowa, lecz budzą pewne zastrzeżenia. Są prawdziwe, jeżeli nie bierzemy pod uwagę osoby, która zadała pytanie. To zdanie jest prawdziwe jako twierdzenie filozoficzne.

I zmienne pory swego serca byś zaakceptował...

Czasami pojawia się przyjemność, innym razem zaś ból. Czasami natomiast stan wewnętrzny jest niezróżnicowany: nie ma bólu ani przyjemności. Almustafa mówi: *I zmienne pory serca twego byś zaakceptował, tak jak pory roku nad polami twymi przechodzące zawsze akceptowałeś.*

Przy powierzchownym oglądzie to zdanie wydaje się prawdziwe. Akceptacja rzeczywistości przynosi spokój wewnętrzny. Nie poddajesz się niepokojowi, wiesz bowiem, że wydarzenia przemijają. Natomiast inaczej rzeczy się mają w przypadku kobiety. Dla niej istnieje tylko jedna pora roku – ciągły ból. W życiu kobiety nie następują zmiany pór roku. Lato nie przechodzi w jesień, a jesień w zimę. Nie pojawia się deszcz. Życie kobiety jest naprawdę ciężkie.

Obecnie sytuacja uległa zmianie, lecz jedynie w krajach rozwiniętych. Natomiast w Indiach osiemdziesiąt procent ludności mieszka na wsi. Tam indyjskie kobiety doświadczają ciężkiego losu. Tak się działo przez wiele stuleci bez jakichkolwiek zmian. Jeżeli weźmiemy pod uwagę te fakty, rozważane twierdzenie ma charakter antyrewolucyjny. Stanowi bowiem rodzaj pocieszenia, usprawiedliwienia: „Zaakceptuj zniewolenie człowieka, zaakceptuj męczarnie, na które jest on wydany".

Kobieta żyła w takim bólu, tymczasem Almustafa zupełnie zapomina, kto postawił pytanie. Można zaakceptować zmiany pór roku, ale nie dziesięć tysięcy lat niewolnictwa. Pora roku się nie zmieniła...

Kobieta potrzebuje buntu, a nie akceptacji zniewolenia. Mężczyzna jest najbardziej lubieżnym ze wszystkich zwierząt, żyjących na ziemi. Wszystkie gatunki zwierząt mają okres godowy, kiedy samce interesują się samicami. Trwa on czasami kilka tygodni, czasami miesiąc lub dwa. Przez resztę roku samce zupełnie zapominają o seksie i o reprodukcji. Z tego też względu w świecie zwierząt nie występuje nadmierne zagęszczenie populacji. Człowiek jest aktywny seksualnie przez okrągły rok. Amerykanin pozostaje aktywny seksualnie zarówno w nocy, jak i w dzień. A ty prosisz kobietę, by zaakceptowała ból?

Nie mógłbym od ciebie wymagać, abyś zaakceptowała tego rodzaju ból, ból, który został ci narzucony przez innych. Ty bowiem potrzebujesz rewolucyjnych zmian.

I poprzez zimy zgryzot swoich na życie byś pogodnie spoglądał. Dlaczego? Skoro możemy coś zmienić, to dlaczego mielibyśmy pozostać biernymi obserwatorami? Należy obserwować jedynie to, czego nie można zmienić. Obserwuj tylko to, co jest naturalne. Wtedy pozostawaj na pozycji świadka. W tym wypadku mamy do czynienia z chwytem poetyckim. Słowa te brzmią pięknie: *i obserwuj ze spokojem...*

Obserwuj wszystko, co naturalne, ze spokojem, buntuj się natomiast przeciwko wszelkiemu cierpieniu, które narzucają ci inni. To cierpienie mogą ci narzucać mężczyźni lub kobiety, ojciec lub matka, kapłan lub profesor, rząd lub społeczeństwo. Buntuj się przeciwko temu!

Jeżeli nie masz w sobie ducha buntu, nie jesteś żywy w prawdziwym tego słowa znaczeniu.

Wiele z twego bólu sam przecie wybrałeś...

To prawda. Wiele spośród twoich nieszczęść, wiele bólu, którego doświadczasz, powodują nie inni ludzie, lecz ty sam. Buntuj się przeciwko cierpieniu, które narzucają ci inni, natomiast porzuć to cierpienie, które sam wybrałeś. Nie ma potrzeby tego obserwować. Zwykłe zrozumienie: „Narzuciłem to samemu sobie", jest tu wystarczające. Uwolnij się od tego. Pozwól, by inni zauważyli, że porzuciłeś cierpienie. Być może oni także postawią sobie podobne pytanie i zrozumieją: „Po co cierpieć nadaremno? Nasi sąsiedzi porzucili żal".

Ból wywołuje zazdrość, gniew, chciwość, chore ambicje. Sam to wybierasz.

Niby gorzkie lekarstwo, którym lekarz, jaki jest w tobie, duszę twoją chorą leczy.

Almustafa ponownie cię pociesza. Nie dokonuje jasnego rozróżnienia. Istnieje cierpienie narzucone przez innych. Buntuj się przeciw niemu. Istnieje także cierpienie naturalne. Do niego podejdź z pozycji obserwatora. Obserwuj je ze spokojem. To gorzkie lekarstwo, które natura, czyli twój wewnętrzny lekarz, stosuje w celu uzdrowienia twojego chorego ja.

Ufaj zatem lekarzowi i miksturę jego w ciszy i pokoju wypijaj.

Pamiętaj jednak, że te słowa dotyczą lekarza, a nie twego męża czy rządu. Mąż i rząd narzucają ci cierpienie. Nie chcą cię uzdrowić, lecz raczej zdruzgotać, zniszczyć. Im bardziej będziesz rozbita, tym łatwiej będzie cię zdominować. W takiej sytuacji nie pojawia się obawa, że możesz się zbuntować. Pamiętaj o tym, kto jest prawdziwym lekarzem. Natura leczy, leczy też czas. Po prostu czekaj i pozostań na pozycji świadka. Jasno rozróżniaj, co jest naturalne, a co sztuczne.

Jako że ręka jego, chociaż ciężka i twarda, przez czułą dłoń Najwyższego jest prowadzona.

A choć kielich, który ci podaje, usta twe pali, z tej samej gliny ulepion został, którą Wielki Garncarz łzami swymi świętymi zrosił.

Nie przejmuj się tym, co jest naturalne, wobec czego nie możesz się buntować. Przyjmij to z wdzięcznością. To niewidzialna boska dłoń chce cię uzdrowić i przeprowadzić na wyższy poziom świadomości. Jednak pewne rzeczy nie są naturalne. Poddanie się dowolnemu rodzajowi zniewolenia oznacza niszczenie własnej duszy. Lepiej umrzeć, niż być niewolnikiem.

Odczuwam głęboką, mściwą wściekłość na wszystkich mężczyzn, którzy kiedykolwiek stosowali przemoc wobec kobiet, gwałcili je, ranili i zabijali. Odczuwam, że nosiłam w sobie to uczucie przez wiele żywotów. Pomóż mi, proszę, odkryć tę starą wiedźmę i zaprzyjaźnić się z nią.

Chrześcijaństwo potępiło wiedźmy. Tradycyjnie otaczano je szacunkiem[3]. Były one szanowane podobnie jak mistycy. Mistyk to mądry mężczyzna, wiedźma to mądra kobieta.

W średniowieczu chrześcijaństwo poczuło się zagrożone przez te mądre kobiety. Były o wiele mądrzejsze od biskupów, kardynałów i papieża. Znały sztukę transformacji ludzkiego życia. Sztuka tych kobiet opierała się na miłości i przekształcaniu energii seksualnej. Kobieta ma większą niż mężczyzna umiejętność transformowania tej energii. Kobiety są matkami. Nawet mała dziewczynka ma w sobie cechy matki.

Cechy macierzyństwa nie są związane z wiekiem; są częścią kobiecości. Transformacja istoty ludzkiej wymaga atmosfery wypełnionej miłością, wymaga macierzyńskiego ruchu energii.

Dla chrześcijaństwa te kobiety były zagrożeniem. Nie miało ono takich wartości, jakie reprezentowały te kobiety. Ale chrześcijaństwo dysponowało władzą. Ówczesna rzeczywistość była zdominowana przez mężczyzn. Podjęli oni decyzję, by zniszczyć wszystkie wiedźmy. W jaki jednak sposób można to zrobić? Nie była to kwestia zgładzenia jednaj kobiety, lecz tysięcy kobiet. Stworzono specjalny sąd badający, kto jest wiedźmą.

Każdą wskazaną przez chrześcijan kobietę, która miała wpływ na ludzi i była przez nich szanowana, chwytano i torturowano. Poddawano ją męczarniom tak długo, aż się przyznała, że jest wiedźmą. W teologii chrześcijańskiej nastąpiła zmiana definicji słowa

---

[3] Słowo „wiedźma" pochodzi od „wiedzieć" (przyp. tłum.).

„wiedźma". Uznano, że wiedźmą jest kobieta, która ma stosunki seksualne z diabłem.

W czasach współczesnych nie słyszymy już o diable, który odbywa stosunki seksualne z kobietą. Czy stal się on chrześcijańskim mnichem, czy osobą żyjącą w celibacie? Co się stało z diabłem? Kim był ten, który miał stosunki seksualne z tysiącami kobiet, przede wszystkim starszych? Wydaje się, że to nie ma sensu. Dostępne były młode i piękne kobiety. Dlaczego więc diabeł sięgał po stare?

Aby stać się wiedźmą, potrzeba długiego treningu połączonego z dyscypliną. Potrzeba też doświadczenia. Zanim kobieta stała się wiedźmą, czyli kobietą mądrą, była już stara. Poświęcała wszystko, by osiągnąć mądrość, wiedzę alchemiczną.

Te stare kobiety zmuszano, by wyznawały, że miały stosunki seksualne z diabłem. Wiele zaprzeczało, lecz trudno im było znieść ból. Torturowano je na wiele brutalnych sposobów, aby przyznały się do winy. Usiłowały powiedzieć, że nie miały do czynienia z diabłem, że nie mają się do czego przyznawać. Nikt ich jednak nie słuchał, a tortury kontynuowano – aż do skutku.

Możesz zmusić dowolną osobę do przyznania się do czegokolwiek, jeśli będziesz ją torturować. Następuje taki moment, gdy osoba czuje, że lepiej się przyznać, niż przeżywać kolejne męki. Gdy kobieta przyznawała, że jest wiedźmą i że miała stosunki seksualne z diabłem, zaprzestawano tortur. Stawiano ją przed sądem. Był to specjalny sąd powołany przez papieża. Ponownie musiała przyznać się do winy, a następnie skazywano ją na karę. Kontakty z diabłem ówczesne chrześcijaństwo uznawało za największą zbrodnię. Jeśli kobieta rzeczywiście miałaby stosunki seksualne z diabłem, nie powinno to nikogo obchodzić. Nie jest to zbrodnia, gdyż taka kobieta nikomu nie szkodzi. Diabeł też nigdy nie zgłaszał na policji: „Ta kobieta jest niebezpieczna". Na jakiej podstawie chrześcijaństwo skazywało te kobiety na stos?

Kara polegała na tym, że kobiety palono żywcem. Ten przykład odstraszał, napawał przerażeniem. Żadna kobieta nie miała już dość odwagi, by stać się wiedźmą. W ten sposób zniszczono tysiące kobiet, zlikwidowano istotną część ludzkości. Zniszczono też mądrość, którą te kobiety posiadały; zniszczono ich książki, wypracowane metody transformowania energii mężczyzn…

Przestań myśleć, że „wiedźma" jest złym słowem. Jest ono słowem bardziej godnym niż „papież". Moim zdaniem nie można nazwać papieża mądrym mężczyzną. Papieże gadają jak papugi.

Być może istnieje w tobie doświadczenie z poprzednich żywotów, a zadane wtedy rany powracają. Z twojej nieświadomości wyłaniają się wspomnienia. Stąd rodzi się nienawiść do mężczyzn, to oni wyrządzili ci bowiem krzywdę.

To tylko skojarzenie, które należy porzucić. Tych zbrodni nie dopuścili się mężczyźni, lecz chrześcijanie. Chrześcijanie dopuścili się wielu zbrodni i nadal to czynią. Trudno w to uwierzyć, że nadal mówią o prawdzie, o Bogu… A tak naprawdę kłamią. Te „religijne" osoby na wszelkie sposoby próbują oszukać świat, oszukać umysł człowieka, zatruć go wierutnymi kłamstwami.

Nie zwracaj się przeciwko mężczyznom, zwróć się przeciwko okrucieństwu chrześcijan. To wystarczy…

Przez dwa tysiące lat chrześcijanie zabijali ludzi w imię religii, w imię Boga, w imię Chrystusa. Dlatego istnieje podstawa, by ich potępić. Nie każdy jednak mężczyzna jest chrześcijaninem.

Korzystne byłoby dla ciebie poddanie się hipnozie. Być może przypomnisz sobie techniki stosowane przez wiedźmy – to, w jaki sposób funkcjonowały, jak mogły zmieniać ludzi.

3. Wyzwolenie kobiet

Co jest twoim zdaniem największą potrzebą współczesnej kobiety?

Kobieta została zdominowana, była torturowana, pozbawiona znaczenia. Wskutek tego utraciła swe piękno. Kiedy człowiek nie może podążać za swymi potrzebami, staje się zgorzkniały, zatruty, okaleczony, sparaliżowany. Jego prawdziwa natura zostaje wypaczona. Kobiety, które dziś spotykamy, nie są prawdziwe, ponieważ były niszczone przez całe wieki. Jeżeli kobiety były niszczone, mężczyźni również nie mogli pozostać prawdziwi. To przecież kobieta daje życie mężczyźnie. Jeżeli kobieta jest nieprawdziwa, jej dzieci także nie są prawdziwe. Oddzielona od natury kobieta, kiedy staje się matką dziecka, obojętnie – chłopca czy dziewczynki – wpływa na jego rozwój.

Kobiety potrzebują wielkiego wyzwolenia. Jednak pod hasłem wyzwolenia robi się różne głupie rzeczy.

Znajduje się tu wiele kobiet, które należały do Ruchu Wyzwolenia Kobiet. Kiedy po raz pierwszy przyszły tutaj, były bardzo agresywne. Mogę zrozumieć ich agresję. Całe wieki dominacji mężczyzn spowodowały, że kobiety stały się agresywne. To po prostu zemsta. Kobiety stały się zaburzone. Odpowiedzialni za to są mężczyźni. Jednak powoli kobiety stają się bardziej miękkie, powraca ich wdzięk, zanika agresywność. Powraca ich kobiecość.

Prawdziwe wyzwolenie czyni z kobiety prawdziwą kobietę, a nie imitację mężczyzny. Obecnie kobiety za wszelką cenę próbują stać się takie jak mężczyźni: palą papierosy, noszą spodnie; naśladują inne męskie zachowania. W ten sposób stają się mężczyznami drugiej kategorii.

Nie jest to wyzwolenie, lecz jeszcze głębsze zniewolenie. Pierwotne zniewolenie kobiet spowodowali mężczyźni. Natomiast zniewolenie wtórne zostało stworzone przez same kobiety. Gdy ktoś nas zniewala, możemy się buntować. Gdy zniewalamy sami siebie, nie możemy się temu przeciwstawić.

Chciałbym, aby kobieta odzyskała swoją pierwotną naturę, wiele bowiem od niej zależy. Kobieta jest o wiele ważniejsza od mężczyzny, gdyż nosi w swoim łonie istoty płci zarówno męskiej, jak i żeńskiej. Opiekuje się chłopcami i dziewczynkami. Karmi dzieci obojga płci. Jeżeli kobieta jest zatruta, zatruty jest też jej pokarm – mleko w piersiach. Skażony staje się też sposób, w jaki wychowuje dzieci.

Jeżeli kobieta nie uzyska swobody, by stać się samą sobą, to swobody nie uzyska także mężczyzna. Wolność kobiety jest koniecznym warunkiem wolności mężczyzny. Wolność kobiety ma bardziej zasadnicze znaczenie niż wolność mężczyzny. Kobieta bowiem przez całe wieki była niewolnikiem. Może niemal niezauważalnie zniewolić mężczyznę. Kobieta nie walczy wprost, lecz stosuje subtelne metody, typowo kobiece, pośrednie.

Kobieta będzie płakać i szlochać. Nie uderzy cię, ale uderzy siebie samą. Kobieta z najsilniejszego mężczyzny uczyni pantoflarza: płacząc, szlochając, uderzając samą siebie. Niepozorna, słaba kobieta może zdominować bardzo silnego mężczyznę... Kobieta potrzebuje całkowitej wolności. Wówczas może dać też wolność mężczyźnie. Zapamiętaj tę fundamentalną zasadę. Jeżeli czynisz kogoś niewolnikiem, to w ostatecznym rachunku zniewolisz sam siebie. Jeżeli zaś chcesz pozostać wolny, daj wolność innym. Nie istnieje inna droga.

Czy jesteś przeciwnikiem Ruchu Wyzwolenia Kobiet?

Ruch Wyzwolenia Kobiet jest czymś okropnym. Wiem o tym, że odpowiedzialność za zaistniałą sytuację spoczywa na męskich szowinistach. W ciągu wieków wyrządzili oni kobietom tak wiele krzywd, że chcą one dziś się na nich zemścić. Jednak każdy akt zemsty prowadzi do destrukcji. Rozdrapywanie ran nie ma sensu. Nie ma sensu mścić się z powodu minionych zdarzeń. Każdy powinien uczyć się wybaczenia i puszczać przeszłość w niepamięć. Tak, przeszłość była zła. Zaakceptuj to. Sposób, w jaki przez wieki traktowano kobiety, był nie do przyjęcia. Mężczyzna uczynił z kobiety niewolnicę, całkowicie ją uprzedmiotowił. Jaki jest jednak sens zemsty? W takiej sytuacji kobieta staje się prześladowcą, a mężczyzna prześladowanym. Wtedy rodzi się nowy typ szowinizmu – szowinizm kobiecy. Nie przyczyni się on do poprawy sytuacji, kobiety zaczną bowiem krzywdzić mężczyzn. Wcześniej czy później mężczyźni zaczną się mścić. Czy można ten proces powstrzymać? To błędne koło.

Czuję, że nie mężczyznom, ale kobietom łatwiej powstrzymać ten proces, ponieważ one bardziej potrafią kochać i współczuć. Swoje nadzieje wiążę z kobietami. Z tego względu nie popieram agresywnej postawy i stanowiska Ruchu Wyzwolenia Kobiet. Problemy życiowe można rozwiązać jedynie dzięki miłości, a nie – używając przemocy.

Kobieta i mężczyzna to dwa różne światy. Z tego powodu trudno jest im się komunikować i wzajemnie zrozumieć. Przeszłość obfitowała w nieporozumienia, ale przyszłość nie musi być taka. Z przeszłości możemy wyciągnąć naukę: Mężczyzna i kobieta muszą siebie wzajemnie rozumieć, muszą akceptować to, co ich różni. Różnice mają wartość i nie muszą powodować konfliktu; decydują one o wzajemnej atrakcyjności płci.

Jeżeli znikną różnice, jeżeli psychika kobiet i mężczyzn stanie się jednakowa, zniknie także miłość! Nie będzie już bowiem polaryzacji. Mężczyzna i kobieta są niczym dodatni i ujemny biegun pola elektrycznego; przyciągają się wzajemnie. Mają przeciwny ładunek i dlatego konflikt między nimi jest czymś naturalnym. Konflikty między mężczyznami a kobietami można rozwiązać, jeśli posłużymy się rozumieniem, współczuciem, miłością i jeżeli spojrzymy z sympatią na świat drugiej osoby. Nie ma powodu, żeby stwarzać nowe konflikty. Dość już tego!

Mężczyzna także potrzebuje wyzwolenia. Oboje potrzebują wyzwolenia, wyzwolenia umysłu. Powinni współpracować i pomagać sobie wzajemnie na drodze wyzwolenia od uwarunkowań, które stworzył umysł. Wówczas będzie to prawdziwy Ruch Wyzwolenia.

Czy myślisz, że jedynie kobiety odpowiedzialne są za to, jak wygląda Ruch Wyzwolenia Kobiet?

Ruch Wyzwolenia Kobiet, który szerzy się w świecie, stworzyli mężczyźni. Będziesz ponownie zaskoczona, gdy powiem, że to spisek uknuty przez mężczyzn. Mężczyźni chcą cieszyć się kobietami jak zabawkami. Unikają odpowiedzialności, która wynika z bycia w związku. Próbują przekonać kobiety na całym świecie, że powinny stać się niezależne. To sprytny chwyt. I wiele kobiet zaraziło się tą ideą.

Czy wiesz o tym, że pierwszymi osobami, które zaczęły mówić o równości między kobietami a mężczyznami, byli mężczyźni? Ten pierwotny impuls wyszedł z chytrego umysłu mężczyzn. Zawsze tak było. Kiedy tylko mężczyzna odczuwał, że coś jest dla niego korzystne, robił to. Jego przebiegłość jest bardzo subtelna. Z tego powodu doprowadza do sytuacji, w której kobieta sądzi, że robi coś z własnej woli.

Podobnie działo się w przeszłości. Mężczyźni przekonali kobiety, że są czystymi, anielskimi istotami. Mężczyzna jest brudny – chłopaki są chłopakami... Ale kobieta? Ona jest boska. Mężczyzna wyniósł kobietę na piedestał. Było to sprytne posunięcie, dzięki któremu mężczyzna mógł kontrolować kobietę. Mężczyzna czcił kobietę i w ten sposób ją kontrolował. Kobieta, kiedy znalazła się na piedestale, nabrała przekonania, że jest istotą boską. Nie wypadało jej robić rzeczy, które robili mężczyźni, przeczyłoby to bowiem jej obrazowi samej siebie. Przebywanie na piedestale przynosiło satysfakcję ego. Kobieta stała się matką i osobą boską. Miała więcej cech boskich niż mężczyzna: odrażający, niemoralny, któremu trzeba wiele rzeczy wybaczyć.

Mężczyzna nadał kobiecie wysoką pozycję. W ten sposób kobieta została schwytana w pułapkę. Nie mogła zmienić swego położenia. Jej ego było usatysfakcjonowane. Dążenie kobiety do osiągnięcia pozycji równej pozycji mężczyzny byłoby rodzajem upadku. Kobieta musiałaby zejść niżej. Dlatego musiała pozostawać na piedestale, zachować czystość; pozostawała dziewicą aż do chwili zamążpójścia.

Na Zachodzie mężczyzna przekonał kobiety: „Teraz musicie być wolne, musicie być równe mężczyźnie". Zmieniły się czasy i wraz z tym zmieniły się warunki. Mężczyzna chce czerpać przyjemność z kontaktów z wieloma kobietami, nie tylko z własną żoną. Mężczyzna chce absolutnej wolności. Jedynym sposobem jej osiągnięcia jest przyznanie absolutnej wolności kobiecie. Mężczyzna przekonał kobietę. Obecnie protestujące kobiety z całego serca domagają się wolności i równości. Nie wiedzą, że wpadły w tę samą pułapkę. Ponownie mężczyzna na nie wpłynął, zadecydował za nie. Mężczyźni chcą wykorzystywać i porzucać kobiety, nie biorąc za to żadnej odpowiedzialności.

Jeżeli przyjrzysz się temu dokładnie, będziesz zaskoczona. Umysł mężczyzny jest bardzo przebiegły, umysł kobiety – niewinny. Nie potrafi ona myśleć strategicznie, tak jak polityk. Zawsze wierzyła mężczyźnie. Będziecie zaskoczeni moim twierdzeniem, że kobiety z Ruchu Wyzwolenia Kobiet znowu wierzą mężczyznom! Nic się nie zmieniło. Mężczyźni nadal czerpią z tej sytuacji korzyści. Mężczyzna może pozostać wolny i nie musi się do niczego zobowiązywać. Nie chce brać odpowiedzialności za dzieci ani też z tobą mieszkać. Chce natomiast codziennie zmieniać kobiety. Mężczyzna znów wypowiada piękne słowa: „Należy żyć bez zobowiązań, nie należy się angażować. Nie można być chciwym ani zazdrosnym". Znów tworzy piękną filozofię. W przeszłości również to robił. Wtedy także zwodził kobiety. Kobiety ufają. Ufność przychodzi im łatwo. Miłość przychodzi kobiecie o wiele łatwiej niż logiczne rozumowanie. Kobiety koncentrują się na chwili bieżącej. Mężczyźni natomiast snują plany i myślą o przyszłości, układają strategie, posługują się taktyką. Myślą o tym, co się wydarzy i w jaki sposób.

Panuje teraz przekonanie, że kobieta powinna być równa mężczyźnie. Teraz nie musi interesować się domem, rodziną, dziećmi ani być macierzyńska. Jej obowiązkiem zaś pozostaje interesowanie się poezją, literaturą, malarstwem, nauką, techniką... i jeszcze innymi rzeczami. Obecnie grupy kobiet zbierają się w różnych krajach, by rozwijać swoją świadomość. Wszystkie te spotkania skupiają się wokół jednej sprawy. Kobiety muszą zniszczyć w sobie istotny element własnej kobiecości. Tylko wtedy będą mogły rywalizować z mężczyznami.

Kobiety są ze swej natury miękkie. Nie mogą rywalizować z mężczyznami. Jeżeli chcą to robić, muszą stać się twarde.

Tak więc ilekroć spotykasz wyzwoloną kobietę, możesz zauważyć, że jej twarz pozbawiona jest delikatności. Trudno do niej powiedzieć „dziecino", bardzo trudno. Taka kobieta stanie się wtedy zła. Nie lubi tego rodzaju słów. Odezwie się: „Dlaczego mówisz do mnie »dziecino«?". Jest przecież równa tobie. Twarda jak ty.

Wszelka walka prowadzi do usztywnienia, czyni człowieka twardym. Jako kobieta możesz przestać interesować się prowadzeniem domu, ponieważ zaangażowanie w prowadzenie domu odciąga cię od rywalizacji w świecie zewnętrznym. Jeśli interesujesz się swoimi dziećmi, nie masz czasu na rywalizację w świecie zewnętrznym. Takie zaangażowanie prowadziłoby bowiem do rozproszenia sił. W trakcie rywalizacji, kiedy chcesz udowodnić, że jesteś tak samo silna jak mężczyzna, musisz w jakiś sposób upodobnić się do niego. W ten sposób poniesiesz stratę. Będzie to strata, ponieważ jedyna nadzieja dla ludzkości wiąże się z miękkością kobiety, a nie z twardością mężczyzny. Męska twardość przyniosła nam już dość cierpień. Potrzebujemy teraz, by mężczyźni stali się podobni do kobiet.

Kobiety zaprzeczają sobie samym, kiedy starają się być twarde. Nie jest to dla nich naturalne. Naturalne w kobiecie są potrzeby jej łona, jej tęsknota za posiadaniem dzieci i domu. Dom jest widocznym, zewnętrznym łonem kobiety. Dom stanowi projekcję wewnętrznego łona.

Jeżeli kobieta przestanie interesować się domem, przestanie również interesować się swym łonem. A przecież jej łono istnieje. Mężczyźni i kobiety nie są równi, ponieważ mężczyźnie brakuje łona. Czyż mogą być sobie równi? Są przecież swoimi przeciwieństwami. Są tak różni, że nie mogą być ze sobą porównywani. Kobieta jest kobietą, a mężczyzna mężczyzną. Powinni też pozostać mężczyzną i kobietą. Kobieta powinna interesować się domem. Jeżeli przestanie się nim interesować, to przestanie być również zainteresowana łonem i dziećmi. Wówczas zacznie zmieniać się w lesbijkę.

Uważam, że mężczyzna musi się stać nieco bardziej kobiecy. Posunął się zbyt daleko w dążeniu do męskości, zgubił właściwy trop. Nie podążaj za nim, nie rywalizuj z nim. Grozi ci bowiem wejście na tę samą drogę i uwięzienie w rutynie. Staniesz się wówczas wojownikiem. Wyzwolone kobiety, które krzyczą, wrzeszczą i protestują na ulicach, są okropne. Reprezentują najgorsze męskie cechy.

Nie potrafię zrozumieć twoich uogólnień, dotyczących typu męskiego i kobiecego. Uznajesz, że niektóre cechy męskie i żeńskie można mieć niezależnie od płci. Przez większość czasu mówisz jednak o kobiecie jako o istocie prymitywnej, natomiast w mężczyźnie dostrzegasz wilka. Co powiesz o kobiecie, która wykazuje inicjatywę? A co o mężczyźnie mającym cechy kota? Niektórzy mężczyźni naprawdę tęsknią za tym, by przyjąć bierną postawę. Niektóre kobiety potrzebują potwierdzić swoje prawo do rozwoju. Czy to Ruch Wyzwolenia Kobiet czyni kobiety intelektualnie wyrafinowanymi i nadmiernie racjonalnymi?

Stwierdzenie, że kobiety są bardziej prymitywne od mężczyzn, nie oznacza, że je potępiam. Potępiam mężczyzn. Przez pojęcie „prymitywny" rozumiem „bardziej naturalny", pozostający w zgodzie z życiem. Cywilizacja jest czymś sztucznym, fałszywym; stanowi odejście od natury. Im bardziej człowiek się cywilizował, tym bardziej zamykał się w swojej głowie. Tracił natomiast kontakt z sercem – nadal prymitywnym. To dobrze, że uniwersytety nie wypracowały jeszcze metod cywilizowania serca. Serce stanowi podstawę nadziei na przetrwanie ludzkości.

Wszyscy jesteśmy istotami ludzkimi. Bycie kobietą lub mężczyzną jest kwestią powierzchowną. Nie rób wokół tego zamieszania.

To, co mówię, może niekiedy przypominać generalizacje, ponieważ nie mogę za każdym razem wymieniać wszelkich uwarunkowań. W przeciwnym wypadku to, co do was mówię, musiałoby być obciążone licznymi przypisami. A ja nie lubię książek z przypisami! Po prostu ich nie czytam. Kiedy widzę przypisy, odrzucam książkę. Została napisana przez *panditę*, czyli przez uczonego, a dla mnie – przez głupią osobę.

Mówisz: „Nie potrafię zrozumieć twoich uogólnień dotyczących typu męskiego i kobiecego...".

Zawsze mówię o typach, nie włączam w to płci. Ilekroć mówię „mężczyzna", mam na myśli „typ męski". Ilekroć mówię „kobieta", mam na myśli „typ kobiecy". Nie mogę za każdym razem mówić „typ męski" czy „typ kobiecy". Masz rację, że są kobiety, które nie przypominają kobiet. Są wilkami. Są też mężczyźni, którzy nie są wilkami, lecz kotami. Cokolwiek jednak mówię o „typie męskim" będzie można odnieść do kobiet, które są wilkami. Podobnie wszystko, co mówię o kobietach, można odnieść do mężczyzn, którzy są kotami. Nie mówię o biologicznych różnicach pomiędzy mężczyznami a kobietami, lecz o różnicach psychicznych. Są mężczyźni bardziej kobiecy niż jakakolwiek kobieta, są też kobiety bardziej męskie od jakiegokolwiek mężczyzny. Nie jest to właściwy porządek rzeczy. To okropne, ponieważ wywołuje wewnętrzny podział. Jeżeli masz ciało mężczyzny, a umysł kobiety, stwarza to konflikt, wojnę domową w twoim wnętrzu. Ciągle walczysz, trwasz w napięciu.

Jeżeli jesteś fizjologicznie kobietą, a masz umysł mężczyzny, będziesz tracić dużo energii na konflikty wewnętrzne. O wiele lepiej jest pozostawać w harmonii – mieć męskie ciało i męski umysł lub kobiece ciało i kobiecy umysł.

Ruch Wyzwolenia Kobiet stwarza zbędne problemy, przemienia kobiety w wilki, uczy je walki. W mężczyźnie każe widzieć wroga. Czy można kochać wroga? Czy można wejść z nim w bliską, intymną relację? Mężczyzna nie jest wrogiem.

Kobieta, aby stać się autentyczna, musi być bardziej kobieca, delikatniejsza i wrażliwsza. Podobnie mężczyzna, aby stać się autentyczny, musi wniknąć w swą męskość tak głęboko, jak to tylko możliwe. Prawdziwy mężczyzna i prawdziwa kobieta znajdują się na przeciwnych biegunach. Jednak tylko osoby, które ucieleśniają przeciwieństwa, mogą zakochać się w sobie i cieszyć wzajemną bliskością. Przeciwieństwa się bowiem przyciągają.

Zachodzi teraz proces unifikacji płci. Mężczyźni stają się coraz bardziej kobiecy, kobiety coraz bardziej męskie. Wcześniej czy później zanikną wszelkie różnice. Społeczeństwo będzie bezbarwne i nudne.

Pragnę, by kobieta stała się tak kobieca, jak to tylko możliwe. Jedynie wówczas może rozkwitnąć. Podobnie mężczyzna musi być tak męski, jak to tylko możliwe. Jedynie wtedy może rozkwitnąć. Kiedy stają się przeciwieństwami, powstaje między nimi silne przyciąganie, silny magnetyzm. W sytuacji, gdy zbliżają się do siebie w sposób intymny, wnoszą do relacji dwa różne światy, dwa różne wymiary i odmienne wewnętrzne bogactwo. Ich spotkanie jest wielkim błogosławieństwem.

Jaki następny krok, twoim zdaniem, powinny uczynić kobiety?

Chcę powiedzieć wszystkim kobietom, że Ruch Wyzwolenia Kobiet niczego nie uzyskał, ponieważ kierują nim głupie osoby. Przyjmują one postawę reakcyjną, a nie rewolucyjną. Pierwszą bowiem i najważniejszą rzeczą jest żądanie osobnego głosowania. Kobiety powinny głosować tylko na swoje kandydatki – na inne kobiety; mężczyźni zaś na swoich kandydatów – na innych mężczyzn. Jest to prosty krok ku temu, by wszystkie parlamenty na całym świecie zostały w połowie zapełnione przez kobiety. Oczywiście, władzę sprawowałyby kobiety, gdyż mężczyźni ze swej natury przejawiają skłonność do walki. Mężczyźni tworzą partie polityczne oraz ideologie religijne, opierając się na niewielkich, trywialnych różnicach.

Kobiety mogłyby stanowić w parlamencie całość. Mężczyźni byliby podzieleni na osiem lub dziesięć partii. W ten sposób cały świat mógłby być rządzony przez kobiety. Kobiety nie są zainteresowane wojnami, pociskami nuklearnymi, komunizmem czy kapitalizmem. Wszystkie „izmy' są produktami głowy. Kobiety chcą żyć radośnie. Zainteresowane są zwykłymi życiowymi sprawami: pięknym domem, ogrodem, basenem. Życie może stać się rajem. Pozostanie jednak piekłem dopóty, dopóki mężczyźni nie zostaną całkowicie odsunięci od władzy. A można do tego doprowadzić w prosty sposób.

4. Seksualność

Odczuwam strach przed wejściem w bliską relację z mężczyzną i przed całkowitą utratą kontroli. W moim wnętrzu jest zamknięta bezczelna kobieta. Kiedy w pewnej chwili się pojawia, mężczyźni zwykle są zaskoczeni. Dlatego powraca ona ponownie do stanu zamrożenia, postępuje w bezpieczny sposób i jest mocno sfrustrowana. Czy możesz się wypowiedzieć na temat tego rodzaju lęku przed bliskością?

Rodzaj ludzki, a szczególnie kobiety, cierpi na wiele chorób. Aż do dziś cywilizacje i kultury chorują. Nie mają dość odwagi, by się do tego przyznać, by rozpoznać swoje choroby. Pierwszy krok leczenia polega przecież na uznaniu, że jesteś chory.

Warto przypomnieć kilka faktów, o których już wspominałem. Mężczyzna ma zdolność osiągania jednego orgazmu, kobieta zaś wielu orgazmów. Stworzyło to poważny problem, który nie powstałby, gdyby nie narzucono mężczyźnie i kobiecie monogamii. Wydaje się, że takie rozwiązanie nie było intencją natury. Mężczyzna obawia się kobiety z prostego powodu. Jeżeli doprowadzi ją do orgazmu, wówczas staje się ona gotowa do przeżycia kolejnych sześciu orgazmów. Mężczyzna nie jest w stanie jej zaspokoić. Znalazł na to sposób: nie dać kobiecie szansy nawet na jeden orgazm; pozbawić ją świadomości, że w ogóle może mieć orgazm.

Doznania seksualne mężczyzny mają miejscowy, genitalny charakter. U kobiety wygląda to inaczej. Jej seksualność i zmysłowość są rozprzestrzenione po całym ciele. Kobieta potrzebuje więcej czasu, by się rozgrzać. Zanim kobieta się rozgrzeje, mężczyzna już kończy, odwraca się plecami i zaczyna chrapać. Przez tysiące lat miliony kobiet na całym świecie żyły i umierały bez poznania największego naturalnego daru – radości płynącej z orgazmu. Kobieta potrzebuje długiej gry wstępnej, tak długiej, aż całe jej ciało zacznie zmysłowo wibrować. Pojawia się jednak wówczas problem: Co robić z jej zdolnością do osiągania wielokrotnego orgazmu?

Patrząc na to z naukowego punktu widzenia, można zaproponować dwa rozwiązania. W pierwszym wariancie należałoby zrezygnować z wyłączności i zaprosić przyjaciół do udziału w stosunku seksualnym. Wtedy kobieta mogłaby doświadczyć całej gamy orgazmów. W drugim wariancie można zaproponować użycie wibratora. W obu przypadkach pojawia się problem. Jeśli kobieta użyje wibratora, może on jej dostarczyć tylu orgazmów, ile tylko może przeżyć. Ale wtedy kobieta zamiast partnera może wybrać wibrator. Z kolei jeśli się zgodzisz, by przyłączyło się do ciebie kilku przyjaciół, może to wywołać skandal. Ludzie mogą ci zarzucić, że bierzesz udział w orgiach.

Najprostsze rozwiązanie, które odkryli mężczyźni, polega na tym, że kobieta nie powinna poruszać się podczas stosunku. Powinna leżeć nieruchoma jak zwłoki. U mężczyzny ejakulacja występuje bardzo szybko, po dwóch, a najwyżej trzech minutach. W tym czasie kobieta nie zdąży nawet zdać sobie sprawy z tego, co traci.

Z punktu widzenia biologicznej reprodukcji orgazm nie jest czymś koniecznym. Jest natomiast konieczny w procesie rozwoju duchowego.

Uważam, że doświadczenie orgazmu, dającego poczucie niezwykłej błogości, dawno temu zainspirowało ludzkość do poszukiwania innych tego typu doświadczeń: medytacji, wyższych stanów ducha. Orgazm stanowi naturalne potwierdzenie faktu, że masz w sobie ogromne pokłady błogości, daje ci przedsmak błogich doświadczeń. Skłania cię do dalszych poszukiwań.

Stan orgazmu zaczęto rozpoznawać dopiero niedawno. W XX wieku psychologowie uświadomili sobie, z jakimi problemami spotykają się kobiety. Przedstawiciele psychoanalizy i innych szkół psychologicznych doszli do tego samego wniosku, że kobieta zostaje zatrzymana w duchowym rozwoju i sprowadzona do poziomu służącej.

Ejakulacja mężczyzny wystarczy do reprodukcji. Z biologicznego punktu widzenia problem nie istnieje, istnieje natomiast problem psychiczny. Kobiety są bardziej skłonne do irytacji, więcej plotkują i są bardziej gderliwe – wszystko dlatego, że odebrano im ich naturalne prawo do orgazmu. One nie są nawet świadome istnienia tego prawa. Na Zachodzie tylko młodsze pokolenie stało się świadome istnienia orgazmu. Nie jest to przypadek, że młodsze pokolenie zaczęło poszukiwać prawdy i ekstatycznych doświadczeń. Orgazm trwa krótko, ale dostarcza transcendentnego wglądu.

W czasie orgazmu zachodzą dwa procesy. Po pierwsze – umysł zaprzestaje ciągłego gadania. Na chwilę staje się nie-umysłem. Po drugie – zatrzymuje się czas. Jeden moment radości, którą niesie orgazm, ma taki potencjał, daje odczucie takiej pełni, że pozwala sobie wyobrazić, czym jest wieczność.

Już w zaraniu dziejów człowiek uświadomił sobie, że to dwie rzeczy, które mogą przynieść mu największą przyjemność. Obie są naturalne. Jeżeli potrafisz powstrzymać rozgadany umysł i staniesz się tak spokojny, że wszystko – także czas – się zatrzyma, wtedy będziesz mógł się uwolnić od życia seksualnego. Nie musisz zależeć od innej osoby, od mężczyzny ani od kobiety. Możesz samodzielnie osiągnąć stan medytacji. Orgazm jest tylko przemijającym doświadczeniem; medytacja może się rozciągnąć na całe dwadzieścia cztery godziny.

Budda Gautama przebywał w każdym momencie w stanie orgazmicznej radości. Nie miało to nic wspólnego z seksem.

Ciągle powracam do pytania, dlaczego tak niewiele kobiet osiągnęło oświecenie. Istnieje kilka przyczyn. Najważniejsza jest ta, że tyle kobiet nigdy nie doświadczyło orgazmu. Okno na bezmierną przestrzeń nieba nigdy się dla nich nie otworzyło. Kobiety żyły, rodziły dzieci i umierały. Były traktowane przez mężczyzn na sposób przedmiotowy, jak fabryki produkujące dzieci.

Na Wschodzie nawet obecnie bardzo trudno spotkać kobietę, która wie, co to jest orgazm. Pytałem o to bardzo inteligentne, wykształcone, kulturalne kobiety. Nie miały o tym pojęcia. W językach Wschodu nie występuje odpowiednik angielskiego słowa „orgazm". Nie było ono potrzebne, gdyż nie zajmowano się tą sferą.

Mężczyzna nauczył kobietę, że przyjemność z seksu czerpią jedynie prostytutki. Prostytutki jęczą, stękają i krzyczą; stają się niemal szalone. Szanowana kobieta nie powinna się tak zachowywać! I dlatego żyje w napięciu, czuje się głęboko upokorzona. Wiele kobiet mówiło mi o tym, że po stosunku seksualnym, kiedy ich mąż chrapał, one płakały. Kobieta podobna jest do instrumentu muzycznego. Całe jej ciało jest bardzo wrażliwe, zmysłowe. Ta zmysłowość powinna zostać rozbudzona w grze wstępnej. Po zakończeniu stosunku seksualnego mężczyzna nie powinien zasypiać. To zachowanie nieprzyjemne, niecywilizowane, niekulturalne. Kobieta, która dostarczyła ci tak wiele radości, potrzebuje pieszczot także po stosunku. Powinieneś o tym pamiętać po prostu z wdzięczności.

Twoje pytanie jest bardzo ważne. Będzie się stawało coraz ważniejsze w przyszłości. Ten problem musi zostać rozwiązany. Jednak na przeszkodzie stają instytucja małżeństwa, religia oraz pewne stereotypy. To wszystko powoduje, że połowę ludzkości omija radość. Cała energia, która powinna przekształcić się w radość, przemienia się w truciznę. Zostaje zużyta w gadulstwie, gderaniu i plotkowaniu.

Mężczyźni i kobiety nie powinni zawierać kontraktu, którym jest małżeństwo. Powinna ich łączyć miłość, jednak niezbędne jest, by zachowali wolność. Oni nie są sobie wzajemnie niczego winni.

Kobieta powinna się kontaktować z wieloma mężczyznami, a mężczyzna z wieloma kobietami. Jest to możliwe tylko wtedy, gdy seks jest traktowany jak radosna zabawa, nie jak grzech. Od czasu wprowadzenia pigułek antykoncepcyjnych nie istnieje obawa przed zajściem w niepożądaną ciążę.

Uważam, że to pigułki antykoncepcyjne spowodowały największą rewolucję w historii ludzkości. Mężczyźni nie zdali sobie jeszcze sprawy z wagi tego wynalazku. W przeszłości uprawianie seksu oznaczało rodzenie się coraz większej liczby dzieci. Niemal ciągłe bycie w ciąży wpływało na kobietę niszcząco. Rodzenie dwunastki czy dwudziestki dzieci jest męczącym, wyczerpującym doświadczeniem. Kobiety wykorzystywano jak bydło.

Przyszłość może być zupełnie inna. Nie stanie się to za sprawą mężczyzn. Marks wypowiedział pamiętne słowa: „Proletariusze wszystkich krajów łączcie się, nie macie niczego do stracenia". A wszystko do zyskania. Marks postrzegał społeczeństwo jako podzielone na dwie klasy: bogatych i biednych.

Ja postrzegam społeczeństwo jako podzielone na dwie klasy: mężczyzn i kobiety.

Mężczyzna przez całe wieki pozostawał panem, kobieta zaś niewolnikiem. Była ona wystawiana na licytację, sprzedawana, palona żywcem. Wobec kobiet podejmowano wszelkie nieludzkie działania. Kobiety stanowią połowę ludzkości...

Mówisz: „Odczuwam strach przed wejściem w bliską relację z mężczyzną i przed całkowitą utratą kontroli".

Każda kobieta się tego obawia. Jeśli straci samokontrolę w relacji z mężczyzną, on może tego nie wytrzymać – będzie zaszokowany jej reakcjami. Seksualność mężczyzny jest uboga. Mężczyzna jest dawcą, traci energię podczas stosunku. Odwrotny proces zachodzi u kobiety, ona czuje się napełniona energią.

Te fakty należy wziąć pod uwagę. Przez całe wieki mężczyzna zmuszał kobietę, by się kontrolowała. Trzymał ją na dystans. Nigdy nie pozwolił na zbytnie zbliżenie się do siebie. Całe jego gadanie o miłości to nonsens.

„W moim wnętrzu jest zamknięta bezczelna kobieta. Kiedy w pewnej chwili się pojawia, mężczyźni są zwykle zaskoczeni. Dlatego powraca ona ponownie do stanu zamrożenia, postępuje w bezpieczny sposób i jest mocno sfrustrowana".

Nie jest to tylko twoja historia, jest to historia wszystkich kobiet. Żyją one w głębokiej frustracji. Takie kobiety nie widzą drogi wyjścia, nie wiedzą, co im odebrano. Znajdują tylko jedno rozwiązanie. Można je zobaczyć w kościołach, synagogach, świątyniach – modlące się do Boga. Jednak ich Bóg jest męskim szowinistą.

W chrześcijańskiej Trójcy nie ma miejsca dla kobiety: Ojciec, Syn i Duch Święty. To klub złożony z samych chłopców.

Ponieważ zarówno kobiety, jak i mężczyźni nie są monogamiczni, lecz poligamiczni, największą szkodę wyrządziło im małżeństwo. To rozwiązanie narzucone wbrew naturze. Ponieważ kobieta była zależna od mężczyzny, musiała znosić wszelkiego rodzaju poniżenia. To mężczyzna był panem i właścicielem, to on dysponował pieniędzmi.

Aby zaspokoić swą poligamiczną naturę, mężczyzna stworzył prostytucję. Prostytucja jest produktem ubocznym małżeństwa. Ta okropna instytucja nie zniknie z tego świata dopóty, dopóki będzie istnieć małżeństwo. Prostytucja to cień małżeństwa. Mężczyzna nie chce być związany relacją monogamiczną, ma swobodę przemieszczania się, dysponuje pieniędzmi, wykształceniem, władzą. Mężczyzna wynalazł prostytucję. Niszczenie kobiety przez uczynienie jej prostytutką jest najgorszą zbrodnią, jaką można popełnić.

Zadziwiające jest to, że wszystkie religie przeciwne są prostytucji, a jednocześnie stanowią jej przyczynę. Wszystkie religie optują za małżeństwem, a nie dostrzegają tego prostego faktu, że prostytucja pojawiła się wraz z powstaniem instytucji małżeństwa.

Obecnie Ruch Wyzwolenie Kobiet usiłuje powielać wszelkiego rodzaju głupoty i nadużycia, które mężczyźni popełnili względem kobiet. W Londynie, Nowym Jorku, San Francisco można znaleźć męskie prostytutki. To nowe zjawisko, które nie oznacza postępu, lecz regres.

Problem polega na tym, że jeżeli nie puści się kontroli podczas uprawiania miłości, nie dozna się orgazmu. Dlatego przynajmniej wy, jako moi słuchacze, powinniście zrozumieć, że kobieta ma prawo jęczeć, stękać i krzyczeć. Zachowuje się w ten sposób, ponieważ całe jej ciało angażuje się w stosunek.

Mężczyzna nie powinien się tego obawiać. Te reakcje są niezwykle uzdrawiające dla kobiety. Nie będzie napastliwa, nie będzie gderać. Cała nieprzyjazna energia przemieni się w niezwykłą radość. Nie obawiajcie się też sąsiadów. To ich problem, jeśli przejmują się jękami czy stękaniem.

Uczyńcie swą miłość prawdziwym świętem. Niech nie będzie to tylko krótkie zdarzenie. Tańczcie, śpiewajcie, cieszcie się muzyką. Nie pozwólcie, by seks odbywał się na poziomie głowy. Seks powinien być spontaniczny. Stwórzcie odpowiednią oprawę. Sypialnia powinna być miejscem równie świętym jak świątynia. W sypialni nie zajmujcie się niczym innym, lecz śpiewajcie, tańczcie, bawcie się. Jeżeli miłość pojawi się spontanicznie, sama z siebie, będziecie niezmiernie zdumieni, że biologia daje wam wgląd w medytację.

Niech mężczyzna nie martwi się o kobietę, która staje się szalona. Ona musi stać się właśnie taka. Jej ciało znajduje się w zupełnie odmiennej przestrzeni. Kobieta nie może już dłużej siebie kontrolować. Jeżeli narzuci sobie kontrolę, stanie się zwłokami.

Miliony ludzi kochają się ze zwłokami. Słyszałem historię o Kleopatrze, niezwykle pięknej kobiecie. Po śmierci, zgodnie z egipskim rytuałem, jej zwłok nie chowano przez trzy doby. W tym czasie mężczyźni odbywali z nimi stosunki seksualne. Byłem zaskoczony, kiedy usłyszałem o tym po raz pierwszy. Jakiego rodzaju mężczyźni mogli to robić? Potem odczułem, że ta sytuacja nie jest wcale dziwna. Wszyscy mężczyźni traktują kobiety jak zwłoki, zwłaszcza podczas stosunku seksualnego.

Najstarszym traktatem na temat miłości i seksu jest *Kamasutra* pióra Watsjajany, zbiór wskazówek, rad i aforyzmów, dotyczących seksu. Autor opisuje osiemdziesiąt cztery pozycje, w których można uprawiać seks. Przybywający na Wschód chrześcijańscy misjonarze byli zaskoczeni tym odkryciem. Znali tylko jedną pozycję, w której mężczyzna leży na kobiecie: on swobodnie się porusza, ona jest nieruchoma jak zwłoki.

Watsjajana trafnie sugeruje, że kobieta powinna znajdować się na górze. Mężczyzna, znajdując się na górze, zachowuje się wobec delikatnej kobiety brutalnie. Mężczyźni wybierają tę pozycję, ponieważ dzięki niej mogą kobietę kontrolować. Piękno kobiety znajduje się pod kontrolą bydlęcego ciała mężczyzny. Kobieta nie może nawet otworzyć oczu, ponieważ zachowałaby się jak prostytutka, a powinna zachować się jak dama. Pozycja, w której mężczyzna znajduje się na górze, zwana jest na Wschodzie misjonarską.

W relacji między kobietą a mężczyzną zachodzą obecnie głębokie zmiany. W wielu rozwiniętych krajach powstają instytuty, w których uczy się sztuki miłości. Podstawy dotyczą gry wstępnej oraz zachowania po stosunku. Stosowanie tych podstaw w praktyce sprawia, że miłość staje się świętym doświadczeniem. Zwierzęta wiedzą, w jaki sposób należy uprawiać miłość. Szkoda, że człowieka trzeba tego uczyć.

Powinnaś porzucić lęk przed bliskością i całkowicie puścić kontrolę w kontakcie z mężczyzną. Jeżeli ten idiota chce się bać, to jego sprawa. Powinnaś być autentyczna i wierna sobie. Na razie okłamujesz, oszukujesz i niszczysz siebie.

Co się stanie, kiedy mężczyzna się przestraszy i wybiegnie nagi z pokoju? Zamknij drzwi! Pozwól, by całe otoczenie wiedziało, że jest idiotą. Ale nie kontroluj swojej zdolności do orgazmu. To doświadczenie łączenia i rozpuszczania, w którym zanikają ego, umysł i czas. Może cię prowadzić do nowego doświadczenia, doświadczenia autentycznej medytacji. Bez udziału mężczyzny możesz porzucić umysł, porzucić czas i samodzielnie wkroczyć w doświadczenie orgazmicznej radości.

Nie obawiaj się, ciesz się grą, traktuj ją jako zabawę. Jeżeli jakiś mężczyzna wycofa się z kontaktu z tobą, pamiętaj o tym, że istnieją miliony mężczyzn. Pewnego dnia znajdziesz jakiegoś szalonego faceta, który nie zdziwi się i nie wycofa.

Słyszałem, że dziewięćdziesiąt osiem procent kobiet na Wschodzie nie zna orgazmu. Dlaczego zatem zachowują one wdzięk i nie są tak sfrustrowane jak kobiety na Zachodzie?

Na Wschodzie dziewięćdziesiąt osiem procent kobiet nie wie, czym jest orgazm. Twoje pytanie brzmi: „Dlaczego zachowują one wdzięk i nie wyglądają na tak sfrustrowane jak kobiety na Zachodzie?". Otóż to!

Frustracja pojawia się w sytuacji, kiedy doświadczyłaś czegoś, a potem ci tego odmówiono. Jeżeli nie wiesz, że orgazm istnieje, frustracja się nie pojawia. W minionych wiekach także na Zachodzie kobiety nie doświadczały frustracji z tego powodu.

Dzięki psychoanalizie i pogłębionym badaniom ludzkich energii odkryto, że przez tysiąc lat byliśmy w błędzie. Uważaliśmy, że kobieta doznaje orgazmu pochwowego. To nieprawda. Kobieta nie doznaje orgazmu pochwowego. Pochwa jest zupełnie niewrażliwa, nie reaguje na bodźce. Kobieta doznaje orgazmu łechtaczkowego, a łechtaczka stanowi całkowicie odrębną część ciała. Kobieta może rodzić dzieci, nie znając orgazmu. Może odbywać stosunki seksualne, nie znając orgazmu. Dlatego przez całe wieki zarówno na Wschodzie, jak i na Zachodzie kobieta czerpała satysfakcję jedynie z macierzyństwa. W pewnym sensie była przeciwna uprawianiu seksu, ponieważ nie przynosił jej satysfakcji, lecz powodował kłopoty – zajście w ciążę. Przez całe wieki kobiety pełniły rolę fabryk produkujących dzieci; tak traktowali je mężczyźni. Dziewięcioro z dziesięciorga dzieci zwykle umierało. Jeżeli mężczyzna chciał mieć dwoje czy troje dzieci, kobieta musiała ich urodzić dwa, trzy tuziny. Nieustannie zachodziła w ciążę. A ciąża wiąże się z cierpieniem.

Kobieta nigdy nie lubiła seksu. Znosiła go, tolerowała. Godziła się na współżycie, ponieważ uważała to za swój obowiązek. W głębi serca nienawidziła męża, gdyż zachowywał się wobec niej jak zwierzę. Dlaczego kobiety czciły świętych, żyjących w celibacie? Podstawowy powód był taki, że celibat czynił ich w oczach kobiet istotami wyższymi.

Jeżeli odbyłeś z kobietą stosunek seksualny, znika jej szacunek do ciebie. Taki koszt ponosisz. Kobieta wie, że ją wykorzystałeś.

W każdym języku istnieje podobne wyrażenie nazywające uprawianie miłości; mężczyzna uprawia miłość z kobietą – nie odwrotnie. Dziwne... W stosunek seksualny są zaangażowani oboje, lecz w każdym języku mówi się, że to mężczyzna uprawia miłość z kobietą. Kobieta jest tylko przedmiotem. Mimo to podejmuje współżycie, czuje się do tego zobowiązana. Mężczyzna jest bogiem i kobieta musi uczynić jego życie tak przyjemnym, jak to tylko możliwe. Jej samej seks niczego nie daje.

W starożytności małżeństwo nie istniało, a kobiety i mężczyźni byli wolni jak ptaki. Powszechnie wiedziano o tym, że kobieta ma zdolność do osiągania wielokrotnego orgazmu.

Rozbudzenie w kobiecie energii orgazmu stanowi jednak poważne zgrożenie dla mężczyzny. Mąż nie potrafi zaspokoić żony. Żaden mąż nie potrafi zaspokoić swojej żony. Mężczyźni woleli zatem nie dopuszczać do świadomości faktu, że kobieta może mieć orgazm. Na azjatyckim Wschodzie ta sytuacja utrzymuje się nadal, szczególnie w niższych warstwach społecznych. W niektórych współczesnych metropoliach Wschodu tylko niewiele kobiet mogło usłyszeć nazwiska Mastersa i Johnson, którzy odkryli zdolność kobiet do wielokrotnego orgazmu.

Na Zachodzie powstał problem, ponieważ odbywały się jednocześnie dwa procesy: odkrywanie zdolności kobiet do wielokrotnego orgazmu oraz ujawnianie nadużyć, których przez wieki mężczyźni dopuszczali się wobec kobiet. W tym samym czasie zaczął się rozwijać Ruch Wyzwolenia Kobiet. Kobiety odkrywały różne krzywdy wyrządzone im przez mężczyzn. Mocno uchwyciły się wniosków, wynikających z przeprowadzonych badań. Najbardziej fanatyczne uczestniczki Ruchu stały się lesbijkami: Tylko kobieta może pomóc kobiecie w przeżyciu wielokrotnego orgazmu, ponieważ nie jest on w ogóle związany z pochwą.

Ciała mężczyzn i kobiet są bardzo podobne. Różnica polega na tym, że mężczyzna ma jedynie ślady piersi, a kobieta ma rozwinięte piersi. Łechtaczka, niewielki wzgórek na zewnątrz pochwy, jest śladem penisa. Mężczyzna zapładnia kobietę przez pochwę i nie potrzebuje dotykać łechtaczki. Natomiast bez pieszczenia łechtaczki kobieta nie może osiągnąć orgazmu.

Kobieta na Wschodzie wygląda na zadowoloną, ponieważ nie jest świadoma tego, co straciła. Zachowuje wdzięk, ponieważ nawet nie zaczęła myśleć o wyzwoleniu. Ludzie na Wschodzie zostali ukształtowani w ten sposób, by zadowalali się istniejącymi warunkami. Zarówno mężczyźni, jak i kobiety przyjmują z zadowoleniem ubóstwo, zniewolenie, choroby, śmierć.

Idea rewolucji nie mogła się zrodzić w umyśle człowieka Wschodu. Przez wieki narzucano mu bowiem przekonanie: „To, kim jesteś, stanowi wynik twoich działań w poprzednich żywotach".

Kwestię, dlaczego kobiety na Wschodzie mają tyle wdzięku i nie są tak sfrustrowane, jak kobiety na Zachodzie, można łatwo zrozumieć. Kobiety na Wschodzie po prostu zaakceptowały swój los.

Kobiety na Zachodzie po raz pierwszy w historii zbuntowały się przeciwko tym wszystkim fikcyjnym ideom, mówiącym o przeznaczeniu, o prawie karmy, o przeszłych żywotach. Kobiety na Zachodzie przeszły przez rewolucyjny proces, który zniszczył ich zadowolenie oraz ich wdzięk. Ten proces doprowadzono do ekstremum. Kobiety zaczęły zachowywać się w nieprzyjemny i złośliwy sposób. Nie jest to postawa uzasadnionego buntu, lecz postawa reakcyjna.

Pierwszą osobą, która sprawiła, że pojawiły się różnice między sytuacją kobiet na Wschodzie a kobiet na Zachodzie, był Karol Marks. Przekonał inteligencję na całym świecie do swojej koncepcji, że ubóstwo nie wynika z poprzedniego życia, z przeznaczenia ani ze zrządzenia losu. To nie Bóg decyduje o tym, kto powinien być biedny, a kto bogaty. Decyduje o tym struktura społeczna i ekonomiczna. Ta struktura może się zmieniać, ponieważ nie została stworzona przez Boga. Nie istnieje Bóg jako taki. Stworzyli go ludzie.

Tak więc pierwsze uderzenie przyszło od Karola Marksa, natomiast drugie od Zygmunta Freuda. Stwierdził on, że mężczyźni i kobiety są sobie równi i należą do tego samego gatunku, a wszystkie teorie potępiające kobiety wynikają z męskiego szowinizmu.

Trzecie uderzenie związane było z wynikami badań przeprowadzonych przez Mastersa i Johnson. Wykazali oni, że kobieta przez stulecia nie przeżywała orgazmu. Potwierdzili również, że mężczyzna wykorzystywał kobietę, by zaspokoić swoje potrzeby seksualne, lecz jej nie pozwalał cieszyć się seksem.

Wymienione trzy uderzenia zmieniły sposób myślenia ludzi Zachodu. Nie wpłynęły jednak na umysłowe nastawienie Wschodu. W rezultacie omawianych procesów kobiety na Zachodzie wstąpiły na wojenną ścieżkę. Jest to jednak zachowanie reakcyjne.

Ruch Wyzwolenia Kobiet dąży do skrajności, chce się mścić, próbuje robić mężczyznom to, co robili oni kobietom; nie popieram go.

To czysta głupota. Przeszłość jest bowiem przeszłością. Już nie istnieje. W przeszłości mężczyźni nieświadomie robili różne złe rzeczy kobietom. Ani mężczyźni nie byli świadomi tych krzywd, ani nie były ich świadome kobiety.

Ruch Wyzwolenia Kobiet twierdzi, że nie chce mieć żadnych kontaktów z mężczyznami i zrywa wszelkie związki z nimi. Ruch ten promuje związki lesbijek. Głosi, że kobiety powinny kochać tylko kobiety, a bojkotować mężczyzn. W odwecie kobieta powinna się zachowywać wobec mężczyzny tak, jak wcześniej on zachowywał się wobec niej: być agresywna, źle go traktować, używać wulgarnych słów, palić papierosy. To czysta perwersja.

Z tego powodu kobiety utraciły swój wdzięk, swoje piękno, zaczęły ubierać się po męsku. Strój kobiet Zachodu zmienił się zadziwiająco. Ubiór kobiet na Wschodzie zachował swoisty wdzięk, nadaje urok ciału. Natomiast kobieta na Zachodzie próbuje konkurować z kowbojami – ubiera się w niebieskie dżinsy, w śmieszne ciuchy, nosi okropne fryzury.

Kobiety myślą zapewne, że dokonują w ten sposób zemsty na mężczyznach. W rzeczywistości niszczą same siebie. Zemsta zawsze niszczy. Zamiast niej chciałbym widzieć bunt kobiet.

5. Małżeństwo

Dlaczego mężczyznom i kobietom tak trudno się zaprzyjaźnić? Wydaje się to tak oczywiste, a okazuje prawie niemożliwe. Powstaje jakiś okropny kompromis, jak pomiędzy mężem a żoną, lub rodzą się namiętności, z czasem przekształcające się w nienawiść. Dlaczego relacje między mężczyznami a kobietami są zawsze takie okropne?

Bardzo łatwo to zrozumieć. Małżeństwo jest najokropniejszą instytucją wymyśloną przez człowieka; nie jest zjawiskiem naturalnym. Małżeństwo wprowadzono po to, by uprzedmiotowić kobietę. Sprawia ono, że można traktować kobiety jak grunt lub banknoty, jak rzecz.

Pamiętaj jednak, że jeżeli sprowadzasz jakąkolwiek ludzką istotę do poziomu rzeczy, nawet jeśli czynisz to odruchowo i nieświadomie, sam siebie również redukujesz i sprowadzasz do tego samego poziomu. Gdyby tak się nie działo, nie mógłbyś się porozumiewać z kobietą. Jeżeli chcesz rozmawiać z krzesłem, musisz nim się stać.

Małżeństwo przeczy naturze.

Możesz być pewny tylko tego momentu; wszystkie obiecanki dotyczące przyszłości są kłamstwami.

Małżeństwo jest zaś obietnicą, dotyczącą całego życia: że pozostaniecie razem, że będziecie się wzajemnie kochać, że będziecie się szanować do grobowej deski.

Kapłani, którzy wymyślili wiele okropnych rzeczy, mówią, że małżeństwo stworzono w niebie. Niczego nie stworzono w niebie. Nie istnieje żadne niebo.

Jeżeli będziesz się wsłuchiwać w naturę, wszystkie twoje problemy, wszystkie niepokojące cię pytania po prostu wyparują. Biologicznie mężczyzna jest przyciągany przez kobietę, a kobieta przez mężczyznę. Jednak ten pociąg nie może trwać bez końca. Pociąga cię coś, co stanowi wyzwanie, co pragniesz posiąść. Widzisz pięknego mężczyznę czy piękną kobietę – pociągają cię. Nie ma w tym niczego złego. Czujesz, że twoje serce bije szybciej. Chcesz być z tym mężczyzną czy z tą kobietą, a pociąg jest tak silny, że w tym momencie myślisz, że chcesz tego na zawsze.

Kochankowie nie oszukują siebie nawzajem. Mówią prawdę. Jednak ta prawda odnosi się do chwili obecnej, do tu i teraz. Kiedy jedno mówi do drugiego: „Nie mogę bez ciebie żyć", nie kłamią. Tak właśnie czują. Nie znają jednak prawdziwej natury życia. Czas mija – kochankowie mogą poczuć, że znaleźli się w więzieniu.

Poznali dokładnie geografię swoich ciał. Na początku było to terytorium nieznane, które dopiero odkrywali. Teraz nie ma już niczego do odkrycia. Powtarzanie tych samych słów i tych samych gestów odbywa się mechanicznie, sprawia przykrość. Z tego powodu namiętność przekształca się w nienawiść. Żona nienawidzi cię, ponieważ ciągle powtarzasz te same czynności. Aby zapobiec powtórkom, kładzie się do łóżka i udaje, że boli ją głowa. Natomiast ty zaczynasz flirt w biurze ze swoją sekretarką. Sekretarka staje się nieznanym terytorium.

Z mojego punktu widzenia są to naturalne zachowania. Nienaturalne jest krępowanie ludzi na całe życie w imię religii, w imię Boga.

W lepszym, bardziej inteligentnym świecie ludzie będą się kochać, lecz nie będą zawierać żadnych kontraktów. Miłość to nie biznes! Będą się rozumieć wzajemnie i rozumieć też, że życie jest ciągłym przepływem. Będą wobec siebie prawdziwi. Gdy mężczyzna odczuje, że jego ukochana nie czerpie już radości z kontaktu z nim, powie, że nadszedł czas rozstania. Nie istnieje potrzeba zawierania małżeństw. Nie istnieje potrzeba rozwodów. W takiej sytuacji możliwa jest przyjaźń.

Zapytałaś mnie, dlaczego nie jest możliwa przyjaźń między mężczyznami a kobietami... Przyjaźń nie jest możliwa między strażnikiem w więzieniu a skazanym. Przyjaźń jest możliwa tylko między równymi sobie istotami, wolnymi od wszelkich więzów, narzuconych przez społeczeństwo, przez kulturę, przez cywilizację, istotami prowadzącymi prawdziwe życie, zgodne z ich prawdziwą naturą.

Nie uczynisz niczego niestosownego ani obraźliwego, kiedy powiesz: „Kochanie, miodowy miesiąc już minął". Podobnie mężczyzna nie obrazi kobiety, kiedy powie: „Teraz nasza relacja nie może być już piękna. Wiatr miłości ucichł. Zmieniła się pora roku. Między nami nie kwitnie już wiosna, nie rodzą się i nie pachną kwiaty. Nadszedł czas rozstania". Ponieważ nie powstały prawne więzy małżeńskie, nie istnieje potrzeba przeprowadzania rozwodu.

Sąd, prawo i państwo wkraczają w twoje prywatne życie – to przykre. Musisz prosić o ich przyzwolenie. Musisz prosić o pozwolenie na rozwód. Kim są te instytucje? Rozstanie to sprawa pomiędzy dwoma osobami, ich prywatny interes.

Przyjaciele nie musieliby prosić nikogo o pozwolenie. A gdyby związki opierały się wyłącznie na przyjaźni, nie byłoby powodu, by namiętności przekształcały się w nienawiść. Kiedy poczułabyś, że namiętność zanika, mogłabyś powiedzieć „do widzenia" i twój parter zrozumiałby sytuację. Nawet jeśli przez pewien czas by bolało – nie szkodzi. Takie po prostu jest życie.

Jednak człowiek stworzył społeczeństwo, kulturę, cywilizację, reguły, przepisy, co spowodowało, że życie straciło naturalność. Z tego właśnie powodu mężczyźni i kobiety nie mogą żyć w przyjaźni. Mężczyźni i kobiety stają się mężami i żonami, co jest rzeczą naprawdę okropną. Zaczynają być swoją własnością...

Ludzie nie są rzeczami. Nie możesz stać się właścicielem człowieka. Jeżeli zauważę, że twoja żona jest piękna i zechcę się do niej zbliżyć, wpadniesz w złość. Będziesz gotów ze mną walczyć, ponieważ zagrażam twojej własności. Żadna żona nie jest niczyją własnością. Podobnie jak żaden mąż nie jest niczyją własnością.

Wiesz, że pociąga cię żona sąsiada. Podobnie dzieje się z twoją żoną: doskonale zdaje sobie sprawę z tego, że pociąga ją ktoś inny. Jednak nie może zbliżyć się do tej osoby, gdyż na przeszkodzie stoi mąż. Mąż stoi na straży z pistoletem! Miłość musi więc przekształcić się w nienawiść. Tak więc przez całe życie kumuluje się nienawiść. A czy myślisz, że w atmosferze nienawiści urodzą się piękne dzieci? Nie urodzą się one z miłości, raczej z poczucia obowiązku. Żona ma obowiązek, by pozwolić ci wykorzystać swoje ciało.

Prawdę mówiąc, nie ma różnicy pomiędzy żonami a prostytutkami. Możesz gdzieś pojechać własnym samochodem, możesz wziąć taksówkę... Prostytutkę wynajmujesz tylko na kilka godzin, żona zaś jest na dłużej. Decyzja ma podłoże ekonomiczne; widać to wyraźnie w rodzinach królewskich. Ich członkowie nie mogli zawierać związków z osobami, w których żyłach nie płynęła królewska krew. Małżeństwo w tym wypadku wiązało się ze statusem, pieniędzmi, władzą. W takich warunkach nie można mówić o jakiejkolwiek miłości.

Kobieta jest od ciebie zależna, ponieważ to ty zarabiasz pieniądze. Przez całe stulecia mężczyzna nie pozwalał kobiecie, by się kształciła, by była przedsiębiorcza, by podejmowała pracę zawodową. Gdy kobieta stanie się finansowo niezależna, będzie miała własne konto w banku, nie da się jej zredukować do poziomu rzeczy. Kobieta musi być zależna od mężczyzny. A czy myślisz, że ktokolwiek zależny od ciebie będzie w stanie cię pokochać?

Każda kobieta chce zabić swego męża. Inną sprawą jest, że go nie zabija. Gdyby to uczyniła, co mogłaby począć? Nie jest przecież wykształcona, nie ma społecznego obycia, nie potrafi zarabiać pieniędzy.

Natomiast mąż, każdy mąż – bez żadnych wyjątków – chce uciec od kobiety. Jednak nie może tego zrobić. Mają dzieci, a on sam przysięgał tysiące razy, że ją kocha. Kiedy wychodzi do pracy, całuje ją. Nie ma w tym prawdziwej miłości. Po prostu kontaktują się ze sobą szkielety. Nie ma w tym życia.

Mężczyzna stworzył społeczeństwo, w którym nie jest możliwa przyjaźń między mężczyznami a kobietami.

Pamiętaj o tym, że przyjaźń jest niezwykle wartościowa. Nie zważaj na konsekwencje, lecz pozostawaj w przyjaźni nawet ze swoją żoną czy też ze swoim mężem. Pozwól na całkowitą wolność we wzajemnych relacjach.

Nie dostrzegam w tym żadnego problemu. Jeżeli kocham kobietę i pewnego dnia oświadcza mi ona, że zakochała się w innej osobie i czuje się bardzo szczęśliwa, ja także będę czuł się szczęśliwy. Kocham tę kobietę i chcę, aby była szczęśliwa. W czym tkwi problem? Jestem gotów pomóc jej w każdy możliwy sposób, by czuła się bardziej szczęśliwa. Jeżeli będzie się czuła bardziej szczęśliwa z kimś innym, czy może mnie to ranić?

To tylko twoje ego może cię zranić. Podpowiada ci ono: „Ona znalazła kogoś, kto jest od ciebie lepszy". Nie chodzi o to, czy ten ktoś jest naprawdę lepszy. Może to być twój kierowca. To tylko kwestia pewnej niewielkiej zmiany. Jeżeli dacie sobie nawzajem pełną wolność, być może będziecie mogli pozostać ze sobą przez całe życie, a może przez całą wieczność, ponieważ nie ma potrzeby, by oddalać się od siebie.

Małżeństwo stwarza potrzebę, by uciekać od siebie, ponieważ oznacza utratę wolności. Wolność jest zaś największą wartością. Uczyń wolnymi wszystkie związki, a wtedy stwierdzisz zadziwiony, że świat przekształcił się w raj.

Pojawiają się jednak inne problemy. Macie przecież dzieci. Co z nimi będzie? Moim zdaniem dzieci nie powinny należeć do rodziców, lecz do wspólnoty. Rodzice będą mogli spotykać się z dziećmi, zapraszać je do siebie, przyjaźnić się z nimi, ale dzieci nie będą od rodziców zależne. Dzieci będą należały do wspólnoty. Może to zlikwidować wiele problemów psychicznych.

Jeżeli chłopiec zna wyłącznie swoją matkę, to jej osobowość odciska silne piętno na jego psychice. Przez całe życie będzie się starał znaleźć kobietę, przypominającą mu matkę. Ale nigdy takiej kobiety nie spotka. Podobnie dziewczyna nigdy nie znajdzie mężczyzny, który będzie dokładną kopią jej ojca. Dlatego nie zaznają satysfakcji w związku z żadną kobietą ani z żadnym mężczyzną.

Jeżeli dzieci należą do wspólnoty, wchodzą w kontakt z tak dużą liczbą wujków i ciotek, że w ich umyśle nie powstaje jeden wzorzec kobiecości i męskości. Na ich wzorzec złożą się osobowości wielu członków wspólnoty. W ten sposób ukształtuje się wielowymiarowy obraz, nie do końca określony. Dopiero kiedy dziecko wychowane we wspólnocie dorośnie i spotka partnera, dojdzie do określenia i urealnienia obrazu.

Wskutek wychowania w zamkniętej rodzinie w twoim umyśle powstał sztywny, całkowicie skończony obraz życiowego partnera. A napotykasz bliżej nieokreśloną osobę. Wcześniej czy później w waszej relacji pojawi się rozczarowanie.

Dzieci należące do wspólnoty mogą się bardzo wiele nauczyć z większej liczby źródeł, dlatego stają się bardziej przyjazne. Ich osobowości są bogatsze. Dzieci wychowywane przez pary małżeńskie mają uboższe osobowości. Nie wiedzą, że są miliony osób o odmiennej umysłowości, o odmiennej urodzie i odmiennym pięknie. Jeżeli dziecko wzrasta w otoczeniu wspólnoty, będzie naturalnie o wiele bogatsze wewnętrznie. Kiedy pozna swego partnera, zaprzyjaźni się z nim na długie lata.

A co się dzieje teraz? Spotykasz na plaży dziewczynę i zakochujesz się w niej. Niczego o tej dziewczynie nie wiesz, widzisz tylko jej makijaż. Następnego ranka, kiedy się budzisz i widzisz jej twarz bez makijażu, mówisz: „O mój Boże! Cóż ja zrobiłem? To nie jest kobieta, którą poślubiłem. To jest ktoś inny!". Nie możesz jednak odwołać danego słowa. Jeżeli to uczynisz, będą interweniowały i rząd, i sąd: przywołają cię do porządku. Taka sytuacja jest chora!

Ludziom trzeba stwarzać sytuacje sprzyjające wzajemnemu poznawaniu się. Ważne jest, by poznali tak wiele osób, jak to możliwe, ponieważ każda osoba jest wyjątkowa. Nie należy porównywać. Pozwólmy, by dzieci czerpały z wielu źródeł. Kiedy dorosną, będą w stanie rozpoznać, kto jest dla nich właściwym partnerem.

Nikt nie będzie się zakochiwać w przypadkowy sposób. Każdy świadomie zdecyduje: „Tak, to jest ten człowiek". Nie ma tu miejsca na strach. Jeżeli sytuacja ulegnie zmianie, szkoda nie będzie wielka.

Społeczeństwo nie powinno żyć w rutynowy, sztywny, statyczny sposób. Nie powinno być uśpione, powinno pozostawać w ruchu. Jedna kobieta może przynieść ci taki rodzaj radości, druga kobieta może ci przynieść inny rodzaj radości. Trzecia kobieta będzie zaś prawdziwą niespodzianką. Dlaczego masz pozostawać ubogi? Czy dlatego, że Jezus powiedział: „Błogosławieni ubodzy"?

Bądź bogaty w każdym wymiarze. Utrzymuj otwartą postawę i bądź dostępny dla innych. Wchodząc w związek, jasno poinformuj drugą osobę: „Między nami panuje wolność. Nie podpisujemy kontraktu małżeńskiego. Spotykamy się w przestrzeni wolności, bez obietnic dotyczących przyszłości, przyszłość nie jest bowiem znana".

Kiedy byłem studentem ostatniego semestru na uniwersytecie, zainteresowała się mną bardzo pewna dziewczyna. Była naprawdę piękna, ale ja w tym czasie nie interesowałem się kobietami. Zwariowałem na punkcie poszukiwania Boga!

Po egzaminach miała opuścić uniwersytet, ale zaczekała na mnie. Wiedziałem, że chce, bym to ja jako pierwszy podszedł do niej. Zazwyczaj jest tak, że to mężczyzna zbliża się do kobiety. Kobiecie nie wypada pierwszej zbliżyć się do mężczyzny. To dość dziwny pogląd, którego nie rozumiem. Ten, kto inicjuje kontakt, wykazuje się odwagą.

Ta dziewczyna wzięła mnie wreszcie na bok i powiedziała:

– Przez dwa lata ciągle czekałam na ciebie. Czy możemy być ze sobą przez całe życie? Kocham cię.

– Jeżeli mnie kochasz, proszę, odejdź. Ja także cię kocham i z tego powodu chcę ci pozostawić wolność. Wiem, co się dzieje w imię miłości. Ludzie stają się więźniami, są skrępowani, tracą radość istnienia, a ich życie to udręka. Dam ci na pożegnanie pewną radę: Nigdy nie próbuj wiązać się z drugą osobą na całe życie.

Jeżeli dwie osoby dziś mają chęć przebywać razem, to zupełnie wystarcza. Jeżeli jutro też mają na to chęć – w porządku. Jeżeli natomiast nie mają, to ich osobista sprawa. Nikt nie powinien się w to mieszać.

Ciągle powraca problem dzieci. Mówiłem już, że dzieci powinny należeć do wspólnoty. Mogą też przebywać ze swoimi rodzicami – niezależnie od tego, czy rodzice są razem czy też oddzielnie. Powinny uczyć się od swoich rodziców, że miłość nie jest zniewoleniem, lecz wolnością. Dzieci powinny poruszać się swobodnie w obrębie wspólnoty i z radością doświadczać różnych właściwości wielu ludzi.

W momencie, kiedy nadejdzie czas podjęcia konkretnej decyzji, nie będzie ona wynikała z naiwnego zakochania się. Będzie krokiem starannie rozważonym, głęboko przemyślanym, przemedytowanym. Jest możliwe, że konkretne dwie osoby zdecydują się pozostać razem przez całe życie. Jeżeli bowiem istnieje wolność, istnieje też wiele możliwości.

Jeżeli zniknie instytucja małżeństwa, automatycznie znikną też rozwody. Rozwód jest produktem ubocznym małżeństwa. Czy nikt nie zauważył, dlaczego przez całe wieki istniały prostytutki? Kto je stworzył? Kto odpowiada za istnienie tych nieszczęśliwych kobiet? Odpowiada za to instytucja małżeństwa.

Jesteś znudzony kontaktami z żoną. Pragniesz jakieś odmiany i spotykasz się z inną kobietą. Wystarczy jednak, że czujesz się skrępowany w kontaktach z żoną. Wchodzenie w drugi krępujący cię kontakt to byłoby zbyt wiele. Wybierasz więc chwilowe, dwugodzinne spotkanie. Czujesz się rozkosznie, kochasz tę kobietę. Kobieta też czuje się rozkosznie i kocha cię przez tych kilka godzin. Ponadto dostanie za to pieniądze...

Miliony kobiet na całym świecie zmuszono do sprzedawania ciała. Kto to uczynił? Wasi liderzy polityczni i przywódcy religijni. Uważam tych ludzi za przestępców. Według mnie są czymś gorszym niż zwykli przestępcy, ponieważ z ich powodu przez kolejne stulecia cierpiała cała ludzkość.

Musisz zacząć od siebie. Nie istnieje żadna inna droga. Jeżeli kogoś kochasz, istotą waszego związku musi być wolność. Widząc, że twoja kobieta obejmuje kogoś innego, nie czujesz zazdrości. W ten sposób ona staje się wzbogacona, doświadcza nowej sytuacji.

Czasem odwiedzasz przecież chińską restaurację. Jedzenie jest tam dobre. Powracasz jednak do swojego zwykłego menu, które dzięki tamtemu doświadczeniu doceniasz bardziej świadomie. A po kilku dniach – w ten właśnie sposób działa umysł – idziesz do restauracji włoskiej na spaghetti!

Życie jest tak proste i piękne. Pomijamy tylko jeden ważny jego element – wolność. Jeżeli twoja żona spędzi czas z innymi ludźmi, wtedy powróci do ciebie wzbogacona, z nowymi doświadczeniami. Teraz będzie w stanie odkryć w tobie coś, czego nigdy przedtem nie była świadoma. W tym czasie, kiedy żona przebywa poza domem, nie musisz siedzieć w fotelu i walić się w głowę. Ty także możesz zdobywać nowe doświadczenia. Gdy żona powróci do domu, ty także będziesz odświeżony. Ty także odwiedziłeś chińską restaurację.

Życie powinno być radosne, trzeba się nim cieszyć. Tylko w takiej sytuacji powstanie przyjaźń pomiędzy kobietami a mężczyznami. Inaczej pozostaną wrogami, choć są tak blisko siebie.

Jeżeli związek małżeński niszczy miłość, to jak mamy ze sobą żyć? Chcemy przecież każdego dnia dzielić się miłością, dzielić się myślami. Chcemy też, by nasze dzieci miały matkę i ojca.

Nigdy nie mówiłem, że małżeństwo niszczy miłość. W jaki sposób małżeństwo może niszczyć miłość? Tak, miłość jest niszczona w małżeństwie, ale jest niszczona przez was, a nie przez małżeństwo. Jest niszczona przez partnerów. To ty ją niszczysz, ponieważ nie wiesz, czym jest. Ty po prostu udajesz, że wiesz, czym jest miłość, masz nadzieję, że wiesz, marzysz o tym, że wiesz. Jednak w istocie nie wiesz. Miłości trzeba się uczyć. To największa sztuka, jaka istnieje.

Jeżeli ludzie tańczą i ktoś poprosi cię: „Chodź z nami tańczyć", odpowiesz zapewne: „Nie umiem". Nie wyjdziesz na parkiet i nie zaczniesz tańczyć, spodziewając się, że każdy będzie cię uważał za dobrego tancerza. W takiej sytuacji zachowałbyś się jak bufon. Nie możesz potwierdzić, że jesteś dobrym tancerzem. Musisz się tego nauczyć. Musisz nauczyć się właściwych, eleganckich ruchów. Musisz odpowiednio wyćwiczyć ciało.

Nie możesz także zacząć malować, choć masz płótno, pędzel i farby. Nie powiesz: „Wszystkie przybory mam pod ręką, więc mogę malować". W ten sposób nie staniesz się malarzem.

Spotykasz kobietę. Masz już płótno. Natychmiast wchodzisz w rolę kochanka – zaczynasz malować.

Kobieta zaś zaczyna malować na tobie. Okazuje się jednak, że oboje działacie głupio, powstają jakieś bazgroły. Wcześniej czy później zrozumiecie, co się stało. Nigdy jednak nie myśleliście, że miłość jest sztuką. Nie urodziliście się wyposażeni w umiejętność uprawiania tej sztuki. Musicie się tego nauczyć. To najsubtelniejsza ze sztuk.

Urodziłeś się z pewnymi predyspozycjami, przyszedłeś na świat w tym właśnie ciele. Możesz zostać tancerzem, ponieważ masz ciało i możesz nim poruszać. Tańca trzeba się nauczyć, trzeba włożyć w to wiele wysiłku. Jednak w tańcu poruszasz się sam.

Miłość jest o wiele trudniejsza; to taniec, który wykonujesz z drugą osobą. Twój partner także musi wiedzieć, na czym polega taniec. Dopasowanie się do drugiej osoby jest wielką sztuką. Aby stworzyć harmonię między dwojgiem, potrzeba wielkiej sztuki, ponieważ dwie osoby to dwa odrębne światy. Kiedy te dwa światy zbliżą się do siebie, powstanie konflikt, jeżeli nie wiesz, w jaki sposób harmonizować relację. Miłość oznacza harmonię. Szczęście, zdrowie, harmonia są wynikiem miłości. Ucz się miłości. Nie spiesz się z zawieraniem małżeństwa, ucz się miłości. Najpierw stań się wielkim kochającym.

Jakie warunki trzeba spełnić, by się nim stać? Wielki kochający zawsze jest gotowy, by dawać miłość. Nigdy nie troszczy się o to, czy miłość zostanie odwzajemniona, czy powróci do niego. Miłość zawsze powraca. Taka jest natura rzeczy. Idziesz w góry i śpiewasz pieśń. Wówczas w dolinie roznosi się echo. Echo ci odpowiada. Czy doświadczyłeś zjawiska echa w górach? Kiedy wołasz, wołają doliny. Kiedy śpiewasz, śpiewają doliny. Każde serce jest taką właśnie doliną. Kiedy wlejesz do niej miłość, odpowie ci miłością.

Pierwsza lekcja miłości polega na tym, by nigdy nie prosić o miłość, lecz by dawać miłość. Stań się dawcą.

Zazwyczaj ludzie robią coś odwrotnego. Kiedy dają miłość, oczekują, że powinna do nich powrócić. Robią interes. Takie osoby nie dzielą się, nie dzielą się miłością w sposób swobodny, lecz w sposób warunkowy. Kątem oka obserwują, czy miłość powraca do nich czy też nie. To nieszczęśliwe osoby... Nie znają naturalnego działania miłości. Po prostu napełniasz się miłością i ona przychodzi, promieniuje.

Prawdziwie miłująca osoba wie, że miłość oznacza bycie szczęśliwym. Miłość przychodzi – to dobrze; szczęście staje się zwielokrotnione. Ale jeżeli miłość nie przychodzi, nie ma się czym martwić: w samym akcie kochania doświadczasz wielkiego szczęścia, doświadczasz ekstazy.

Miłość daje wewnętrzne szczęście. Nie ma potrzeby czekać na określone rezultaty. Po prostu zacznij kochać. Stopniowo zauważysz, że przychodzi do ciebie coraz więcej miłości. Człowiek kocha i poznaje, czym jest miłość, jedynie dzięki doświadczeniu. Pływania możesz się nauczyć tylko wtedy, kiedy pływasz. Podobnie miłości uczysz się, kochając.

Ludzie są bardzo nieszczęśliwi. Czekają, aż pojawi się jakaś wielka miłość, wielki kochanek. Wtedy będą mogli kochać. Żyją w zamknięciu. Wycofują się i czekają. Spodziewają się, że nagle pojawi się jakaś Kleopatra i wtedy otworzą dla niej serce. Ale czekając, zapominają, jak można otworzyć serce.

Nie trać żadnej okazji, by kochać. Nawet idąc ulicą, możesz promieniować miłością. Możesz zwracać się z miłością do żebraka. Nie potrzeba, byś coś mu dał. Możesz po prostu uśmiechnąć się do niego. To nic nie kosztuje. Jednak twój uśmiech otworzy twe serce, ożywi je. Uściśnij dłoń jakiejś osoby – przyjaciela lub kogoś nieznajomego. Nie czekaj na to, że będziesz kochać, kiedy pojawi się właściwa osoba. W takiej sytuacji właściwa osoba nie pojawi się nigdy. Zacznij po prostu kochać. Im bardziej kochasz, tym większe jest prawdopodobieństwo, że napotkasz właściwą osobę, ponieważ twe serce rozkwita. Kwitnące serce przyciąga wiele pszczół, wielu kochanków.

Zostałeś ukształtowany w zdecydowanie niewłaściwy sposób. Myślisz, że kiedy się rodzisz, już jesteś kochankiem. Każda osoba ma błędne przekonanie, że jest zdolna do miłości, że jest kochankiem. To nie aż tak proste. Owszem, masz taki potencjał. Ale jego rozwinięcie wymaga dyscypliny i treningu. Ziarno istnieje, lecz musi się dopiero przekształcić w kwiat.

Możesz nieść swoje ziarno. Wtedy jednak nie przyleci do niego żadna pszczoła. Czy widziałeś kiedykolwiek, by pszczoły przylatywały do ziarna? Wiedzą, że ziarna mogą się stać kwiatami. Przybywają jednak wówczas, kiedy kwiaty się pojawią. Stań się więc kwiatem. Nie bądź ciągle ziarnem.

Dwoje nieszczęśliwych ludzi, łącząc się, stworzy jeszcze więcej nieszczęścia. Ty czujesz się nieszczęśliwy, nieszczęśliwa czuje się twoja żona, a jednak spodziewacie się, że bycie razem uczyni was szczęśliwymi. Dlaczego miałoby tak być? Dwa dodać dwa to cztery. Najprostsze działanie arytmetyczne.

– Czy przestałeś mnie kochać? – zapytała żona mułłę Nasruddina. – Nie mówisz mi już miłych słów, jak to robiłeś w okresie zalotów... – dodała i wytarła rąbkiem fartucha łzę, która spłynęła jej po policzku.

– Kocham cię, kocham – odparł mułła Nasruddin. – A czy teraz możesz zamilknąć i pozwolić mi wypić w spokoju kufel piwa?

Zaloty to zupełnie inna sprawa. Nie uzależniaj się od zalotów. Najlepiej unikaj ich przed zawarciem małżeństwa. Sugeruję, że małżeństwo powinno nastąpić po miodowym miesiącu. W żadnym wypadku przed nim. Jeżeli podczas miodowego miesiąca wszystko będzie przebiegać dobrze, dopiero wtedy powinno dojść do małżeństwa.

Miodowy miesiąc, który następuje po zawarciu małżeństwa, jest niebezpieczny. Z mojej wiedzy wynika, że dziewięćdziesiąt pięć procent małżeństw kończy się wraz z upływem miodowego miesiąca. Ale w tej sytuacji jesteś już złapany, nie ma odwrotu. Jeżeli opuścisz żonę bądź ona cię opuści, macie przeciwko sobie całe społeczeństwo, prawo, sąd. W takiej sytuacji moralność, religia, kapłan są przeciwko wam. Społeczeństwo powinno tworzyć wszelkiego rodzaju bariery, by zapobiec małżeństwu, lecz nie powinno tworzyć żadnych barier utrudniających rozwód.

Społeczeństwo nie powinno pozwalać ludziom na tak łatwe zawieranie małżeństw. Sądownictwo powinno tworzyć określone bariery. Na przykład powinieneś żyć z kobietą przez dwa lata, dopiero po tym okresie sąd mógłby wyrazić zgodę na wasze małżeństwo. W chwili obecnej rzecz wygląda odwrotnie. Jeżeli chcesz zawrzeć związek małżeński, nikt cię nie pyta o to, czy jesteś gotowy czy to tylko twój kaprys. Może chcesz pojąć tę kobietę za żonę, ponieważ podoba ci się jej nos? Cóż to za głupota! Człowiek nie może żyć z drugą osobą tylko dlatego, że ma ona ładny nos. Po dwóch dniach nos przestanie być ważny. Kto ciągle zwraca uwagę na nos własnej żony?

Słyszałem następującą historię. Na pewnym oddziale szpitalnym zatrudniono pielęgniarki. Każda wyglądała jak finalistka konkursu miss piękności. Jeden z pacjentów, patrząc na nie, za każdym razem mówił jednak: – Śmieci! – Pacjent z łóżka obok nie mógł tego zrozumieć. – Troszczą się o ciebie cudowne dziewczyny, a ty mówisz coś takiego. Czemu? – dopytywał.

– Nie mam na myśli pielęgniarek – ponuro odpowiedział tamten. – Myślę o swojej żonie.

Żona nigdy nie wygląda pięknie, mąż nigdy nie wygląda przystojnie. Kiedy się bliżej poznali, piękno po prostu zniknęło.

Dwie osoby powinny mieć możliwość, by wspólnie żyć dostatecznie długo i móc się dobrze poznać. Jeżeli chcą zawrzeć związek małżeński, nie powinno się im na to pozwalać. Wtedy zniknęłyby rozwody. Rozwody istnieją tylko dlatego, że małżeństwa opierają się na błędnych wyborach i są zawierane pod wpływem presji albo romantycznych pobudek. Romantyczny nastrój służy poetom. Wydawać by się mogło, że poeci i poetki są dobrymi mężami i żonami. W rzeczywistości poeci są prawie zawsze singlami. Krążą dokoła obiektu swoich westchnień, lecz nie dają się złapać. Dlatego ich romanse są ciągle żywe. Oni ciągle tworzą poezję, piękną poezję.

Nie zawieraj małżeństwa w romantycznym, poetycznym nastroju. Pozwól, by kierowały tobą rozsądek, proza życia. Życie codzienne przypomina bardziej prozę niż poezję.

Dojrzałość oznacza, że człowiek przestaje być romantycznym głupcem. Rozumie życie, rozumie odpowiedzialność, która w życiu się pojawia, rozumie także problemy, które powstają w trakcie przebywania z drugą osobą. Akceptuje wszystkie trudności, a jednocześnie decyduje się na wspólne życie. Nie oczekuje, że będzie ono ciągłym przebywaniem w niebie, drogą usłaną różami. Nie oczekuje nonsensów. Wie, że rzeczywistość bywa twarda. Istnieją oczywiście róże, lecz mają wiele kolców.

Jeżeli staniesz się świadomy wszystkich tych problemów i nadal jesteś gotów ponieść ryzyko bycia z drugą osobą, wówczas możesz zawrzeć związek małżeński. W takiej sytuacji małżeństwo nie zniszczy miłości, ponieważ opiera się ona na realistycznych podstawach. Małżeństwo może zniszczyć jedynie miłość romantyczną. Romantyczna miłość bywa nazywana szczenięcą. Nie można na niej polegać. Tego rodzaju miłość – szczenięca – nie jest prawdziwym pożywieniem. Może być raczej porównana do słodkich lodów. Jadasz je od czasu do czasu, ale nie oprzesz na nich diety. Życie musi być bardziej realne, prozaiczne.

Małżeństwo samo w sobie nigdy niczego nie niszczy; ono uzewnętrznia to wszystko, co znajduje się w twoim wnętrzu. Jeżeli miłość była pewnego rodzaju wabikiem, to wcześniej czy później zniknie. A wtedy ukaże się ciemna strona twojej osobowości. Małżeństwo stanowi po prostu okazję do przejawienia się wszystkich wniesionych przez ciebie właściwości.

Nie twierdzę, że małżeństwo niszczy miłość. Miłość niszczą ludzie, którzy nie wiedzą, w jaki sposób należy kochać. Miłość ulega zniszczeniu, ponieważ tak naprawdę wcale jej nie ma. Żyłeś w pewnego rodzaju śnie, w ułudzie. Rzeczywistość zniszczyła ten sen. Miłość jest czymś niezniszczalnym, częścią wieczności. Jeżeli się rozwijasz, jeżeli znasz sztukę miłości, jeżeli akceptujesz rzeczywistość życia w miłości, wówczas to uczucie wzrasta w tobie każdego dnia. Małżeństwo stwarza miłości warunki, by rozkwitała.

Nic nie może miłości zniszczyć. Jeżeli miłość istnieje naprawdę, wówczas nieustannie się rozwija. Według mnie to nie miłość pojawia się jako pierwsza. Być może pierwszy był pociąg seksualny, który zniknął. Kiedy już kochałeś się z kobietą, pociąg seksualny znika. Czujesz go bowiem do tych kobiet, których bliżej nie znasz. Jeżeli twoja miłość opierała się jedynie na pociągu seksualnym, i ona musiała zniknąć.

Nigdy więc nie myl miłości z czymś innym. Jeżeli miłość jest rzeczywista i prawdziwa... Co mam na myśli, kiedy mówię „prawdziwa miłość"? Mam na myśli to, że gdy znajdziesz się w obecności osoby, którą darzysz prawdziwą miłością, czujesz się szczęśliwy, doświadczasz ekstazy. Prosta obecność drugiej osoby wypełnia twoje serce... Coś w twoim sercu zaczyna śpiewać. Pojawia się w tobie harmonia. Obecność drugiej osoby tworzy poczucie wewnętrznego zespolenia: stajesz się bardziej sobą, bardziej skupiony i ugruntowany. Wtedy właśnie doświadczasz prawdziwej miłości.

Miłość nie jest namiętnością ani emocją. Miłość to głębokie zrozumienie, że druga osoba cię dopełnia. Dzięki niej stajesz się całością. Miłość daje ci wolność bycia sobą; nie ma nic wspólnego z posiadaniem. Uważaj więc. Nigdy nie myśl o seksie jako o miłości, bo w ten sposób będziesz oszukiwał samego siebie. Bądź uważny. Istotny jest moment, kiedy w kontakcie z drugą osobą pojawia się uczucie obecności, czystej obecności – niczego więcej. Niczego więcej nie potrzebujesz. O nic wtedy nie pytasz. Zadowala cię po prostu czyjaś obecność, to, że druga osoba jest obok. To wystarcza, żebyś poczuł się szczęśliwy. Coś zaczyna w tobie rozkwitać. Rozkwita tysiąc jeden kwiatów lotosu... Wtedy właśnie doświadczasz miłości. W takim stanie możesz przekroczyć wszelkie trudności, które stwarza rzeczywistość. Możesz przekroczyć wszelkiego rodzaju cierpienia i lęki, a twoja miłość będzie coraz bardziej rozkwitać. Wszystkie trudne sytuacje potraktujesz jak wyzwania. Twoja miłość dzięki ich pokonywaniu będzie się stawała coraz mocniejsza.

Miłość jest wiecznością. Jeżeli pojawi się w tobie, będzie ciągle wzrastać. Miłość ma początek, lecz nie ma końca.

Czy warto zawierać związek małżeński i mieć dzieci?

Polecam ci medytację, która opiera się na kilku tezach sformułowanych przez Murphy'ego.

Pierwsza: Zawieraj małżeństwo z rzadka.

Druga: Sprytny mężczyzna mówi kobiecie, że ją rozumie; głupi próbuje to udowodnić.

Trzecia: Małżeństwo składa się z trzech warstw: warstwy ślepego zakochania, warstwy obrządków weselnych i warstwy cierpienia.

Czwarta: Miłość powoduje, że świat wiruje w naszych oczach. To samo jednak się dzieje, kiedy dostaniemy silne uderzenie w nos.

Piąta: W jaki sposób można uchronić swoje małżeństwo przed rozwodem? Jedyny sposób to nie pojawić się na ślubie.

Szósta: Stworzenie kobiety to druga pomyłka, którą popełnił Bóg. Pierwszą pomyłką było stworzenie mężczyzny. Dwa błędy zestawione razem nie mogą stworzyć czegoś dobrego.

I ostatnia teza: Kobieta ma prawo do życia, do wolności i do poszukiwania mężczyzny.

Tak więc bądź uważny. Skoro chcesz wejść w związek małżeński, kimże jestem, by móc się temu przeciwstawić? Mogę jedynie uczynić cię bardziej świadomym. Zastanów się zatem, zanim w to wskoczysz.

6. Miłość

Czym jest miłość?

To zależy. Jest tak wiele rodzajów miłości, jak wielu jest ludzi. Miłość tworzy pewnego rodzaju hierarchię. Jest niczym drabina złożona z wielu szczebli – od najniższego do najwyższego, od seksu do nadświadomości. Istnieje wiele warstw, wiele poziomów miłości. Jeżeli przebywasz na najniższym poziomie, będziesz miał zupełnie inny obraz miłości niż osoba znajdująca się na poziomie najwyższym.

Adolf Hitler miał swoją ideę miłości, a Budda Gautama swoją. Znajdowali się na skrajnie przeciwległych poziomach.

Na najniższym poziomie miłość to rodzaj politycznego działania opartego na sile. Kiedy tendencja do dominowania skazi miłość, staje się ona polityką. Nie ma specjalnego znaczenia, czy tak właśnie ją nazywasz. W istocie to jest polityka. Miliony ludzi nie wiedzą niczego o miłości, stosują natomiast działania natury politycznej. Stosunki polityczne istnieją pomiędzy mężami a żonami, pomiędzy chłopakami a dziewczynami. Są to relacje natury politycznej, ponieważ zamiarem jednej osoby jest zdominowanie drugiej.

Czerpiesz zadowolenie z tego, że zdominowałeś innych. W takiej sytuacji miłość jest po prostu polityką otoczoną cukrem, gorzką pigułką, pokrytą słodką polewą. Możesz mówić o miłości, lecz twoje głęboko skrywane pragnienie dotyczy tego, by eksploatować ludzi, by ich wykorzystywać. Nie twierdzę, że robisz to z rozmysłem. Po prostu jeszcze sobie tego nie uświadomiłeś. Ten mechanizm działa na poziomie nieświadomym.

W związku z tym chęć posiadania oraz zazdrość stają się częścią twojej miłości. Z tego też powodu miłość wywołuje o wiele więcej nieszczęść niż radości. W dziewięćdziesięciu dziewięciu procentach miłość ma gorzki smak, a tylko jeden procent, który znajduje się na wierzchu, jest słodki. Ta słodycz jednak wcześniej czy później zniknie.

Kiedy inicjujesz kontakty miłosne w czasie miodowego miesiąca, doświadczasz pewnego rodzaju słodyczy. Wkrótce jednak cukier się osypuje. Prawda zostaje całkowicie obnażona – okropna sytuacja.

Miliony osób podejmują decyzję, że już nigdy więcej nie będą kochać istot ludzkich. Uważają, że znacznie lepiej kochać psa, kota, papugę czy samochód, ponieważ można nad nimi panować, podporządkować je sobie. One zaś nigdy nie będą próbowały zapanować nad swoim właścicielem. Relacje ze zwierzętami czy przedmiotami są proste. Nie są tak złożone jak relacje z ludźmi.

Podczas przyjęcia hostessa nie mogła powstrzymać się od podsłuchania rozmowy dwóch uroczych dżentelmenów.

– Och! Uwielbiam ją i podziwiam – powiedział jeden dżentelmen.

– Odczuwałbym to samo, gdyby była moja – potwierdził jego przyjaciel.

– Jak wspaniale się porusza! Jakież ma piękne brązowe oczy. Jak dumnie i prosto nosi głowę.

– Masz naprawdę wielkie szczęście – skomentował przyjaciel.

– A czy wiesz, co tak naprawdę najgłębiej mnie porusza? Sposób, w jaki skubie moje ucho.

– Proszę pana – wtrąciła hostessa. – Trudno nie słuchać słów, w których zawiera się tak dużo uczuć. W czasach, gdy rozwody są na porządku dziennym, podziwiam mężczyznę, który tak namiętnie kocha swoją żonę.

– Moją żonę? – zdumiał się dżentelmen. – Nie, ja mówiłem o mojej najlepszej klaczy wyścigowej!

Ludzie zakochują się w koniach, psach, zwierzętach, maszynach, rzeczach. Dlaczego? Ponieważ miłość do drugiego człowieka szybko staje się prawdziwym piekłem, przekształca się w ciągły konflikt, nieustanne skakanie sobie do gardła.

Miłość do rzeczy to najniższy poziom. Nie ma w niej niczego złego, jeżeli użyjesz jej jako punktu wyjścia do dalszej drogi, jeżeli podejmiesz nad nią medytację. Jeżeli będziesz ją obserwował, jeżeli będziesz próbował ją zrozumieć, to dzięki rzeczywistemu zrozumieniu zdołasz się wspiąć na kolejny szczebel. Rozpoczniesz ruch w górę drabiny.

Na najwyższym szczeblu miłość przestaje być zjawiskiem, które zachodzi w relacji między ludźmi. Przekształca się w formę twego bytu. Kwiat lotosu całkowicie się otwiera i wydziela wspaniały aromat. Ten proces przejawia się jednak tylko na najwyższym poziomie drabiny. Na poziomie najniższym miłość jest po prostu relacją dominacji i podporządkowania, tak jak się to dzieje w polityce. Natomiast na samym szczycie miłość przejawia się jako religijny, duchowy stan świadomości.

Ja także cię kocham, podobnie jak kochają cię Budda i Jezus. Ich miłość nie oczekuje niczego w zamian.

Przekazują oni miłość dla samej radości dawania, radości obdzielania miłością innych istot. Nie jest to miłość interesowna. Jest większa niż jakakolwiek miłość, którą dane było ci dotąd poznać.

Kiedy wypowiadam się na temat miłości, mam na myśli miłość jako stan wewnętrzny. Ta miłość nie ma określonego adresata. Nie kochasz tylko tej lub tylko tamtej osoby. Po prostu kochasz. Cały jesteś miłością. Zamiast mówić, że kochasz, lepiej powiedzieć, że jesteś miłością. Ktokolwiek może uczestniczyć w takiej miłości – niech to czyni. Ktoś może pić z nieskończonego źródła twego bytu? Udostępnij mu ten napój; udostępnij bez stawiania jakichkolwiek warunków!

Jest to możliwe, kiedy miłość wypływa z głębi medytacji. Słowa „medycyna, medykament" oraz „medytacja" pochodzą z tego samego źródła. Jak wiadomo, miłość jest pewnego rodzaju chorobą. W stosunku do miłości należy zastosować zatem medykament – medytację. Miłość przepuszczona przez filtr medytacji stanie się oczyszczona. A im bardziej jest czysta, tym bardziej ekstatyczna.

Nancy i Helen piły kawę. Nancy spytała:

– Skąd wiesz, że twój mąż cię kocha?

– Każdego dnia wynosi śmieci – odpowiedziała Helen.

– To nie jest miłość. To wykonywanie obowiązków domowych.

– Daje mi tyle pieniędzy, ile potrzebuję.

– To nie jest miłość. To hojność.

– Nigdy nie patrzy na inne kobiety.

– To nie jest miłość. To ograniczanie pola widzenia.

– Zawsze otwiera mi drzwi.

– To nie jest miłość. To dobre maniery.

– Całuje mnie nawet wtedy, gdy jadłam czosnek i mam lokówki we włosach.

– O, to właśnie jest miłość!

Każdy z nas ma swoją koncepcję miłości. Dopiero kiedy dotrzesz do stanu, w którym zanikną wszelkie koncepcje na temat miłości, w którym miłość przestaje być ideą, a jest formą istnienia, doświadczysz wolności. W takim stanie miłość to Bóg, to ostateczna prawda.

Pozwól, by miłość przeszła przez proces medytacji. Obserwuj ją. Obserwuj, w jak przebiegły sposób działa twój umysł. Obserwuj swoje tendencje do używania przemocy. Nic ci nie może pomóc, tylko ciągła obserwacja. Właśnie tego rodzaju obserwacja może być ci pomocna. Przyglądaj się bacznie, gdy mówisz coś do swego partnera lub partnerki. Dlaczego powiedziałeś właśnie to? Jakie stoją za tym nieświadome, ukryte motywy? Więc co to jest? Staraj się uświadomić sobie swoje motywy. Wprowadź je w pole świadomości, ponieważ jest to jeden z sekretnych kluczy do przekształcenia twego życia. Wszystko, co sobie uświadomisz, znika.

Kiedy twoje motywy pozostają nieświadome, pozostajesz w ich władzy. Uczyń je świadomymi, wydobądź je na światło dzienne, a wówczas znikną. Można to porównać do sytuacji, gdy wyrywasz drzewo z korzeniami. Korzenie są wówczas wystawione na działanie słońca i obumierają. Mogą rosnąć tylko w ciemności, która panuje w glebie. Twoje motywy istnieją także tylko w mroku nieświadomości. Tak więc jedyną drogą do przekształcenia twojej miłości jest przeniesienie wszelkich motywów z nieświadomości do świadomości. Powoli, krok po kroku, motywy te będą obumierać.

Miłość pozbawiona jakichkolwiek motywów jest najwspanialszą rzeczą, jaka człowiekowi może się przydarzyć. Staje się czymś absolutnym, transcendentnym.

To miał na myśli Jezus, kiedy mówił: „Bóg jest miłością". Ja natomiast zwracam się do was: „Miłość jest Bogiem". Możecie zapomnieć o Bogu. Jednak nie zapominajcie o miłości, ponieważ proces oczyszczania miłości doprowadza was do Boga. Jeżeli zupełnie zapomnicie o Bogu, niczego nie stracicie. Jednak nie zapominajcie o miłości, ponieważ miłość jest mostem[4]. Miłość jest procesem alchemicznej przemiany twojej świadomości.

Czy możemy prawdziwie kochać drugą osobę, skoro mamy ego?

Miłość wymaga wielkiej odwagi. Podstawowym wymogiem, by zaistniała, jest porzucenie ego. Człowiek boi się porzucenia ego. Wydaje mu się, że oznacza to niemal popełnienie samobójstwa – nie zna niczego poza swoim ego.

Ego stało się naszą jedyną tożsamością, a porzucenie go oznacza dla nas porzucenie naszej indywidualności. Ale tak nie jest. Prawda wygląda odwrotnie. Jeżeli nie porzucisz ego, nie poznasz swojej prawdziwej indywidualności. Ego jest uzurpatorem, czymś fałszywym. Tylko wtedy, gdy je porzucisz, będziesz mógł zobaczyć rzeczywistość. Wymysł zakrywa prawdę; nierealne zakrywa realne, jak chmury zakrywają słońce.

Miłość wymaga porzucenia ego. Dlatego staje się bramą do boskości. Możesz zacząć od kochania jakiejś osoby, lecz dotrzesz do stanu miłości nieosobowej. Ta osoba staje się jak okno, które otwiera się na nieskończone niebo. Jednak każdy musi być absolutnie pewny, że należy porzucić ego. Ludzie tęsknią za miłością, lecz jednocześnie lgną do swego ja. Dlatego miłość nigdy nie przekształca się w rzeczywistość. Ludzie pojawiają się i odchodzą bez zasmakowania nektaru miłości. Jeżeli nie

[4] Do Boga (przyp. tłum.).

doświadczysz miłości, nie doświadczysz w ogóle życia. Pominiesz najistotniejszy punkt.

Przez całe życie zawsze myślałem, że kogoś kocham. Teraz, kiedy spotykam cię po raz pierwszy, zadaję sobie pytania: „Czy naprawdę kiedykolwiek kochałem? Czy jestem zdolny do miłości? Czy jestem zdolny do tego, by kochać ciebie?".

Podstawowe złudzenie, tkwiące w twoim wnętrzu, podpowiada ci, że zawsze kogoś kochałeś. To najważniejsza kwestia, która dotyczy wszystkich ludzkich istot. Uważają one, że miłość zawsze kieruje się ku komuś, ma swojego adresata. W momencie, w którym kierujesz miłość ku komuś, niszczysz ją. Czy ma sens pytanie: „Oddycham tylko dla ciebie, a kiedy cię nie ma obok mnie, jak mogę oddychać?".

Miłość powinna być jak oddech. Miłość powinna być twoją wewnętrzną istotą, stale obecną jakością. Gdziekolwiek przebywasz, z kimkolwiek się stykasz, a nawet wówczas, kiedy jesteś sam – miłość powinna z ciebie wypływać. Rzecz nie polega zatem na kochaniu określonej osoby, lecz na byciu miłością.

Ludzie doświadczają frustracji w związku z tym, co dzieje się w sferze ich relacji miłosnych. Ale miłość nie jest zła. Oni po prostu ją ograniczają, chcą, by ocean miłości stał się czymś małym. Nie można zmniejszyć ani ograniczyć oceanu.

Powinniśmy wziąć pod uwagę to, czy kochamy naprawdę, czy też nie. Znika wówczas kwestia istnienia obiektu miłości. Przebywając z żoną, kochasz swoją żonę. Przebywając z dziećmi, kochasz swoje dzieci, przebywając ze służącymi, kochasz swoich służących, przebywając z przyjaciółmi, kochasz swoich przyjaciół. Będąc pośród drzew, kochasz drzewa. Znajdując się nad oceanem, kochasz ocean. Po prostu jesteś miłością.

Miłość nie jest zależna od obiektu, ku któremu ją kierujesz. Jest promieniowaniem twej wewnętrznej, subiektywnej istoty, promieniowaniem twej duszy. Im potężniejsze jest to promieniowanie, tym większa jest twoja dusza. Im bardziej rozwijasz skrzydła swojej miłości, tym bardziej obszerne staje się niebo twojej istoty.

Żyjesz z takim samym fałszywym przekonaniem jak wszystkie ludzkie istoty. Stawiasz pytanie: „Czy jestem w stanie cię kochać?". Pojawia się ta sama zafałszowana kwestia. Zapytaj po prostu: „Czy jestem w stanie być miłością?".

Kiedy przebywasz w mojej obecności, nie zastanawiaj się nad tym, czy mnie kochasz. Jeżeli tak robisz, nie wydostaniesz się z pułapki. W miejscu, w którym obecnie się znajdujesz[5], masz się uczyć bycia miłością. Oczywiście, twoja miłość dotrze także do mnie. Miłość wytwarza określoną atmosferę, wibracje, które cię otaczają i rozprzestrzeniają się wokół ciebie. Jeżeli wiele osób promieniuje miłością, jeśli rodzi się atmosfera śpiewu, ekstazy, wtedy całe to pomieszczenie staje się świątynią. Nie ma innej drogi do stworzenia świątyni. W takiej sytuacji cała przestrzeń wypełnia się nowym rodzajem energii. Wszyscy na tym zyskują. Spływa na ciebie miłość bardzo wielu osób. Ta miłość spływa na każdego. Miłość bardzo wielu osób działa jak strumień czystej wody, jak prysznic.

Odrzuć błędne poglądy. Istotą życia jest tworzenie możliwości, by miłość rozkwitała. Dopóki żyjesz, istnieje szansa – aż do ostatniego tchnienia, do ostatniego momentu twego przebywania na ziemi. Jeżeli możesz stać się miłością, niczego nie straciłeś, ponieważ jeden

---

[5] Osho miał na myśli ośrodek, w którym odbywały się wówczas jego wykłady (przyp. tłum.).

moment miłości równy jest wieczności wypełnionej miłością.

Stwierdziłeś pewnego dnia, że rodzimy się w samotności, żyjemy w samotności i w samotności umieramy. Wydaje mi się, że od dnia naszych narodzin – niezależnie od tego, kim jesteśmy – we wszelkich naszych działaniach poszukujemy kontaktu z innymi ludźmi. Ponadto zmierzamy w sposób szczególny do nawiązania bliskiej relacji z jedną osobą. Czy mógłbyś to skomentować?

Pytanie, które postawiłeś, jest rzeczywiście pytaniem każdej ludzkiej istoty. Rodzimy się, żyjemy i umieramy w samotności. Samotność jest naszą prawdziwą naturą, lecz nie jesteśmy tego świadomi. Ponieważ nie jesteśmy tego świadomi, zamiast spostrzegać swoją samotność jako niezwykłe piękno, zamiast doświadczać błogości, pokoju i ciszy, pogodzenia z egzystencją, błędnie interpretujemy ten stan jako osamotnienie.

Kiedy błędnie pojmujesz własną samotność jako osamotnienie, zmienia się cały kontekst zjawiska. Samotność ma w sobie piękno i majestat, ma pozytywny potencjał. Natomiast osamotnienie jest żałosne, złe, ponure, zabarwione melancholią.

Każda osoba chce wyrwać się ze stanu osamotnienia. Odczuwa ten stan bardzo boleśnie. Jedyną drogę ucieczki od osamotnienia stanowi zanurzenie się w tłumie, stanie się częścią społeczeństwa, posiadanie przyjaciół, założenie rodziny, posiadanie męża lub żony, posiadanie dzieci. Kiedy przebywasz w tłumie, jesteś w stanie zapomnieć o swoim osamotnieniu.

Nikt nigdy nie był jednak w stanie zapomnieć o samotności. To, co jest naturalnym zasobem człowieka, może być ignorowane, lecz nie sposób o tym zapomnieć. To naturalne zjawisko będzie się ciągle przejawiać.

Problem stanie się jeszcze bardziej złożony, ponieważ nigdy nie dostrzegłeś go w jego prawdziwej postaci. Musisz przyznać, że urodziłeś się samotny.

W słowniku nie występuje rozróżnienie pomiędzy pojęciami „samotność" a „osamotnienie". Brak tego rozróżnienia świadczy o stanie umysłu osób, które tworzyły ten słownik. Osamotnienie jest pewnym brakiem, przerwą, luką, pustką. Czegoś brakuje, potrzeba czegoś, by zapełnić pustą przestrzeń. W miarę jak dorastasz, ta luka się powiększa. Ludzie tak się boją bycia sam na sam ze sobą, że robią z tego powodu mnóstwo głupich rzeczy. Widziałem, jak ludzie samotnie grali w karty, bez partnera. Wymyślono nawet gry, w których jedna osoba występuje w roli obu graczy.

Ludzie chcą być stale czymś zajęci. Chcą przebywać z innymi, chcą pracować. Są osoby uzależnione od pracy (pracoholicy). Przeżywają napięcie, kiedy zbliża się koniec tygodnia. Co mają robić? Jeżeli nie znajdą sobie zajęcia na weekend, pozostaną same ze sobą, a to dla nich najbardziej bolesne doświadczenie.

Zaskoczy cię pewnie informacja, że największa liczba wypadków samochodowych zdarza się w weekendy. Wtedy ludzie wyruszają z miast do kurortów, do miejsc wypoczynku, na wybrzeże, w góry. Jeden wielki korowód samochodów – zderzak przy zderzaku. Zanim dotrą na miejsce, mija osiem albo i dziesięć godzin. Wyjazd z miasta niczego jednak nie daje, ponieważ w to samo miejsce przybywa mnóstwo ludzi. Miasta w weekend są spokojniejsze niż kurorty. Ale w kurorcie zgromadziło się wiele osób, więc jest się czym zająć…

Ludzie grają w karty, w szachy, oglądają telewizję. Przeciętny Amerykanin ogląda telewizję przez pięć godzin dziennie! Słucha audycji radiowych – po prostu dlatego, aby uniknąć kontaktu z samym sobą. Te wszystkie aktywności podejmowane są tylko z jednego powodu. Chodzi o to, by nie pozostać sam na sam ze sobą, ponieważ ta sytuacja budzi strach. Tego rodzaju postawę przejmuje się od innych. Kto ci powiedział, że przebywanie w samotności jest stanem, który budzi strach?

Ty jednak słuchasz głosu tłumu, gawiedzi. W społeczeństwie przeważają ludzie wyznający błędne poglądy. Któż bowiem zastanawia się nad takimi postaciami, jak Zaratustra czy Budda Gautama? Te pojedyncze osoby mogły się mylić, mogły ulec złudzeniu, mogły oszukiwać same siebie lub oszukiwać ciebie. Natomiast miliony ludzi nie mogą się mylić. A miliony ludzi zgadzają się z tym, że samotność jest najgorszym życiowym doświadczeniem, że to piekło.

Żadna relacja, która powstaje pod wpływem strachu, nie może być satysfakcjonująca. Jeżeli ludzie chcą uniknąć piekła osamotnienia, nie mogą budować zdrowych związków. Takie związki są bowiem zatrute już u podstawy. Tak naprawdę nie kochasz swej kobiety, lecz po prostu wykorzystujesz ją, by nie czuć się osamotnionym. Także ona nie kocha ciebie. Uczestniczy w tej samej paranoi. Wykorzystuje cię, by uniknąć osamotnienia.

Oczywiście, w imię miłości może zdarzyć się wszystko... Wszystko, prócz miłości. Mogą zdarzyć się walki i sprzeczki. Ale nawet to jest lepsze niż osamotnienie. Przynajmniej jest obok ciebie druga osoba, jesteś w coś zaangażowany. Możesz zapomnieć o swoim osamotnieniu. Jednak w takim wypadku nie narodzi się miłość, ponieważ brakuje dla niej prawdziwej podstawy. Miłość nigdy nie rodzi się ze strachu.

Powiedziałeś: „Stwierdziłeś pewnego dnia, że rodzimy się w samotności, żyjemy w samotności i w samotności umieramy. Wydaje mi się, że od dnia naszych narodzin – niezależnie od tego, kim jesteśmy – we wszelkich naszych działaniach poszukujemy kontaktu z innymi ludźmi".

To poszukiwanie relacji z innymi ludźmi jest ucieczką. Nawet najmniejsze dziecko szuka jakiegoś zajęcia. Jeżeli nie ma czym się zająć, będzie ssać duży palec u nogi. Jest to działanie zupełnie pozbawione sensu, nic z niego nie wynika poza faktem, że przynosi ono uczucie pewnego zaangażowania. Na stacjach kolejowych, na lotniskach można zobaczyć małych chłopców i dziewczynki niosących swoje maskotki – pluszowe misie. Te dzieci nie mogą zasnąć bez swych ulubionych zabawek. Kiedy nadchodzi ciemność wieczoru, dzieci jeszcze bardziej odczuwają swoje osamotnienie. Pluszowy miś stanowi w takiej sytuacji potężną ochronę. Dzieci mają świadomość, że ktoś jest obok nich. Bóg, tak jak go pojmujesz, jest właśnie tego rodzaju pluszowym misiem dla osób dorosłych.

W takiej postaci, w jakiej jesteś, tak naprawdę nie możesz żyć. Twoje relacje z ludźmi nie są prawdziwymi relacjami. Są czymś okropnym. Wykorzystujesz kogoś i wiesz doskonale, że ten ktoś wykorzystuje ciebie. A wykorzystywanie kogokolwiek oznacza uprzedmiotowienie, sprowadzenie osoby do poziomu towaru. W takiej sytuacji nie masz żadnego szacunku wobec tego drugiego człowieka.

Powiedziałeś także: „Ponadto zmierzamy w sposób szczególny do nawiązania bliskiej relacji z jedną osobą. Czy mógłbyś to skomentować?".

Istnieje psychologiczne uzasadnienie tego procesu. Zostałeś wychowany przez matkę i ojca. Jeżeli jesteś chłopcem, kochałeś swoją matkę i byłeś zazdrosny o ojca, ponieważ widziałeś w nim rywala. Jeżeli jesteś dziewczynką, kochałaś swego ojca, a nienawidziłaś matki, ponieważ widziałaś w niej rywalkę. Są to potwierdzone fakty, a nie hipotezy. W rezultacie wspomnianych procesów całe twoje życie przekształciło się w niedolę.

Dla chłopca matka to ideał kobiety. W dzieciństwie chłopiec doświadcza negatywnego warunkowania. Poznał w sposób bliski i intymny tylko jedną kobietę – własną matkę. Poznał jej twarz, jej włosy, jej ciepło. To wszystko stało się imprintem[6].

Dziewczynka za ideał mężczyzny uważa ojca...

Kiedy stajesz się osobą dorosłą, zakochujesz się w jakimś mężczyźnie lub w jakiejś kobiecie. Myślisz wtedy: „Zostaliśmy dla siebie stworzeni". Nikt nie został dla nikogo stworzony. Dlaczego jednak pociąga cię jedna określona osoba? Dzieje się tak z powodu tego właśnie imprintu. W pewien sposób ta osoba przypomina twoją matkę lub twojego ojca.

Oczywiście żadna kobieta nie może być dokładną repliką twojej matki. Poza tym przecież świadomie wcale nie szukasz matki, lecz żony. Jednak to twój imprint decyduje o tym, kogo uznasz za odpowiednią dla ciebie kobietę. Gdy spotkasz taką kobietę, nie ma mowy o racjonalnym myśleniu. Natychmiast odczuwasz przyciąganie. Natychmiast zaczyna działać twój imprint. Stwierdzasz, że to kobieta odpowiednia dla ciebie.

Spotkanie odbywa się na plaży, w kinie czy w ogrodzie. Nie możecie w takich warunkach całkowicie poznać siebie nawzajem. Jednak oboje tęsknicie za wspólnym życiem. Chcecie się pobrać. To jeden z najbardziej niebezpiecznych kroków, jakie mogą podjąć zakochani ludzie.

---

[6] „Imprint" w języku angielskim oznacza „odcisk", „wdruk", wdrukowaną głęboko w nieświadomość treść psychiczną (przyp. tłum.).

W momencie, kiedy następuje zawarcie małżeństwa, zaczynasz sobie uświadamiać, kim jest ta druga osoba, poznajesz ją jako całość. Zaskakują cię cechy jej osobowości: „Coś mi tu nie pasuje. To nie jest ta kobieta. To nie jest ten mężczyzna". Mąż czy żona nie pasują do obrazu ideału. Ty nie pasujesz do obrazu ojca żony, żona nie pasuje do obrazu twojej matki. Z tego właśnie powodu wszystkie małżeństwa kończą się niepowodzeniem.

Bardzo rzadko małżeństwa nie są pomyłkami. Mam nadzieję, że Bóg uchroni was przed tego rodzaju małżeństwami, ponieważ są to związki chore pod względem psychicznym.

Są osoby, które nazywamy sadystami, czerpiące przyjemność z zadawania bólu innym. Są także ludzie, których nazywamy masochistami. Czerpią oni zadowolenie z doświadczania bólu. Jeżeli mąż i żona należą do opisanych kategorii, ich małżeństwo stanie się udanym związkiem. Jedno jest masochistą, drugie sadystą. To związek doskonały. Jedno się cieszy, gdy cierpi, drugie zaś czerpie satysfakcję z zadawania bólu.

Zazwyczaj trudno samemu się zorientować, czy jest się masochistą czy sadystą, a następnie poszukać odpowiedniego partnera. Jeżeli umiesz kierować się rozsądkiem, pójdziesz do psychologa i od niego dowiesz się, kim jesteś. Możesz go także spytać o to, jakiego poleca ci partnera.

Czasami tak się zdarza, że sadysta i masochista wchodzą w związek małżeński. Są wówczas najszczęśliwszymi osobami na świecie. Spełniają wzajemnie swoje potrzeby. Jakiego rodzaju są to potrzeby? Oboje są psychopatami. Większość małżeństw kończy się niepowodzeniem, a to z jednego prostego powodu – ponieważ problemem jest imprint, odcisk powstały w psychice.

Nawet małżeństwa, w których podstawową przesłanką ich zawarcia była chęć zawiązania prawdziwej relacji, nie spełniają się. Czujesz się bardziej osamotniony, kiedy przebywasz z własną żoną, niż wtedy, kiedy jesteś sam. Pozostawienie męża i żony sam na sam w jednym pokoju czyni ich najbardziej nieszczęśliwymi ludźmi.

Wysiłek wkładany w tworzenie relacji czy też angażowanie się w tysiące działań mają pomóc w ucieczce od osamotnienia. Chcę w tym miejscu wyraźnie zaznaczyć, że występuje tu różnica pomiędzy podejściem osoby medytującej a podejściem zwykłego człowieka.

Zwyczajny człowiek próbuje zapomnieć o swej samotności, natomiast osoba medytująca poznaje ją coraz głębiej. W ubiegłych wiekach medytujący opuszczali świat doczesny. Zamieszkiwali w skalnych grotach lub w lasach. Tam byli sami, tam odnajdowali samotność. Chcieli wiedzieć, kim naprawdę są. Trudno odnaleźć siebie samego w tłumie. Tak wiele zakłóceń powstaje dookoła. Ci zaś, którzy poznali swoją samotność, doświadczyli największej błogości dostępnej ludzkiej istocie. Twoją prawdziwą istotę stanowi bowiem błogość. Kiedy zharmonizujesz się ze swą samotnością, możesz wejść w relacje. Wtedy te relacje przyniosą ci wiele radości, ponieważ nie powstają na gruncie strachu. Kiedy naprawdę spotkasz się ze swą samotnością, możesz stać się twórczy, możesz angażować się w wiele przedsięwzięć, ponieważ to zaangażowanie nie będzie stanowiło już ucieczki od samego siebie. Twoja aktywność stanie się wyrazem ciebie i twego potencjału.

Tylko taki człowiek – niezależnie od tego, czy mieszka w lesie, czy przebywa w społeczeństwie; czy pozostaje w związku małżeńskim, czy też nie – jest zawsze zanurzony w błogostanie, w ciszy i pokoju. Jego życie jest tańcem, jest pieśnią, kwitnie i wydziela aromat. Taka osoba każde działanie nasyca tym aromatem.

Jednak pierwszym krokiem jest gruntowne poznanie samotności.

Uciekania od samego siebie nauczyłeś się od innych ludzi, od tłumu, od społeczeństwa. Ponieważ widziałeś, że każdy ucieka, sam zacząłeś to robić. Każde dziecko, które przychodzi na świat, przebywa w otoczeniu wielu osób. Zaczyna je naśladować. Robi to, co robią inni. Wpada w te same okropne sytuacje. Zaczyna myśleć, że życie właśnie na tym polega. W ten sposób zupełnie rozmija się z życiem.

Dlatego przypominam wam, abyście nie mylili samotności z osamotnieniem. Osamotnienie z całą pewnością jest czymś niezdrowym. Natomiast samotność jest stanem naturalnym i zdrowym.

Pan Ginsberg odwiedził doktora Goldberga.

– Tak, jest pan chory.

– To mnie nie zadowala. Potrzebuję diagnozy innego rodzaju.

– W porządku – powiedział doktor Goldberg. – Jest pan także okropnym facetem.

Ciągle popełniamy te same pomyłki. Chcę wam jasno powiedzieć, że podstawowym krokiem do odnalezienia sensu i znaczenia życia jest doznanie samotności. To twoja świątynia, miejsce, w którym przebywa Bóg. Nie jesteś w stanie znaleźć tej świątyni w jakimkolwiek innym miejscu. Możesz wybrać się na Księżyc, na Marsa...

Kiedy wejdziesz w głąb jądra swej istoty, nie będziesz mógł uwierzyć własnym oczom. Zobaczysz, że jest w tobie tak wiele radości, tak wiele błogosławieństw, tak wiele miłości... A ty uciekałeś od swych własnych skarbów!

Poznawszy te skarby i fakt, że są one niewyczerpane, możesz wejść w relacje z ludźmi, podjąć twórcze działania. Będziesz pomagał ludziom, dzieląc się z nimi miłością. Przestaniesz ich wykorzystywać. Dzięki swej miłości będziesz wzmacniał poczucie godności innych osób, nie będziesz im odbierał szacunku. W naturalny sposób, bez specjalnego wysiłku, staniesz się dla nich źródłem natchnienia. Dzięki tobie będą one mogły odkryć własne skarby. Jakiekolwiek działanie podejmiesz, cokolwiek uczynisz, będziesz promieniował na wszystkich i wszystko ciszą, spokojem, błogosławieństwami.

Tych podstawowych rzeczy nie naucza się jednak w żadnej rodzinie, na żadnej uczelni, w żadnym społeczeństwie. Ludzie, co widać wyraźnie, są nieszczęśliwi. Każdy czuje się nieszczęśliwy. Nic dziwnego, że ty czujesz się tak samo. Nie jesteś przecież wyjątkiem.

Dlatego mówię ci: Możesz być wyjątkiem. Po prostu nie podjąłeś dotąd właściwego wysiłku.

Chrześcijańskie przykazanie powiada: „Kochaj bliźniego swego jak siebie samego". Jak jednak mogę kochać innych ludzi, skoro nie kocham samego siebie?

Pierwszą i najważniejszą rzeczą jest miłość do samego siebie. Nie bądź twardy, bezlitosny – stań się miękki. Dbaj o siebie. Ucz się wybaczać sobie. Rób to ciągle od nowa: wybaczaj sobie siedem razy, siedemdziesiąt siedem razy, siedemset siedemdziesiąt siedem razy. Ucz się, w jaki sposób możesz sobie wybaczać. Nie bądź wrogiem siebie samego. Wtedy zaczniesz rozkwitać. W tym procesie rozkwitania zaczniesz przyciągać inne kwiaty. To naturalny porządek rzeczy. Kamienie przyciągają kamienie, kwiaty zaś przyciągają kwiaty. Wówczas zawiązują się relacje, w których wyrażają się wdzięk, piękno, błogosławieństwa. Jeżeli znajdziesz taką relację, wówczas rozwinie się ona w rodzaj modlitwy. Twoja miłość stanie się ekstatyczna. Podążając ścieżką miłości, poznasz, kim jest Bóg.

7. Relacje

Dlaczego tak mi trudno nawiązać relacje z innymi ludźmi?

Ponieważ tak naprawdę dotąd nie zaistniałeś. Jest w tobie pustka i wiążąca się z nią obawa, że wcześniej czy później wyjdzie to na jaw. Dlatego wydaje ci się bezpieczniejsze utrzymanie dystansu wobec innych osób. Możesz wtedy udawać kogoś innego.

Jeszcze tak naprawdę nie zaistniałeś, nie narodziłeś się. Stanowisz tylko pewną możliwość bytu. Nie osiągnąłeś spełnienia, a jedynie dwie spełnione osoby mogą wejść w prawdziwą relację. Prawdziwa relacja stanowi jedną z najcenniejszych rzeczy na tym świecie. „Być w relacji" to znaczy „kochać". Bycie w relacji oznacza też dzielenie się. Zanim będziesz się mógł dzielić, musisz coś mieć. Zanim będziesz mógł kochać, musisz napełnić się miłością.

Dwa ziarna nie mogą nawiązać ze sobą kontaktu, ponieważ są zamknięte. Natomiast dwa kwiaty mogą kontaktować się ze sobą, ponieważ mają otwarte kielichy. Mogą wysyłać ku sobie zapach. Mogą tańczyć w słońcu i na wietrze. Mogą również ze sobą rozmawiać. Nie mogą jednak robić tego dwa nasiona, ponieważ są całkowicie zamknięte.

Tak właśnie wygląda sytuacja. Rodzisz się jako ziarno. Możesz stać się kwiatem lub nie. Wszystko zależy od ciebie, od tego, w jaki sposób postąpisz. Twój rozwój jest w twoich rękach; to twój osobisty wybór. W każdym momencie spotykasz się z koniecznością dokonania wyboru. W każdym momencie znajdujesz się na rozstajach dróg.

Miliony ludzi decydują się na to, że nie będą wzrastać. Pozostają ziarnami, są tylko pewnym potencjałem, który nigdy nie zostaje wykorzystany. Nie wiedzą, czym jest samorealizacja ani samoaktualizacja. Nic nie wiedzą o prawdziwym istnieniu. Żyją w całkowitej pustce i w całkowitej pustce umierają. W jaki sposób mogą zawiązać prawdziwe relacje?

W relacji ukazujesz siebie – swoją nagość, swoją brzydotę, swoją pustkę. Wydaje się, że bardziej bezpieczne jest utrzymywanie dystansu. Nawet kochankowie utrzymują dystans. Posuwają się trochę do przodu, ale zwracają uwagę i na to, kiedy się wycofać. Mają granice, których nigdy nie przekraczają. Pozostają w nich zamknięci. Tak, istnieje pewien kontakt, nie jest to jednak rzeczywista relacja, raczej rodzaj posiadania drugiej osoby.

Mąż posiada żonę, żona posiada męża, rodzice posiadają dzieci i tak dalej. Posiadanie nie oznacza jednak relacji. W rzeczywistości posiadanie niszczy wszelką możliwość zbudowania prawdziwej relacji.

Jeżeli wchodzisz w prawdziwą relację, zachowujesz szacunek. Nie możesz posiąść drugiej osoby. Kiedy wchodzisz w relację, robisz to z czcią, zbliżasz się krok po kroku, kontakt staje się coraz bardziej intymny, aż wreszcie wasze energie zachodzą na siebie. A jednak nie zakłóca to poczucia wolności drugiej osoby; nadal pozostaje ona niezależną jednostką. Ta relacja kształtuje się w przestrzeni ja – ty, a nie ja – przedmiot[7]. Taka relacja prowadzi do zbliżenia, zlewania się i przenikania energii dwóch osób, a jednocześnie pozwala im zachować niezależność.

Khalil Gibran mówi: „Bądźcie niczym dwa filary, które podpierają tę samą budowlę. Jednak nie zmierzajcie do tego, by posiąść drugą osobę. Pozostawcie jej niezależność. Wspierajcie tę samą budowlę. Tą budowlą jest miłość".

Dwie kochające się osoby wspierają coś niewidzialnego i niezwykle wartościowego: wspierają poezję istnienia, wspierają muzykę, rozbrzmiewającą w najgłębszych zakątkach ich dusz. Wspierają te wartości, tworzą harmonię, lecz pozostają względem siebie niezależne. Mogą być względem siebie otwarte, ponieważ nie ma w nich lęku. Wiedzą o tym, że są, że istnieją. Znają swe wewnętrzne piękno, znają też aromat swej duszy. Nie ma między nimi miejsca na lęk.

Jednak zazwyczaj w relacjach pojawia się lęk, ponieważ nie ma w tobie wewnętrznego aromatu. Jeżeli ujawnisz siebie, wypłynie z ciebie smród. Wypłynie z ciebie smród zazdrości, nienawiści, gniewu, pożądania. Nie ma bowiem w tobie aromatu miłości, modlitwy, współczucia.

Miliony ludzi decydują się na to, by pozostać ziarnami. Dlaczego? Mają przecież możliwość, by stać się

---

[7] Osho nawiązuje tu do filozofii relacji Martina Bubera. Buber, jeden z prekursorów psychologii humanistycznej, wyróżnił dwa typy relacji: *I – thou*, czyli relację między osobami, oraz relację *I – it*, czyli taką, w której jeden z uczestników jest traktowany jak przedmiot (przyp. tłum.).

kwiatami, by tańczyć na wietrze, tańczyć w promieniach słońca i księżyca. Dlaczego decydują się pozostać ziarnami? Istnieje ważny powód tej decyzji. Ziarna są bezpieczniejsze niż kwiaty. Kwiat jest delikatny. Ziarno nie jest tak wrażliwe, delikatne. Wygląda o wiele mocniej. Kwiat można łatwo zniszczyć. Wystarczy silny powiew wiatru, a jego płatki pofruną. Ziarna nie zniszczy powiew wiatru. Ziarno jest chronione, zabezpieczone. Na delikatny kwiat czyhają liczne zagrożenia, bywa narażony na silne podmuchy wiatru, na obsikanie przez koty i psy, na zbyt mocne promienie słońca. Jakiś głupi człowiek może go zerwać. Wszystko może się zdarzyć. Kwiat pozostaje w ciągłym niebezpieczeństwie. Natomiast ziarno jest bezpieczne. Dlatego miliony ludzi decydują się pozostać ziarnami. Jednak pozostawanie ziarnem oznacza, że jest się martwym. Pozostając ziarnem, w ogóle nie doświadcza się życia. To z pewnością bezpieczne, lecz nie ma w tym życia. Śmierć jest bezpieczna, natomiast życie wiąże się z ryzykiem, z brakiem bezpieczeństwa. Osoba, która naprawdę chce żyć, musi żyć w niebezpieczeństwie, w stałym niebezpieczeństwie. Ktoś, kto chce się wspinać na szczyty, musi podjąć ryzyko porażki. Osoba, która chce się wspinać na najwyższe szczyty, musi liczyć się z tym, że się potknie i spadnie.

Im większe pragnienie rozwoju w tobie istnieje, tym większe musisz zaakceptować wyzwania. Prawdziwy człowiek akceptuje niebezpieczeństwo jako część życia. Jest to coś, co prowadzi do wewnętrznego wzrostu.

Pytasz mnie, dlaczego tak trudno nawiązywać relacje. Trudno, ponieważ jeszcze nie zaistniałeś. Najpierw musisz zaistnieć. Wszystko inne pojawi się później. Najpierw bądź. Jezus wyraził to na swój sposób: „Szukajcie najpierw Królestwa Bożego, a wszystko pozostałe będzie wam dodane". Ta formuła wyraża to, co powiedziałem:

„Najpierw zaistniej, bądź, a potem wszystko pozostałe będzie ci dodane". Osobiste zaistnienie stanowi podstawowy warunek. Jeżeli jesteś, pojawia się odwaga. Jeżeli jesteś, pojawia się ogromne pragnienie przeżycia przygody, pragnienie poznawania. Kiedy stajesz się gotowy do poznawania, wówczas możesz wejść w relację. Relacja jest poznawaniem – poznawaniem świadomości drugiej osoby, poznawaniem jej terytorium. Kiedy jednak poznajesz terytorium drugiej osoby, musisz pozwolić na to, by i ona poznała twoje terytorium, i przyjąć to przychylnie. Nie może być to ruch jednokierunkowy. Możesz pozwolić drugiej osobie na to, by cię poznawała, jedynie wtedy, gdy coś masz, gdy masz jakieś wewnętrzne bogactwa. Wtedy nie ma w tobie strachu. Zapraszasz gościa, obejmujesz go, chcesz, by wszedł do środka. Chcesz, by zobaczył to, co sam odkryłeś w sobie. Pragniesz się tym z nim podzielić.

Najpierw zaistniej, bądź, a wtedy możesz wejść w relację. Pamiętaj, że wejście w relację jest czymś pięknym. Natomiast związek jest zupełnie czymś innym[8].

Związek jest czymś martwym, zamkniętym. Coś się dopełniło. Pojąłeś kobietę za żonę. Dopełniłeś relację, stała się ona związkiem. Teraz sytuacja może się jedynie pogarszać. Doszedłeś do określonej granicy. Nic już nie może się rozwijać. Rzeka została zatrzymana w biegu i stała się zbiornikiem wodnym. Związek jest czymś uprzedmiotowionym i stałym. Natomiast relacja jest procesem. Unikaj związków, a coraz głębiej wchodź w relacje, nawiązuj coraz głębsze relacje.

---

[8] Uwaga! Osho używa słowa: *relation* – „relacja" oraz *to relate* – „wchodzić w relację", by zaznaczyć twórczy charakter tego rodzaju kontaktu między osobami. Natomiast słowo *relationship* oznacza dla niego trwały i sztywny związek, wzajemną zależność (przyp. tłum.).

Kładę nacisk na czasowniki, nie na rzeczowniki. Unikaj rzeczowników tak bardzo, jak tylko jest to możliwe. Posługując się językiem – dobrze wiem – nie możesz uniknąć rzeczowników. Unikaj ich jednak w procesie życia. Życie jest bowiem czasownikiem[9]. Życie nie jest rzeczownikiem, statycznym „życiem", jest w rzeczy samej „byciem żywym". Nie ma czegoś takiego jak statyczna „miłość". Istnieje „ja cię kocham". Nie ma czegoś takiego jak sztywny, zamknięty związek. Jest tylko ciągłe, pogłębiające się wchodzenie w relację. Nie ma pieśni – ja śpiewam. Nie ma tańca – ja tańczę. Zauważaj i rozważaj te różnice. Taniec jest czymś skończonym. Właśnie wykonano ostatni ruch. Nie ma już dalszego ciągu. Coś, co zostało zakończone, staje się martwe. Życie nigdy nie stawia kropki nad i. W życiu należy stawiać przecinki, nie kropki. Dobrze jest być w podróży, a nie w miejscu ostatecznego przeznaczenia.

Zamiast myśleć, w jaki sposób masz wejść w relację, spełnij pierwszy warunek: medytuj, bądź, wtedy relacja rozwinie się w sposób spontaniczny. Osoba, która staje się spokojna, napełniona błogością i obfitością energii, przekształca się w kwiat, może nawiązywać relacje. Nie musi się tego uczyć. To po prostu zaczyna się dziać samo. Taka osoba nawiązuje relacje z ludźmi, ze zwierzętami, z drzewami, nawet ze skałami.

W rzeczywistości pozostaje ona w relacjach przez dwadzieścia cztery godziny na dobę. Kiedy stąpa po ziemi, nawiązuje relację z ziemią... Jej stopy dotykają ziemi... To jest relacja. Jeżeli pływa w rzece, nawiązuje relację z rzeką, z wodą. Kiedy spogląda w niebo, nawiązuje relację z gwiazdami.

---

[9] W sensie ruchu, dziania się, bycia (przyp. tłum.).

Nie jest to kwestia nawiązywania relacji z kimś wybranym. Zasadnicze znaczenie ma fakt, że jeżeli istniejesz naprawdę, całe twoje życie staje się relacją. Jest ono pieśnią, która ciągle rozbrzmiewa, jest ciągłym tańcem, jest procesem, ruchem – niczym prąd rzeki.

Medytuj. Najpierw odszukaj własne centrum. Zanim wejdziesz w relację z kimkolwiek, wejdź w relację z sobą samym. To podstawowy warunek, który trzeba spełnić. Bez tego nic nie będzie w twym życiu możliwe. Kiedy odnajdziesz własne centrum i wejdziesz w relację z sobą samym, wszystko stanie się możliwe.

Czy możesz powiedzieć coś o naszych partnerach – o naszych żonach, mężach i kochankach? Kiedy powinniśmy pozostać z partnerem, a kiedy powinniśmy porzucić ten związek, ponieważ nie rokuje już nadziei, a nawet stał się destrukcyjny?

Związek jest czymś tajemniczym; ponieważ istnieje pomiędzy dwoma osobami, jest zależny zarówno od jednej, jak i od drugiej strony.

Kiedy spotykają się dwie osoby, powstaje nowa rzeczywistość. Właśnie dzięki spotkaniu powstaje nowe zjawisko, które nigdy przedtem nie istniało. W toku tego nowego procesu obie osoby ulegają zmianie i transformacji.

Kiedy pozostajemy poza relacją, jesteśmy niczym pojedyncza rzecz. Wchodząc w relację, natychmiast stajemy się czymś więcej. Zdarza się coś nowego. Kiedy kobieta staje się kochanką, kiedy się zakochuje, nie jest już tą samą kobietą. Kiedy mężczyzna staje się kochankiem, kiedy się zakochuje, nie jest już tym samym mężczyzną.

Rodzi się dziecko. W takim momencie zapominamy o jednej zasadniczej rzeczy. W chwili, gdy rodzi się dziecko, rodzi się także matka. Ta relacja nigdy wcześniej nie istniała. Kobieta istniała, lecz nie była matką. Rola matki jest dla niej czymś całkiem nowym.

Najpierw to ty tworzysz relację, lecz potem następuje działanie w kierunku odwrotnym – to relacja tworzy ciebie. Kiedy spotykają się dwie osoby, oznacza to, że spotykają się dwa światy. To bardzo złożony proces. Każda osoba sama w sobie jest światem, jest głęboką tajemnicą. Ma za sobą długą przeszłość, a przed sobą wieczną przyszłość.

W początkowym okresie kontaktu osoby stykają się ze sobą jedynie zewnętrznymi, peryferyjnymi obszarami. Jeżeli jednak relacja staje się coraz bliższa i głębsza, wtedy stopniowo te osoby kontaktują się, wychodząc ze swego centrum. Kiedy następuje spotkanie centrum jednej osoby z centrum drugiej osoby, nazywamy to miłością.

Natomiast gdy osoby stykają się ze sobą jedynie częściami peryferyjnymi, to zwykła znajomość. Wielokrotnie nazywasz swoje znajomości miłością. Mylisz się. Znajomość nie jest miłością.

Miłość jest czymś niezwykle rzadkim. Aby spotkać osobę w jej centrum, trzeba przejść własną głęboką przemianę. Jeżeli pragniesz spotkać się z drugą osobą w jej centrum, musisz także pozwolić jej na wkroczenie w swoje centrum. Musisz stać się wrażliwy i całkowicie otwarty.

To ryzykowne. Pozwolić drugiej sobie, by dotarła do twego centrum – to ryzykowne, niebezpieczne, ponieważ nigdy nie wiesz, co taka osoba może zrobić. Kiedy zostaną ujawnione i poznane wszystkie twoje sekrety, kiedy ukazuje się to wszystko, co w tobie jest, nie możesz być pewien, co uczyni ta druga osoba. Pojawia się strach. Z tego powodu nigdy nie możemy się całkowicie otworzyć.

Jesteśmy po prostu znajomymi, a wydaje się nam, że to miłość. Stykamy się jedynie swymi zewnętrznymi obszarami, a myślimy, że to prawdziwe spotkanie. Nie jesteś swoją warstwą zewnętrzną, peryferyjną. Na peryferiach kończy się twoja tożsamość; są jak płot okalający twoją istotę. To nie jesteś ty! Peryferie to miejsce, gdzie kończysz się ty, a zaczyna świat.

Nawet żyjący wspólnie przez wiele lat mężowie i żony mogą być jedynie znajomymi. Mogą nie znać siebie nawzajem. Im dłużej z kimś żyjesz, tym bardziej możesz zapominać o tym, że nie znasz jego wnętrza, jego centrum.

Musisz zrozumieć, że nie należy mylić znajomości z miłością. Możesz uprawiać seks, utrzymywać z drugą osobą stosunki seksualne. Ale seks sam w sobie jest także doświadczeniem peryferyjnym. Jeżeli nie następuje spotkanie wewnętrznej istoty dwóch osób, jeżeli centrum jednej osoby nie zbliży się do centrum drugiej osoby, seks pozostaje tylko kontaktem dwóch ciał, powierzchowną fizyczną znajomością. Spotkanie dwóch ciał nie jest prawdziwą relacją.

Możesz pozwolić drugiej osobie, aby weszła do twego centrum tylko wtedy, gdy staniesz się wolny od obaw, gdy przestaniesz się bać.

Istnieją dwa sposoby istnienia. Jeden zorientowany na strach, drugi zaś na miłość. Życie, którym kieruje strach, nigdy nie może prowadzić ku głębokiej relacji. Boisz się i nie pozwalasz drugiej osobie, by poznawała cię głęboko, by dotarła do twego jądra. Pozwalasz, by ktoś zbliżył się do ciebie tylko trochę, a potem stawiasz ścianę i wasz kontakt ustaje.

Osoba zorientowana na miłość jest prawdziwie religijna. Osoba zorientowana na miłość nie martwi się o przyszłość, lecz żyje tu i teraz.

Nie przejmuj się przyszłością, twój umysł kieruje się wówczas lękiem. Nie zastanawiaj się nad tym, co wyniknie z dzisiejszej sytuacji. Bądź właśnie tutaj i działaj w sposób pełny. Unikaj kalkulacji. Człowiek, który znajduje się pod wpływem lęku, zawsze kalkuluje, planuje, organizuje, chroni siebie. W ten sposób traci całe swoje życie.

Słyszałem historię o pewnym starym mnichu zen. Leżał na łożu śmierci. Nadszedł ostatni dzień jego życia. Powiedział, że umrze wieczorem. Zjawiło się wielu jego uczniów i przyjaciół – wielu ludzi go kochało. Wszyscy zgromadzili się wokół niego.

Kiedy jeden z najstarszych uczniów usłyszał, że mistrz umiera, poszedł na rynek. Ktoś zapytał go:

– Mistrz umiera, dlaczego idziesz na rynek?

– Wiem, że bardzo lubi pewien rodzaj ciasta. Mam zamiar kupić mu to ciasto.

Uczeń miał trudności z kupieniem ciasta, udało mu się dopiero wieczorem. Szybko wrócił do mistrza.

Zgromadzeni wokół łoża ludzie byli zaniepokojeni. Mieli niejasne wrażenie, że mistrz na kogoś czeka. Otwierał oczy i rozglądał się, po czym znowu je zamykał. Kiedy uczeń wszedł, mistrz powiedział:

– Dobrze, że przyszedłeś. Gdzie masz ciasto?

Uczeń szczęśliwy wyjął ciasto. Umierający wziął je w dłonie. Wtedy wszyscy zobaczyli, że chociaż był bardzo starym człowiekiem, jego dłonie nie drżały. Ktoś więc zapytał:

– Jesteś starym człowiekiem i znajdujesz się na granicy śmierci. Wkrótce wydasz ostatnie tchnienie. Jednak twoje dłonie wcale nie drżą.

– Nigdy nie drżały, ponieważ nie ma we mnie lęku. Moje ciało się zestarzało, lecz jestem ciągle młody. Pozostanę młody nawet wtedy, kiedy moje ciało umrze.

Następnie odgryzł kawałek ciasta i zaczął je przeżuwać. W tym momencie ktoś zadał pytanie:

– Jakie są twe ostatnie słowa, Mistrzu? Wkrótce nas opuścisz. O czym mamy pamiętać?

Mistrz się uśmiechnął:

– Ach, to ciasto jest wspaniałe!

To właśnie jest człowiek, który żyje tu i teraz: „To ciasto jest wspaniałe!".

Nawet śmierć nie ma znaczenia. Nie ma znaczenia następny moment. W tej właśnie chwili ciasto smakuje wspaniale. Rzeczywiście potrafisz kochać, jeżeli umiesz być w tym właśnie momencie, przebywać w teraźniejszości, doświadczać pełni.

Miłość jest kwiatem, który rzadko zakwita. Przychodzi tylko czasami. Miliony ludzi żyją w fałszywym przekonaniu, że potrafią kochać. Wierzą, że kochają, lecz jest to tylko ich przekonanie. Miłość jest kwiatem, który rzadko zakwita. Przychodzi tylko czasami. Miłość jest rzadkim zjawiskiem, ponieważ pojawia się wtedy, gdy znika wszelki lęk. Oznacza to, że miłość pojawia się tylko u głęboko uduchowionych, religijnych osób. Stosunki seksualne może odbywać każdy, każdy też może zawierać znajomości. Ale nie każdy może doznawać miłości.

Kiedy nie istnieją w tobie obawy, wtedy nie masz niczego do ukrycia, wtedy możesz być otwarty, wtedy możesz odrzucić wszelkie bariery. Wtedy też możesz zaprosić drugą osobę, by poznała cię do samego dna. Pamiętaj też o tym, że jeżeli pozwolisz drugiej osobie, by głęboko cię poznawała, ta osoba również pozwoli ci na to samo. Tak właśnie rodzi się zaufanie. W momencie, gdy nie ma w tobie strachu, nie ma go także w drugiej osobie.

Praktycznie w miłości zawsze obecny jest strach. Mąż obawia się żony, żona obawia się męża. W kochankach także istnieje obawa. W takiej sytuacji jest to tylko związek dwóch osób pełnych obaw. Te osoby są od siebie uzależnione. Walczą ze sobą, wykorzystują się wzajemnie, manipulują sobą, kontrolują siebie, próbują jedna drugą zdominować, przywłaszczyć sobie. Powtarzam: nie jest to miłość.

Jeżeli dasz miłości zgodę na pojawienie się, nie potrzeba wtedy modlitwy ani medytacji. Nie potrzeba chodzić do świątyni. Kiedy kochasz, możesz zupełnie zapomnieć o Bogu. Dzięki miłości wszystko będzie ci dane: medytacja, modlitwa, Bóg. Wszystko przyjdzie do ciebie. To właśnie miał na myśli Jezus, mówiąc: „Miłość jest Bogiem".

By pojawiła się miłość, musisz porzucić strach. Zadziwiające jest to, że tak bardzo się boisz, a nie masz niczego do stracenia.

Kabir powiada: „Patrzę na ludzi. Tak bardzo się boją, lecz nie mogę zrozumieć dlaczego. Nie mają przecież niczego do stracenia". Dodaje także: „Są oni podobni do człowieka, który jest nagi, lecz nigdy nie udaje się do pobliskiej rzeki, by się wykąpać. Obawia się, że zmoczy ubranie, a gdzie je będzie suszył?". Taka właśnie jest twoja sytuacja. Jesteś nagi, nie masz ubrania, ale zawsze się o nie obawiasz.

Cóż możesz stracić? Nic. Śmierć zabierze twoje ciało. Zanim to się stanie, oddaj je miłości. Cokolwiek masz, zostanie ci odebrane. Zanim to nastąpi, dlaczego nie miałbyś się tym podzielić? Tylko w ten sposób możesz te rzeczy naprawdę mieć. Jeżeli możesz się dzielić i dawać, jesteś mistrzem. Tak czy inaczej, te rzeczy zostaną ci odebrane. Niczego nie możesz zatrzymać na zawsze. Śmierć zabierze wszystko.

Jeżeli uważnie podążacie za moimi słowami, dostrzeżecie, że walka toczy się pomiędzy śmiercią a miłością. Jeżeli potraficie dawać, śmierci nie ma. Oddałeś wcześniej wszystko, co mogło ci zostać zabrane.

Dla osoby, która prawdziwie kocha, śmierć nie istnieje. Natomiast osoba, która nie kocha, doświadcza każdej chwili jako śmierci, ponieważ w każdej chwili coś traci.

Czym jest strach? Dlaczego tak się boisz? Wszystko o tobie wiadomo; jesteś niczym otwarta książka. Dlaczego więc się boisz? Co może cię zranić? Sprawiają to fałszywe poglądy, wychowanie narzucone ci przez społeczeństwo. Przekonano cię, że musisz się ukrywać, że musisz siebie chronić, że musisz być gotowy do walki, że każdy człowiek jest twoim wrogiem, że każdy jest przeciwko tobie.

Nikt nie jest przeciwko tobie! Nawet kiedy czujesz, że ktoś jest przeciwko tobie, że ktoś jest wrogo do ciebie nastawiony, nie dzieje się tak naprawdę. Każda osoba skupia się na sobie, nie na tobie. Nie ma się czego bać. Trzeba to sobie uświadomić, zanim pojawi się możliwość rzeczywistego wejścia w relację. Nie ma się czego bać.

Medytuj nad tym. Następnie pozwól drugiej osobie, by weszła w twoje granice, zaproś ją, by do ciebie przyszła. Nie stwarzaj żadnych barier. Stań się otwartą drogą, na której nie ma drzwi zamkniętych na klucz. Wtedy stanie się możliwa prawdziwa miłość.

Kiedy dwie osoby spotykają się na głębokim poziomie, pojawia się miłość. Miłość jest procesem alchemicznym. Zachodzi synteza: wodór łączy się z tlenem, powstaje nowa substancja – woda. Możesz mieć wodór, możesz mieć tlen. Nie zaspokoją one jednak twojego pragnienia.

Kiedy spotykają się dwie osoby i każda z nich otwiera głęboko swoje centrum, powstaje coś nowego. To miłość. Jest ona niczym woda. Gasisz pragnienie, którego doznawałeś w wielu żywotach. Nagle czujesz się zadowolony. To wyraźna oznaka miłości. Stajesz się zadowolony, jakbyś osiągnął wszystko. Nie ma już niczego więcej do osiągnięcia. Dotarłeś do celu. Nie ma kolejnych celów. Twoja misja została zakończona. Ziarno stało się kwiatem, w pełni rozkwitło.

Głębokie zadowolenie to oznaka miłości. Pojawia się ono wtedy, kiedy człowiek kocha. Miłości nie można zobaczyć. Można natomiast dostrzec oznaki zadowolenia: promieniowanie atmosfery zadowolenia, obecność zadowolenia w każdym oddechu, w każdym ruchu. Całą istotę człowieka przenika zadowolenie.

Może cię to zaskoczyć, kiedy powiem, że miłość czyni cię wolnym od pragnień. Pragnienia wypływają z braku zadowolenia. Pragniesz, bo myślisz, że jeśli zdobędziesz jakąś rzecz, przyniesie ci to zadowolenie. Pragnienia wypływają z braku zadowolenia.

Zadowolenie powstaje w wyniku tajemniczego, alchemicznego procesu. Dwie osoby spotykają się ze sobą na głębokim poziomie, stykają się swymi wnętrzami. Pojawia się nowe, alchemiczne zjawisko – miłość. Wygląda to tak, jakby rzeczywistość się zatrzymała. W takiej sytuacji osoba doświadcza, że bieżący moment jest jedynym możliwym. Nic poza nim nie istnieje. Wtedy właśnie możesz powiedzieć: „Ach, to ciasto jest wspaniałe!". Nawet śmierć nie ma znaczenia dla osoby, która jest zanurzona w miłości.

Powtarzam więc, że miłość uwolni cię od pragnień. Bądź wolny od strachu, porzuć lęk, stań się otwarty. Pozwól, by transcendentna głębia spotkała twoją głębię. W tym procesie doznasz odrodzenia. Pojawi się nowa jakość istnienia. Tą nową jakością jest Bóg. Bóg nie jest abstrakcyjną tezą. Bóg jest spełnieniem, uczuciem głębokiego spełnienia.

Możesz zauważyć, że w sytuacji braku zadowolenia odrzucasz Boga. Kiedy jesteś niezadowolony, cała twoja istota mówi: „Nie ma Boga". Źródłem ateizmu nie jest logiczne rozumowanie, lecz brak zadowolenia. Możesz to racjonalizować, możesz nie przyznawać się do tego, że jesteś ateistą, ponieważ przepełnia cię niezadowolenie. Możesz stwierdzić: „Bóg nie istnieje i mam na to dowody". Nie, nieprawda.

Jeżeli czujesz się zadowolony, nagle cała twoja istota mówi: „Bóg istnieje". Nagle to czujesz! Całe istnienie staje się uświęcone, boskie. Kiedy doświadczasz miłości, możesz po raz pierwszy odczuć, że istnienie jest czymś boskim, przepełnionym błogosławieństwem. Wiele jednak trzeba zrobić, zanim to się wydarzy. Musisz usunąć to wszystko, co tworzy w twoim wnętrzu bariery.

Uczyń z miłości swoją *sadhanę*[10]. Niech miłość stanie się twoją wewnętrzną dyscypliną. Nie pozwól, by miłość była przelotnym doznaniem. Nie pozwól, by była tylko aktywnością umysłu lub jedynie cielesną satysfakcją. Uczyń z niej proces wewnętrznych poszukiwań. Zaproś też drugą osobę, by ci w tym towarzyszyła i pomagała.

Czy słyszałeś coś o tantrze? Tantra mówi, że możesz stworzyć z drugą osobą relację opartą na głębokiej medytacji. Musisz w tym celu wejść w bliski, intymny kontakt z małżonkiem lub partnerem. Zarówno ty, jak i ta druga osoba musicie być gotowi, by podążać do wewnętrznego centrum, by wspiąć się na najwyższy szczyt międzyludzkiej relacji. Druga osoba jest bramą wiodącą do tego najwyższego doświadczenia.

Pozwólcie, że to wyjaśnię. Jeżeli kochasz drugą osobę, to na początku stopniowo zanikają jej zewnętrzne granice. Następnie forma tej osoby staje się coraz mniej wyraźna i zanika. Wchodzisz wtedy w kontakt z jej wnętrzem, które nie ma formy. Kiedy wchodzisz jeszcze głębiej, wtedy nawet ta pozbawiona formy wewnętrzna istota zaczyna się rozpuszczać i znikać. Wówczas otwiera się transcendentna przestrzeń. Ta określona osoba była tylko bramą, przez którą wszedłeś w otwartą przestrzeń, skontaktowałeś się z boskością.

Ponieważ nie umiemy kochać, potrzebujemy tak wielu rytuałów religijnych. Te rytuały są substytutami, bardzo nędznymi substytutami…

---

[10] *Sadhana* – praktyki duchowe w hinduizmie i buddyzmie. (przyp. red).

Pierwszy przebłysk przychodzi jednak zawsze dzięki drugiemu człowiekowi. Trudno od razu nawiązać kontakt z uniwersalną przestrzenią: tak rozległą, tak ogromną, bez początku i końca. Z którego punktu zacząć? Z którego miejsca można w nią wkroczyć? Właściwą bramą jest druga osoba. Zanurz się zatem w miłości.

Nie podejmuj walki. Daj przyzwolenie innym, by zbliżyli się do ciebie, zaproś ich do tego. Pozwól drugiej osobie, by cię poznała, i nie stawiaj jej żadnych warunków. Nagle druga osoba zniknie. Pojawi się Bóg. Jeżeli twój partner czy ukochany nie może stać się dla ciebie boskością, to niczego na tym świecie nie będziesz odbierał jako rzeczy boskiej. W takiej sytuacji wszystkie twoje rozważania religijne są nonsensem.

To doświadczenie boskości może się pojawić w kontakcie z dzieckiem, ze zwierzęciem, z twoim psem. Jeżeli potrafisz wejść w głęboki kontakt z psem, możesz tego doświadczyć. Pies stanie się boski! Nie jest to więc jedynie kwestia relacji pomiędzy kobietą a mężczyzną. Ta relacja jest jednym z najgłębszych źródeł boskości, lecz kontakt z boskością może zaistnieć także w inny sposób. Podstawową kwestią jest to, abyś pozwolił innej osobie na poznawanie twej najgłębszej istoty, na docieranie do samych podstaw twego bytu.

Jednak oszukujemy siebie samych. Myślimy, że kochamy. Kiedy myślisz, że kochasz, wtedy odcinasz możliwość pojawienia się miłości. Kiedy tkwisz w ułudzie miłości, zamykasz prawdziwą drogę. Podejmij nowe wysiłki. Spróbuj znaleźć w drugiej osobie jej ukrytą, prawdziwą istotę. Niczego z góry nie przesądzaj. Każda osoba jest niezgłębioną tajemnicą: kiedy zaczniesz w nią wchodzić, okaże się, że nie ma końca.

Jednak my czujemy się znużeni kontaktem z drugą osobą. Kontaktujemy się bowiem tylko zewnętrznie, peryferyjnie.

Przeczytałem ciekawą historię. Pewien człowiek był bardzo chory. Wypróbował wiele leków, żaden mu jednak nie pomógł. Udał się wreszcie do hipnoterapeuty, który dał mu mantrę. Chory miał ciągle powtarzać: „Nie jestem chory". Miał to robić przynajmniej piętnaście minut rano i piętnaście minut wieczorem: „Nie jestem chory. Jestem zdrowy". Mógł to robić także w ciągu dnia, jeśli o tym pamiętał. W ciągu kilku dni poczuł się lepiej. Po upływie tygodnia stał się całkiem zdrów.

Powiedział do żony:

– To naprawdę cud. Czy mam pójść do tego hipnoterapeuty i poprosić go o sprawienie kolejnego cudu? Nie mam ostatnio ochoty na seks i nasze współżycie prawie ustało. Nie odczuwam pożądania.

Żona była szczęśliwa. Odpowiedziała:

– Idź – ponieważ odczuwała z tego powodu silną frustrację. Mąż ponownie poszedł do hipnoterapeuty. Kiedy wrócił, żona zapytała:

– Jaką mantrę tym razem otrzymałeś?

Mąż nie odpowiedział. Po tygodniu pożądanie zaczęło powracać. Żona koniecznie chciała wiedzieć, jak to się stało. Ciągle wypytywała, jednak mąż tylko się śmiał i nie odpowiadał. Pewnego dnia brał kąpiel w łazience i odmawiał swoją poranną piętnastominutową mantrę. Kobieta postanowiła posłuchać, jakie słowa wypowiada. Mężczyzna powtarzał:

– Ona nie jest moją żoną, ona nie jest moją żoną, ona nie jest moją żoną...

Zwykle zakładamy z góry, jaka jest określona osoba. Kiedy ktoś jest twoją żoną, przekreślasz wasz związek. Gdy ktoś jest twoim mężem – również przekreślasz związek. Nie istnieje już radość przeżywania miłosnej przygody. Druga osoba staje się rzeczą, towarem. Przestaje być tajemnicą, którą można badać. Traci atrakcyjność, urok nowości.

Pamiętaj o tym, że wszystko obumiera wraz z upływem lat. Nasza zewnętrzna otoczka ulega procesowi starzenia się, natomiast nasze wewnętrzne centrum zawsze pozostaje młode. Zewnętrzna otoczka nie może pozostać młoda, ponieważ z każdą chwilą podlega procesowi starzenia się, rozkładowi. Natomiast centrum jest zawsze świeże i młode. Twoja dusza nie jest ani dzieckiem, ani nastolatkiem, ani starym człowiekiem.

Twoja dusza jest wiecznie świeża. Nie ma wieku. Przeprowadź eksperyment. Możesz być osobą młodą lub starą. Zamknij po prostu oczy i spróbuj to sprawdzić. Spróbuj stwierdzić, jakie jest twoje wewnętrzne centrum. Stare? A może młode? Poczujesz wtedy, że nie da się tego określić w tych kategoriach. Twoje wewnętrzne centrum nigdy się nie starzeje. Dlaczego? Ponieważ nie podlega upływowi czasu.

W miarę upływu czasu starzeją się wszystkie rzeczy materialne. Kiedy człowiek się rodzi, jego ciało już w tym momencie zaczyna się starzeć! Kiedy mówimy, że dziecko ma siedem dni, oznacza to, że o te siedem dni przybliżyło się do śmierci. Dziecko posuwa się w kierunku śmierci. Wcześniej czy później umrze.

Cokolwiek należy do czasu, podlega starzeniu się. Cokolwiek wchodzi w strumień czasu, natychmiast podlega procesowi starzenia się. Starzeje się twoje ciało, twoja zewnętrzna powłoka. Miłość fizyczna nie trwa w nieskończoność. Natomiast twoje wewnętrzne centrum jest zawsze świeże, wiecznie młode. Jeżeli wejdziesz w kontakt z twoim centrum, wówczas miłość stanie się procesem nieustannego odkrywania. Wtedy miodowy miesiąc nie będzie miał końca. Jeżeli jednak miodowy miesiąc się skończy, będzie to oznaczać, że nie była to miłość, lecz po prostu znajomość.

Jeszcze jedna ważna sprawa, o której należy pamiętać. Gdy w miłosnej relacji coś nie wychodzi, zawsze obwiniasz drugą stronę. Jeśli coś idzie nie po twojej myśli, odpowiada za to druga osoba. Taka postawa niszczy jakąkolwiek możliwość rozwoju.

Zapamiętaj, że to ty jesteś odpowiedzialny, i zmieniaj samego siebie. Porzuć te zachowania, które powodują problemy. Uczyń z miłości narzędzie przemiany.

Na kursach dla sprzedawców mówi się: „Klient zawsze ma rację". Chcę ci powiedzieć, że w świecie miłości i bliskich relacji to ty zawsze się mylisz, a druga strona ma zawsze rację.

W ten właśnie sposób odczuwają osoby prawdziwie miłujące. Kiedy pojawia się prawdziwa miłość, a jednocześnie nie wszystko układa się pomyślnie, one zawsze czują: „To ze mną jest coś nie w porządku". Obie strony odczuwają w ten sam sposób! W takiej sytuacji następuje duchowy wzrost, otwierają się wewnętrzne zasoby, a granice zanikają.

Kiedy myślisz, że to druga strona robi błąd, zamykasz wtedy was oboje. Twój partner myśli wówczas, że to ty popełniasz błąd. A myśli są zaraźliwe. Choć nie wypowiadasz tego głośno, choć uśmiechasz się i udajesz, że tak wcale nie myślisz, twój partner szybko się orientuje, o co chodzi. Będzie to widoczne w wyrazie twoich oczu, w twoich gestach, w twojej twarzy. Nawet jeżeli jesteś doskonałym aktorem i potrafisz panować nad mową ciała, twoja nieświadomość będzie bez przerwy wysyłała sygnały: „To twój błąd".

Tak rozpadają się związki.

Pamiętaj o tym, że w miłości to ty zawsze popełniasz błędy. Przyjęcie takiej postawy daje szansę otwarcia. Twój partner zacznie odczuwać podobnie, w taki sposób wpłyniesz na jego uczucia. Kiedy kochające się osoby są blisko siebie, myśli natychmiast przechodzą od jednej z nich do drugiej. Dzieje się tak nawet wtedy, gdy partnerzy nie rozmawiają, lecz pozostają w ciszy. Wtedy także zachodzi pomiędzy nimi komunikacja.

Język jest niezbędny ludziom, którzy nie kochają siebie. Językiem osób prawdziwie się kochających jest cisza. Tacy ludzie rozumieją się bez słów.

Gdy zdecydujesz, że twoją ścieżką jest miłość, powstrzymaj się od mówienia, że druga osoba tkwi w błędzie. Spróbuj stwierdzić, co ty czynisz niewłaściwie, a następnie porzuć to.

Będzie to trudne, ponieważ takie postępowanie sprzeciwia się naturalnej tendencji ego. Będzie to trudne, ponieważ to uderza w twoją dumę. Będzie to trudne, ponieważ w ten sposób rezygnujesz z dominacji nad drugą osobą, z chęci posiadania jej. Tego rodzaju postawa osłabia twoje ego. Z tego właśnie względu trudno ją zachować. Wiedz jednak, że posiadając drugą osobę, wcale nie powiększasz swojej osobistej mocy.

Zasadniczą kwestią i celem jest zniszczenie ego. Do naszego wewnętrznego świata mogą prowadzić różne drogi: miłość, medytacja, joga, modlitwa. Niezależnie od tego, którą drogę wybierzesz, cel jest taki sam: zniszczenie ego.

Można to łatwo uczynić dzięki miłości. To tak naturalne! Miłość jest naturalną religią.

W mojej relacji często gubię samą siebie i czuję się zamknięta. Co mogę zrobić?

Jest to jedna z fundamentalnych kwestii, pojawiających się w miłości. Każdy kochanek musi się tego uczyć. Nikt nie rodzi się z tą umiejętnością. Zdobywamy ją powoli i po bolesnych doświadczeniach. Im wcześniej ją opanujemy, tym lepiej. Każda osoba potrzebuje własnej przestrzeni. Nie powinniśmy tej przestrzeni zakłócać. Zakłócanie przestrzeni drugiej osoby jest postawą, którą często spotyka się u osób zakochanych. Zaczynają one czynić założenia na temat partnera. Zaczynają myśleć, że nie są już oddzielnymi istotami. Nie posługują się pojęciami „ja" i „ty", lecz zaczynają myśleć i mówić „my". Rzeczywiście, w bliskim związku stajecie się jednością, lecz tylko raz na jakiś czas.

Doświadczenie „my" jest rzadkim zjawiskiem. Tylko w nielicznych momentach osoby kochające się docierają do punktu, w którym słowo „my" ma rzeczywiste znaczenie, kiedy „ja" i „ty" rozpuszczają się w sobie, a granice osób zachodzą wzajemnie na siebie. Nie powinniśmy tego doświadczenia uogólniać, brać za pewnik. Nie możecie pozostawać „my" przez dwadzieścia cztery godziny na dobę. Tego jednak żąda każdy kochanek. Taka postawa rodzi niepotrzebne nieszczęścia.

W pewnej chwili zbliżasz się do wnętrza drugiej osoby, jednoczysz się z nią. Są to niezwykle cenne momenty, które należy pielęgnować. Nie można stale ich doświadczać. Jeżeli będziesz próbował, utracą całe swoje piękno. Pozwól, by chwile jedności odeszły. To naturalny proces. Znowu jesteście w relacji ja – ty.

Masz własną przestrzeń, podobnie jak twój kochanek. Należy teraz uszanować tę przestrzeń i nie zakłócać jej, nie wkraczać na terytorium drugiej osoby. Jeżeli wkroczysz na to terytorium, zranisz kochanka. Zaczniesz niszczyć jego indywidualność. Ponieważ on cię kocha, będzie tolerował twoje zachowanie. Jednak taka postawa nie jest zdrowa. Wcześniej czy później on zechce się zrewanżować, nie wybaczy ci. Dzień po dniu będzie gromadziło się napięcie. Wykonałaś wiele niewłaściwych działań. Nagromadzone napięcie pewnego dnia eksploduje.

Z tego powodu kochające się osoby zaczynają ze sobą walczyć. Kiedy wchodzisz na terytorium twego partnera, on próbuje wchodzić na twoje. Nikt się w takiej sytuacji nie czuje dobrze.

Weźmy następujący przykład. Twój partner czuje się szczęśliwy. Ty zaś czujesz się opuszczona, niezrozumiana. Zastanawiasz się nad tym, dlaczego on czuje się szczęśliwy, nie podoba ci się to. Uważasz, że oboje powinniście czuć to samo. Czasami jednak tak się nie dzieje. Twój parter czuje się szczęśliwy, a ty nie, lub na odwrót. Trzeba zrozumieć taką sytuację, choć powoduje ból. Druga osoba ma prawo odczuwać szczęście, nawet jeśli to samo nie jest twoim udziałem. Chciałabyś uczestniczyć w szczęściu twego partnera, lecz nie masz odpowiedniego nastroju. Jeżeli będziesz się upierać, zniszczysz jego szczęście. Wtedy oboje przegracie. Jeżeli teraz zniszczysz jego szczęście, to gdy ty staniesz się szczęśliwa, on zniszczy twoje szczęście. Zaczniecie się stawać nie przyjaciółmi, a wrogami...

Podstawową kwestią pozostaje to, by dać drugiej osobie absolutne prawo i absolutną wolność bycia sobą.

Jeżeli twój partner jest szczęśliwy, pozwól mu na to – on po prostu jest szczęśliwy. Jeżeli ty także możesz odczuwać szczęście i uczestniczyć w jego doświadczeniu, to w porządku. Jeżeli nie jesteś w stanie, pozostaw go z jego uczuciem szczęścia. A jeżeli twój partner jest smutny i możesz uczestniczyć w jego smutku, to w porządku. Jeśli natomiast nie możesz, czujesz się szczęśliwa i chce ci się śpiewać, pozostaw go samemu sobie. Nie zmuszaj go do zachowań zgodnych z twoim nastrojem. Wówczas stopniowo będzie się rozwijał wzajemny szacunek. Ten szacunek stanie się fundamentem świątyni miłości.

8. Macierzyństwo

Czy możesz się wypowiedzieć na temat odpowiedzialności związanej z byciem matką?

Bycie matką jest jednym z najbardziej odpowiedzialnych zadań, jakie istnieją. Bardzo wiele osób korzysta z usług psychiatrów, wiele osób przebywa w szpitalach psychiatrycznych. Kiedy głęboko wnikniemy w neurotyczną postawę ludzkości, zobaczymy, że odpowiedzialna jest za nią matka. Wiele kobiet chce być matkami, lecz nie wie, jak to zrobić. Jeżeli relacja między dzieckiem a matką źle się układa, wtedy całe późniejsze życie tego dziecka źle się układa. Relacja z matką jest bowiem pierwszym kontaktem dziecka ze światem. Następne wydarzenia są kontynuacją tego pierwszego doświadczenia. Jeżeli pierwszy kontakt przebiega w niewłaściwy sposób, całe życie może przyjąć niekorzystny obrót...

Kobieta powinna świadomie podejmować decyzję o byciu matką. To jedno z najbardziej odpowiedzialnych ludzkich zadań!

Pod tym względem mężczyźni mogą się czuć bardziej wolni. Większą odpowiedzialność dźwigają kobiety. Tak więc możesz zostać matką. Nie zakładaj jednak z góry, że skoro jesteś kobietą, potrafisz być matką – to błąd.

Macierzyństwo jest wielką sztuką. Musisz się jej nauczyć. Zacznij więc od zaraz! Chcę ci powiedzieć o kilku rzeczach.

Po pierwsze, nigdy nie traktuj dziecka jak swej własności, nigdy go nie zawłaszczaj. Urodziło się z twojego ciała, ale nie jest twoje. Bóg użył cię jako narzędzia, jako środka, dzięki któremu dziecko się narodziło. Jednak nie jest ono twoją własnością. Kochaj dziecko, lecz nigdy nie chciej go posiąść. Kiedy matka zaczyna traktować dziecko jak swoją własność, niszczy jego życie. Dziecko staje się więźniem. Matka niszczy jego osobowość, czyni z niego rzecz. Możemy mieć tylko rzeczy: dom, samochód. Nigdy jednak nie możemy mieć osoby. Taka jest pierwsza lekcja. Przygotuj się do niej. Zanim dziecko pojawi się na tym świecie, powinnaś być gotowa przyjąć je jako niezależną istotę, jako istotę o własnych prawach, a nie jako twoją własność.

Po drugie, traktuj dziecko w taki sposób, jak traktujesz osoby dorosłe. Nigdy nie traktuj dziecka jak dziecka. Traktuj dziecko z głębokim szacunkiem. Bóg wybrał cię na gospodarza. Bóg wszedł do twojej istoty w postaci gościa. Dziecko jest delikatne, bezradne. Trudno je uszanować, łatwo je poniżyć. Poniżanie dziecka przychodzi łatwo, ponieważ jest ono bezradne, nie może się bronić.

Traktuj dziecko jak osobę dorosłą, odnoś się do niego z dużym szacunkiem. Jeżeli szanujesz dziecko, nie będziesz chciała narzucać mu swoich poglądów. Niczego nie będziesz chciała mu narzucać. Dasz dziecku wolność – wolność poznawania świata. Pomożesz mu, by stawało się coraz mocniejsze i miało siły do poznawania świata. Nigdy jednak nie będziesz mu wyznaczać kierunku.

Przekażesz dziecku energię, dasz mu ochronę i poczucie bezpieczeństwa oraz to wszystko, czego potrzebuje. Pomożesz mu jednak w tym, by odeszło od ciebie daleko – poznawać świat.

Wolność polega także na prawie do popełniania błędów. Matce bardzo trudno pojąć, że danie dziecku wolności nie oznacza przyzwolenia, by czyniło ono tylko dobro. Wolność oznacza też prawo do czynienia zła, do popełniania błędów. Tak więc kształtuj w dziecku czujność i inteligencję, lecz nigdy nie dawaj mu przykazań. Nikt nie jest w stanie ich wypełnić, a czynią one z ludzi hipokrytów. Dlatego jeśli kochasz swoje dziecko, pamiętaj o jednej podstawowej sprawie: nie pomagaj mu stać się hipokrytą.

Po trzecie, nie kieruj się nakazami moralnymi czy religijnymi ani normami kultury. Podążaj za naturą. To, co naturalne, jest dobre, jeżeli nawet czasami trudne. Ciebie też nie wychowano w zgodzie z naturą. Twoje wychowanie nie było wypełnione miłością, nie było prawdziwą sztuką. Było przypadkowe. Nie popełniaj tych samych błędów. Jako matka wiele razy poczujesz się bardzo niepewnie…

Na przykład małe dziecko zacznie bawić się swoimi organami płciowymi. Naturalnym zachowaniem matki będzie powstrzymanie go, ponieważ nauczono ją, że jest to złe. A jeżeli nawet uważa, że działanie dziecka nie jest złe, poczuje się skrępowana, kiedy ktoś będzie to widział. Poczucie skrępowania! To twój problem jako matki. Nie ma ono nic wspólnego z dzieckiem. Jeżeli nawet miałabyś utracić szacunek otoczenia, bądź na to gotowa, lecz nie zaburzaj rozwoju dziecka. Pozwól naturze, by posuwała się własnym torem. Jako matka masz za zadanie wspierać to, co ujawnia natura. To nie ty masz kierować naturą. Jesteś tutaj, by jej pomagać.

Są to trzy bardzo ważne sprawy. Zacznij nad nimi medytować. Zanim narodzi się dziecko, powinnaś wejść w medytację tak głęboko, jak to tylko możliwe.

Kiedy dziecko znajduje się w twoim łonie, odbiera wszelkie twoje uczucia i nastroje w postaci wibracji. Kiedy jesteś zła, twój brzuch tężeje pod wpływem tego uczucia. Dziecko natychmiast to odczuwa. Kiedy jesteś smutna, twój brzuch wypełnia smutek. Dziecko natychmiast traci dobry humor, staje się posępne.

Dziecko jest całkowicie od ciebie zależne. Twój nastrój staje się nastrojem dziecka. Przebywając w łonie, dziecko nie ma wolności. Twój klimat emocjonalny staje się jego klimatem. Tak więc powstrzymaj się od walki i od złości. Z tego właśnie względu powiedziałem, że bycie matką to wielka odpowiedzialność. Musisz być gotowa na poświęcenia.

Podczas najbliższych siedmiu miesięcy musisz być bardzo czujna[11]. Dziecko jest ważniejsze niż wszystko inne. Jeżeli ktoś cię obrazi, zaakceptuj to, lecz nie wpadaj w złość. Powiedz sobie: „Jestem w ciąży. Dziecko jest ważniejsze niż gniewanie się na kogoś. To zdarzenie przeminie i za kilka dni nie będę pamiętać, kto mnie obraził i jak się zachowałam. Jednak dziecko po narodzinach pozostanie na tym świecie co najmniej siedemdziesiąt lub osiemdziesiąt lat. To duży projekt". Jeżeli chcesz, możesz to nawet zanotować w swoim dzienniku. Kiedy dziecko już będzie na świecie, możesz się gniewać, ale nie teraz. Powiedz sobie po prostu: „Jestem ciężarna. Nie mogę się złościć. Tego mi nie wolno". Taką postawę nazywam wrażliwym rozumieniem.

---

[11] Osho odpowiada zapewne na pytanie kobiety, która jest w drugim miesiącu ciąży (przyp. tłum.).

Powstrzymuj się od smutku, złości, nienawiści, nie prowadź walki ze swym partnerem. Oboje musicie uważać na rozwijające się w twoim łonie dziecko. Kiedy dziecko już się w tobie pojawiło, wy musicie zejść na drugi plan. Należy przede wszystkim dbać o potrzeby dziecka, ponieważ rodzi się nowe życie... To będzie wasz owoc.

Jeżeli od początku złość, nienawiść i konflikty wnikają do umysłu dziecka, stwarzacie mu psychiczne piekło. Dziecko będzie cierpieć. W związku z tym lepiej jest nie powoływać dziecka na świat. Po co sprawiać dziecku cierpienie? Świat i tak głęboko cierpi.

Przede wszystkim powołanie dziecka na świat jest sprawą bardzo ryzykowną. Jeżeli jednak tego pragniesz, niech twoje dziecko nie będzie nieszczęśliwe. Niech pomoże światu, by stał się szczęśliwszy. Niech wniesie więcej świątecznej atmosfery, więcej radości, miłości i życia.

W ciągu tych dni, gdy jesteś w ciąży, pozostawaj w odświętnej atmosferze. Tańcz, śpiewaj, słuchaj muzyki, medytuj, kochaj. Bądź bardzo miękka, delikatna. Nie czyń niczego w pośpiechu ani w napięciu. Poruszaj się powoli. Nadchodzi wyjątkowy gość. Musisz go odpowiednio przyjąć.

W jaki sposób mogę najlepiej wypełniać swoje obowiązki matki?

Nie myśl o tym jak o obowiązkach, choć kobiety mają tendencję do tego. W chwili, gdy zaczynasz tak myśleć, coś obumiera. Zanika coś, co ma ogromną wartość. Relacja zostaje przerwana. Myśl o tym jak o odświętnym, uroczystym działaniu. Dziecko jest darem Boga. Odnoś się do dziecka z szacunkiem. Sama miłość nie wystarczy. Jeżeli brakuje szacunku, miłość staje się zaborcza, zawłaszczająca. Szacunek wypiera chęć zawłaszczenia.

Nie możesz posiąść kogoś, kogo szanujesz. Sama idea jest straszna, mówi o braku szacunku. Posiąść jakąś osobę to sprowadzić ją do poziomu rzeczy. W chwili, gdy dziecko staje się twoją własnością, traktujesz je jako ciężar. Wtedy właśnie pojawiają się obowiązki do wypełnienia. Takie matki rozprawiają przez całe życie, jak wiele zrobiły dla swoich dzieci.

Prawdziwa matka nigdy nie wypowiada ani jednego słowa o tym, co zrobiła. Nie tylko tego nie mówi. Nigdy tego w ten sposób nie odczuwa; nie czuje, że coś zrobiła dla swojego dziecka. Czerpie z działania radość, przyjemność.

Nie są to tylko narodziny dziecka. Jednocześnie ty sama rodzisz się w pewien sposób, rodzisz się jako matka. Jedną częścią procesu są narodziny dziecka, drugą zaś twoje narodziny jako matki, narodziny twego macierzyństwa. Dziecko wywołuje w kobiecie głęboką przemianę. Coś ci od siebie daje. Nie jesteś już tą samą kobietą. Kobieta i matka różnią się od siebie zasadniczo.

Kochaj więc swoje dziecko i szanuj je. Pozwalaj mu się rozwijać i nie stwarzaj przeszkód. Od samego początku, od startu bądź wyczulona na te kwestie. Pamiętaj też o tym, by nie powtarzać zachowań, których nauczyłaś się od swojej matki, choć każdy ma do tego naturalną tendencję. Od swojej matki uczyłaś się bowiem, jaka powinna być matka. Możesz powtarzać te wyuczone zachowania wobec swojego dziecka. Będzie to niekorzystne i błędne. Podejdź do tej kwestii zupełnie na świeżo. Zapomnij o wszystkim, czego nauczyłaś się od swojej matki. Reaguj w nowy sposób. Wsłuchuj się w potrzeby dziecka i odpowiadaj na nie w oparciu o kilka podstawowych reguł.

Jedna z nich mówi, by dawać miłość, lecz nigdy nie przekazywać sztywnych struktur. Dawaj miłość, lecz nigdy nie twórz charakteru dziecka. Dawaj miłość, lecz nie naruszaj wolności. Miłość nie może zakłócać wolności dziecka. Nikt nie myśli o wolności małego dziecka. Kiedy jednak masz o tym myśleć? Jutro dziecko także będzie małe... A może masz myśleć o tym pojutrze? W rzeczywistości matka nigdy nie myśli o swoim dziecku jak o dorosłej osobie, która może być wolna. Nigdy. Dystans wiekowy pomiędzy tobą a dzieckiem zawsze pozostaje jednakowy. Jeżeli różnica wieku pomiędzy tobą a dzieckiem wynosi dwadzieścia lat, nigdy się nie zmieni. Dlatego od tej właśnie chwili zachowaj w stosunku do dziecka szacunek i obdarz je wolnością.

Dziecko czasem płacze – nie musisz się tym martwić. Pozwól mu na to. Nie musisz ciągle interweniować i bez przerwy mu usługiwać. Taka ciągła aktywność wygląda jak miłość, lecz faktycznie ogranicza wolność dziecka. Dziecko może akurat nie potrzebować mleka. Czasami po prostu płacze. Płacz przynosi mu ulgę, ponieważ to jedyny sposób, w jaki może ono wyrażać siebie. To jest właśnie jego język – płacz i zawodzenie. Innym nie umie się posługiwać. Pozwól więc dziecku płakać, bo nie ma w tym niczego złego. Dziecko próbuje w ten sposób kontaktować się ze światem. Nie pocieszaj go, nie dawaj mu natychmiast piersi. Jeżeli dziecko nie jest głodne, podawanie mu piersi działa jak narkotyk.

Matki posługują się piersią jak narkotykiem. Dziecko zaczyna ssać, zapomina o płaczu i usypia. To wygodne, ale w ten sposób zaczynasz naruszać terytorium dziecka. Jeżeli dziecko nie potrzebuje pokarmu, jeśli nie chce ssać, zostaw je w spokoju. Jeżeli będziesz postępować w ten właśnie sposób, twoje dziecko w przyszłości nie będzie potrzebowało Terapii Podstawowej[12]. Osoby,

---

[12] Ang. *Primal Scream Therapy*, opracowana przez Arthura Janova (przyp. red.).

które krzyczą w trakcie tego rodzaju terapii, nie miały możliwości robić tego w dzieciństwie. Powstrzymywano w nich tego rodzaju reakcje, nie pozwalano im płakać ani krzyczeć.

Pozwól dziecku na swobodne zachowania; pozwól mu odczuć, że jest sobą. Wraz z upływem czasu pozwalaj mu coraz bardziej odczuć, że jest sobą. Coraz mniej wchodź mu w drogę. Pomagaj mu, dostarczaj pokarmu, lecz pozwól mu wzrastać samodzielnie. Czasami możesz mieć poczucie, że dziecko rozwija się w niewłaściwy sposób. Ale nie musisz mieć racji. Jest to tylko twoje przekonanie.

Dziecko nie pojawiło się na tym świecie po to, by dostosować się do twoich przekonań. Bardzo łatwo narzucić dziecku własne przekonania i opinie, ponieważ jest bezbronne. Od ciebie zależy jego przetrwanie. Dziecko musi cię słuchać. Jeżeli powiesz dziecku: „Nie rób tego", spełni polecenie, mimo że chce to robić i przynosi mu to zadowolenie. Dziecko bowiem nie chce ryzykować i przeciwstawiać się tobie.

Prawdziwa matka pozwala dziecku na dużą swobodę. Jeżeli nawet dziecko działa niezgodnie z jej przekonaniami, matka zgadza się na to. Wyjaśnij dziecku po prostu: „Uważam, że to nie jest dobre, ale możesz to robić". Pozwól, by dziecko uczyło się na własnych doświadczeniach. Tylko w ten sposób człowiek może dojrzewać, stawać się dorosły. Jeżeli nie stwarza mu się takiej możliwości, zatrzymuje się w rozwoju. Takim ludziom przybywa lat, lecz ich świadomość nie dojrzewa. Mogą być to osoby pięćdziesięcioletnie – mają umysł dziesięcio-, jedenastoczy dwunastolatka. Większość ludzi pozostaje na poziomie trzynastolatka. Jest to średnia dla ludzkości. W tej średniej mieszczą się także Albert Einstein, Budda oraz Chrystus. Mniej więcej wtedy zatrzymuje się rozwój umysłowy, rozwój świadomości. W dalszym życiu człowiek tylko naśladuje innych.

Tak więc przekaż dziecku miłość, dziel się z nim swoim doświadczeniem, lecz nigdy mu niczego nie narzucaj. Wtedy dziecko stanie się wspaniałym człowiekiem.

Kiedy urodziłam pierwsze dziecko, odczułam, że ja także w pewnym sensie się urodziłam. Czy możesz wypowiedzieć się na temat „narodzin matki”?

Narodziny dziecka są tylko częścią procesu. Do tego procesu należą również narodziny matki. Przedtem była ona zwykłą kobietą. Teraz stała się matką. Z jednej strony rodzi się dziecko, z drugiej zaś matka. Matka znacznie różni się od kobiety; wiele je od siebie dzieli. Życie kobiety jako matki zmienia się w sposób jakościowy. Przedtem była żoną, kochanką. Nagle to przestało być istotne – narodziło się dziecko, kobieta stała się matką. Życie toczy się teraz inaczej.

Z tego właśnie powodu mężowie zawsze obawiają się dzieci. Zasadniczo nie lubią dzieci, ponieważ w relacji pojawia się trzecia strona. Nie tylko się pojawia, wręcz staje się centrum zainteresowania. Po urodzeniu dziecka kobieta się zmienia, nie jest już taką samą żoną. Jeżeli mąż nadal chce doświadczać miłości, musi się stać jak jej syn. Kobieta, która urodziła dziecko, nigdy nie będzie taką samą żoną, jaką była, zwykłą żoną. Kobieta stała się matką i nic na to nie można poradzić. Stałeś się jej synem. Tylko godząc się na tę pozycję, możesz znowu być przez nią kochany. Jeżeli tego nie zrobisz, ona całą miłość przeleje na dziecko.

Kiedy kobieta staje się matką, doświadcza czegoś bardzo ważnego. Są to dla niej niemal nowe narodziny. Mężczyźnie zazwyczaj trudno zrozumieć ten proces. Łatwiej to pojąć twórczym mężczyznom. Jeżeli mężczyzna maluje obrazy lub pisze wiersze, te działania mogą go naprowadzić na trop tego, co przeżyła kobieta. Kiedy poeta rodzi swój utwór, czuje się niezwykle szczęśliwy. Nikt nie może pojąć tego, co zachodzi podczas tworzenia poezji. Powstanie wiersza nie jest zwykłym wydarzeniem. W poecie istniały podniecenie i zamieszanie, a stworzenie wiersza przyniosło ukojenie jego duszy.

Nie można jednak tego porównać ze stawaniem się matką. Poemat jest poematem. W momencie, w którym się rodzi, jest już martwy. Kiedy jego treść znajduje się jeszcze we wnętrzu poety, jest żywy. W momencie, kiedy zostaje wyrażony, staje się martwym przedmiotem. Możesz zawiesić go na ścianie, możesz cisnąć go na kupę śmieci. Możesz z nim uczynić cokolwiek, lecz nie jest on już żywy.

Kiedy kobieta rodzi dziecko, pojawia się życie. Kiedy kobieta spogląda w oczy dziecka, wpatruje się we własną istotę. Kiedy dziecko zaczyna rosnąć, kobieta rośnie wraz z nim.

Macierzyństwo to zwariowany bieg maratoński: czasami piękny, lecz niezwykle wymagający i wyczerpujący fizycznie. Od momentu, gdy prawie dwa lata temu narodziła się ta „ognista piłeczka", nie było ani jednej spokojnie przespanej nocy, ani jednego dnia spokoju. Czułam, że nic nie jest ważniejsze niż bycie obecną przy dziecku. Wydawało mi się, że nie zawsze wiem, o co mu chodzi, byłam napięta i zmęczona. Gdzie jest w tym wszystkim miejsce na radość? Pomóż mi!

Urodzenie dziecka to jedna kwestia, ale bycie matką to zupełnie coś innego. Każda kobieta może urodzić dziecko. To bardzo proste. Natomiast bycie matką to wielka sztuka, potrzebne jest do tego głębokie zrozumienie.

Stworzyłaś ludzką istotę – to najwyższa twórczość!

Kobieta przechodzi przez dziewięć miesięcy cierpień i ekstazy. A przecież ta praca nie jest bynajmniej zakończona! W rzeczywistości prawdziwa praca zaczyna się dopiero w chwili narodzin dziecka. Dziecko wnosi do życia świeży powiew. Jednak każde dziecko jest prymitywne, jest swego rodzaju barbarzyńcą. Matka musi je ucywilizować. Pamiętaj, że każde dziecko jest barbarzyńcą, jest dzikie, zwierzęce. Matka musi nauczyć je kultury, sposobu bycia, ludzkiego zachowania. Ogromna praca.

Pierwsza kwestia: Pamiętaj, że twoja praca nie została zakończona. Ona dopiero się zaczęła. Potraktuj ją z radością. Tworzysz coś niezwykle wartościowego, rzeźbisz życie, chronisz życie. Ta praca jest niezwykle doniosła, warta wszelkich poświęceń.

Druga kwestia: Nie podchodź do tego zbyt poważnie, gdyż możesz dziecku zaszkodzić. Twoja powaga może stać się destrukcyjna. Podejdź do tego na wesoło. Bądź odpowiedzialna, lecz podejdź do tego z humorem. Baw się z dzieckiem tak, jakbyś grała na instrumencie muzycznym. Pozwól, by dziecko stało się twoim instrumentem muzycznym. Graj na nim ostrożnie, lecz rób to z radością. Dziecko odczuje, jeżeli staniesz się poważna. To może je okaleczyć. Nie obciążaj dziecka. Powstrzymaj się od myślenia, że robisz coś wielkiego, wspaniałego dla dziecka. Kiedy mówię, że robisz coś wielkiego, mam na myśli to, że robisz to dla siebie samej. Pomagając dziecku w rozwoju po to, by stało się wspaniałą ludzką istotą, buddą, sama staniesz się matką buddy. Nie będziesz stosować przymusu wobec dziecka. Będziesz po prostu cieszyć się własnym życiem. Twoje własne życie nabierze aromatu dzięki twemu dziecku. Jest to możliwość, którą daje ci Bóg.

Istnieją w tym wszystkim dwa zagrożenia. Możesz zaniedbać dziecko, gdyż będziesz nim zbyt zmęczona lub też zaczniesz je obciążać i stosować wobec niego przymus. Obie postawy są niewłaściwe. Pomagaj dziecku dla samej radości pomagania. Nigdy nie myśl, że powinno mieć ono wobec ciebie dług wdzięczności. Przeciwnie, odczuwaj wdzięczność, że wybrało cię na swoją matkę. Pozwól, by twoje macierzyństwo rozkwitało dzięki kontaktowi z dzieckiem.

Jeżeli potrafisz rozkwitnąć jako matka, będziesz zawsze odczuwała wdzięczność wobec dziecka.

Oczywiście, poświęcenia się zdarzają, ale powinnaś je przyjmować z radością. Tylko wtedy są poświęceniem! Słowo „poświęcenie" pochodzi od słowa „święty". Kiedy poświęcasz się z radością, robisz coś świętego. Brak radości oznacza, że tylko wypełniasz obowiązek. A obowiązki to przykrość, nic świętego.

To wielka szansa. Medytuj nad tym. Wejdź w to głęboko. Nigdy nie napotkasz sytuacji tak głęboko angażującej jak ta, która zachodzi pomiędzy matką a dzieckiem. Tego rodzaju zaangażowanie nie pojawia się nawet między mężem a żoną ani między kochankami. Z żadną inną istotą nie możesz doświadczyć tak głębokiej relacji, ponieważ dziecko żyło w tobie przez dziewięć miesięcy jako część ciebie, jako ty sama. Nikt inny nie może żyć w tobie w ten sposób.

Wcześniej czy później dziecko staje się odrębną istotą. Jednak gdzieś na poziomie nieświadomym matka i dziecko pozostają ze sobą połączeni.

Jeżeli twoje dziecko stanie się buddą, wiele na tym skorzystasz. Podobnie wiele skorzystasz, gdy twoje dziecko się rozwinie i stanie wspaniałą ludzką istotą. Dziecko bowiem zawsze pozostanie połączone z tobą na poziomie duchowym. Przerwany może zostać związek fizyczny, lecz nie duchowy.

Dzięki Bogu! Macierzyństwo jest błogosławieństwem.

Czy możesz się wypowiedzieć na temat cech, które przejawia kobieta jako matka?

Budda stwierdził: „Bycie matką jest słodkie". Dlaczego? Urodzenie dziecka wcale nie oznacza, że kobieta staje się matką. Pamiętaj o tym. Jeżeli rzeczy tak by się miały, to ponieważ na ziemi żyją miliony matek, powinna tu panować atmosfera słodyczy. Tak jednak nie jest. Psychologowie mają w tej mierze odmienne zdanie. Uważają, że to ona jest źródłem problemów dziecka w jego późniejszym życiu.

Matka jest źródłem cierpienia, będącego udziałem ogromnej liczby ludzi, źródłem patologii, która ich dotyka. Swoje twierdzenia psycholodzy opierają na wieloletniej analizie tysięcy ludzi. Cierpienie psychiczne i zaburzenia psychiczne przekazała ci matka.

Są ludzie, którzy obawiają się kobiet. Jeżeli obawiasz się kobiet, nie możesz ich kochać. W jaki sposób ze strachu może się narodzić miłość? Dlaczego obawiasz się kobiet? Dlatego, że w dzieciństwie przeżywałeś lęk przed matką, bałeś się jej. Matka ciągle cię prześladowała, ciągle zadawała ci ciosy. Ciągle mówiła ci, co masz robić, a czego nie robić. Oczywiście dla twego własnego dobra. W ten sposób okaleczała cię, niszczyła wiele twoich wartościowych cech. Uczyniła cię osobą nieprawdziwą, ponieważ mówiła ci, co masz robić. Niezależnie od tego, czy coś lubiłeś, czy też nie, czy coś w tobie pojawiało się w sposób spontaniczny, musiałeś słuchać rozkazów. Byłeś bezbronną istotą... Twoje życie było uzależnione od matki. Z tego powodu musiałeś jej słuchać. Matka uwarunkowała cię w określony sposób. Kiedyś bałeś się matki, teraz boisz się kobiet.

Miliony mężczyzn, mężów, pozostają w roli pantoflarza, ponieważ ich matki były zbyt silne. To nie ma nic wspólnego z ich żonami. Każdy z tych mężczyzn projektuje na swoją żonę postać matki. Żona jest po prostu matką w nowym wydaniu. Oczekują od żony tego samego, czego oczekiwali od matki. Tacy mężczyźni są okaleczeni. Oczekują od żony tego, co niemożliwe, żona nie jest bowiem matką. Są więc sfrustrowani. Jak w tej sytuacji mogą kochać żonę? Chcą, żeby troszczyła się o nich jak o małe dziecko. Jeżeli tego nie robi, czują się urażeni.

Chłopak, który został zdominowany przez matkę, który był zmuszany do całkowitego posłuszeństwa, nie będzie w stanie kochać się z kobietą. Kiedy bowiem psychicznie zbliża się do kobiety, staje się impotentem. Czyż możesz kochać się z własną matką? Na pewno nie.

Dlatego wielu mężczyzn staje się impotentami w kontaktach seksualnych z żonami, ale tylko z nimi. Nie są natomiast impotentami w czasie seksu z prostytutką. Dlaczego? Z prostego powodu – nie mogą myśleć o swojej matce jako o prostytutce. Ich matka miałaby być prostytutką? Nonsens!

Na świecie żyją tysiące osób neurotycznych i psychotycznych. Stały się takie właśnie z powodu matki.

Kiedy zatem Budda powiedział: „Bycie matką jest słodkie", musiał mieć coś innego na myśli. Nie miał na myśli Marii Panny. Nie miał też na myśli po prostu urodzenia dziecka. To bowiem nie czyni kobiety matką. Bycie matką to coś zupełnie innego. To głęboko ludzkie doświadczenie. Nie ma nic wspólnego z biologią. Bycie matką oznacza miłość, czystą miłość, miłość bezwarunkową.

Kiedy matka kocha w sposób bezwarunkowy, a tylko ona jest w stanie to czynić, dziecko czerpie z tego radość. Samo staje się zdolne do miłości bezwarunkowej. A zdolność do miłości bezwarunkowej oznacza, że człowiek staje się religijny.

Dla kobiety to łatwa rzecz, zgodna z jej naturą. Jako potencjalna matka znajduje się ona na progu przekroczenia uwarunkowań biologicznych. Potrafi wkroczyć w transcendencję.

Możesz doświadczyć macierzyństwa także wtedy, gdy nie urodzisz dziecka. Postawę macierzyńską możesz przyjąć wobec każdej osoby, wobec dowolnej rzeczy. Możesz w matczyny sposób kochać zwierzę lub drzewo. Jest to bowiem pewna wewnętrzna jakość.

Macierzyńskość oznacza zdolność do bezwarunkowej miłości. Kochasz z powodu czystej radości, którą niesie ze sobą miłość. Pomagasz wzrastać drugiej osobie z powodu czystej radości, którą daje obserwowanie jej pozytywnego rozwoju. Prawdziwy terapeuta jest matką. Jeżeli nie potrafi przyjąć w stosunku do pacjenta takiej postawy, nie jest prawdziwym terapeutą. Jest tylko profesjonalistą, który wykorzystuje ludzi, wykorzystuje ich cierpienie. Prawdziwy terapeuta jest matką. Staje się dla pacjenta matczynym łonem. Prowadzi go ku nowym narodzinom, pomaga mu rozpocząć nowe życie. Daje czystą kartę, na której pacjent może ponownie zapisywać swoje życie.

To właśnie mam na myśli, gdy używam określenia „psychologia buddów". To jest prawdziwa terapia. Mistrz jest prawdziwym terapeutą. Sama jego obecność działa uzdrawiająco. Jest chmurą, która otacza cię ze wszystkich stron. Czyni to jak matka.

9. Rodzina i kontrola narodzin

Rodzina była przez tysiące lat podstawową komórką społeczną. Ty jednak wątpisz w to, że będzie potrzebna w przyszłości. Jak myślisz, co może zastąpić rodzinę?

Człowiek się rozwinął. Zniknęły korzyści, które daje mu życie w rodzinie. Rodzina istnieje już zbyt długo. Jest jedną z najstarszych instytucji, jakie znamy. Tak więc tylko bardzo spostrzegawcze osoby mogą zauważyć, że jest już martwa. Potrzeba czasu, aby ten fakt dotarł do świadomości wszystkich.

Rodzina wypełniła swoje zadania. Nie pasuje do nowego układu zjawisk, nie pasuje do nowej ludzkości, która właśnie się rodzi.

Rodzina miała swoje dobre i złe strony. Dawała oparcie, dzięki niej człowiek mógł przeżyć. Ale wywierała szkodliwy wpływ; niszczyła umysł człowieka. W przeszłości nie istniała jednak żadna alternatywa. Rodzina stanowiła zło konieczne. Nie musi tak być w przyszłości. Przyszłość przyniesie odmienne rozwiązania.

Uważam, że w przyszłości pojawi się wiele wzorców życia; nie musimy ograniczać się do jednego. Pewna niewielka liczba osób może nadal preferować życie rodzinne. Powinny mieć zagwarantowaną wolność takiego wyboru.

Bardzo rzadko można znaleźć na tej ziemi rodziny – stanowią nie więcej niż jeden procent ogółu – które są naprawdę piękne, w których życie dobrze się układa, w których następuje rozwój ich członków. W takich rodzinach nie ma narzuconych autorytetów, nie istnieje przemoc, nie traktuje się innych jako swojej własności, a dzieci nie są niszczone. W tego typu rodzinach żona nie próbuje niszczyć męża, a mąż nie stara się niszczyć żony. Panują tam miłość i wolność. Ludzie są ze sobą, ponieważ to ich cieszy. Nie istnieją żadne ukryte motywy, nie prowadzi się żadnej polityki. Tak, na ziemi istnieją tego rodzaju rodziny, nadal istnieją. I one mogą pozostać.

W większości przypadków rodziny są okropne. Psychoanalitycy uważają, że wszelkiego rodzaju choroby rodzą się właśnie w rodzinie. W rodzinie powstają wszelkie psychozy oraz nerwice. Rodzina stwarza poważnie chorych ludzi.

Tak więc rodzina stanowi podstawową przyczynę wszelkiego typu nerwic. Musimy zrozumieć jej strukturę i to, jak wpływa ona na świadomość człowieka.

Przede wszystkim rodzina narzuca dziecku religijne i polityczne dogmaty, określoną filozofię i teologię. Dziecko jest niewinne – akceptuje to. Można je wykorzystać. Nie potrafi powiedzieć „nie". Nie umie się sprzeciwiać. Gdyby nawet mogło powiedzieć „nie", nie zrobi tego, ponieważ jest całkowicie zależne od rodziny. Jest do tego stopnia bezradne, że musi zgodzić się z rodziną, z każdym nonsensem, do którego zaakceptowania zostaje przymuszone.

Rodzina nie wspiera dziecka w rozwijaniu postawy badacza. Rodzina dostarcza przekonań, wiary.

A przekonania są trucizną. Kiedy dziecko zostaje obciążone przekonaniami, jego postawa badacza rzeczywistości zostaje zniszczona. Dziecko jest sparaliżowane, a jego skrzydła są podcięte. Wtedy, gdy kształtuje się w dziecku postawa badacza, zostaje ono uwarunkowane przez liczne przekonania. W związku z tym podchodzi do różnych zjawisk z uprzedzeniami. Kiedy badasz rzeczywistość z pozycji przesądów i uprzedzeń, masz z góry przyjęte wnioski. Stajesz się niezdolny do odkrywania prawdy.

Z tego właśnie powodu na świecie istnieje tylko kilku buddów. Podstawową tego przyczyną jest rodzina. Każde dziecko rodzi się z potencjałem buddy, ma możliwość osiągnięcia najwyższej świadomości, odkrycia prawdy, doświadczenia błogości. Jednak rodzina niszczy cały ten potencjał.

Każde dziecko przybywa na świat z ogromną inteligencją, lecz rodzina czyni zeń istotę przeciętną, gdyż życie z inteligentnym dzieckiem jest kłopotliwe. Inteligentne dziecko ma wątpliwości, jest sceptyczne, dociekliwe, bywa nieposłuszne i buntuje się. Natomiast rodzina potrzebuje jednostki, która jest posłuszna, gotowa do wykonywania poleceń i do naśladowania autorytetów.

Dlatego ziarno inteligencji powinno zostać zniszczone, prawie całkowicie spalone na początku. Wówczas nie ma szans, by wykiełkowało.

To swoisty cud, że kilka osób takich jak Zaratustra, Jezus, Lao-Cy czy Budda potrafiło uniknąć ograniczającego wpływu społecznej struktury oraz rodziny i wspiąć się na szczyt.

Każde dziecko rodzi się z tym samym potencjałem, reprezentuje takie same jakości. Dziewięćdziesiąt dziewięć procent ludzi może się stać buddami, jeżeli zaniknie rodzina. W przeciwnym razie ludzie będą identyfikowali się z określoną religią. Będą chrześcijanami, mahometanami, hinduistami, dżinistami, buddystami. Nie staną się jednak Buddą, Mahometem ani Mahawirą. To nie będzie dla nich możliwe. Mahomet zbuntował się przeciwko porządkowi, w którym wzrastał, podobnie jak Budda oraz Jezus. Był to rzeczywisty bunt. Rodzina zaś gasi ducha buntu, poskramia buntowników.

Ludzkość przechodzi obecnie okres krytyczny. Musimy zadecydować, czy chcemy żyć wzorcami przeszłości, czy też przyjąć nowy styl życia. Dosyć już tego! Próbowaliśmy starych wzorców. Wszystkie zawiodły. Pora, abyśmy uwolnili się z uścisku przeszłości i stworzyli na tej ziemi nowy styl życia.

Uważam, że najlepszym rozwiązaniem jest życie wspólnotowe.

Wspólnota oznacza, że grupa ludzi żyje w rodzinie o płynnym charakterze. Dzieci należą do wspólnoty, należą do wszystkich. Nie istnieje osobista własność, nie ma postaw egocentrycznych. Mężczyzna żyje z kobietą, ponieważ oboje mają na to chęć, szanują to i radują się swym związkiem. Gdy czują, że miłość wygasa, nie trzymają się siebie kurczowo. Z pełną wdzięcznością żegnają się ze sobą. Zachowują się przyjaźnie względem siebie. Zaczynają żyć z innymi osobami. Jedyny problem w przeszłości polegał na tym, co w takiej sytuacji należy zrobić z dziećmi.

We wspólnocie dzieci należą do wszystkich; to o wiele lepsze. Mają wtedy okazję do rozwoju w kontakcie z wieloma typami ludzi. W rodzinie dziecko wzrasta u boku matki. Jedynie matka i ojciec są dla dziecka wzorcami istot ludzkich. Naturalnie dziecko zaczyna szybko naśladować rodziców.

Okazuje się, że dzieci stają się naśladowcami swych ojców i powtarzają te same błędy, które popełnili ich przodkowie. Sprowadzają na świat te same choroby.

Dzieci stają się kopiami rodziców. Nie ma jednak sposobu, by mogły zachowywać się inaczej, ponieważ nie mają dostępu do innych źródeł informacji.

Dziecko, które żyje we wspólnocie liczącej sto osób, spotyka wielu mężczyzn i wiele kobiet. Wówczas nie musi kurczowo trzymać się jednego wzorca. Może uczyć się od swego ojca, od swoich wujków, może uczyć się od wszystkich mężczyzn, którzy są członkami wspólnoty. Takie dziecko będzie miało większą duszę.

Rodzina tłamsi ludzi i powoduje, że ich dusze się kurczą. We wspólnocie dusza dziecka staje się większa. Dziecko napotyka więcej możliwości, staje się istotą o wiele bogatszą. Dostrzega wiele kobiet. W związku z tym nie powstaje w nim obraz jednej kobiety. Jeśli ktoś nosi w sobie tylko jeden wzorcowy obraz kobiety, przez całe życie poszukuje swojej matki na partnerkę.

Kiedy zakochasz się w kobiecie, bądź uważny. Prawdopodobnie znalazłeś osobę podobną do twojej matki. Tego zaś powinieneś unikać.

Każde dziecko złości się na swoją matkę. Matka zakazuje mu wielu rzeczy. Matka musi mówić „nie". Nie może tego uniknąć. Nawet dobra matka musi czasami powiedzieć „nie", wprowadzić zakazy, czegoś odmówić. Wtedy dziecko odczuwa gniew i wściekłość. Dziecko jednocześnie nienawidzi matki i kocha ją, ponieważ ona gwarantuje mu przeżycie. Matka stanowi źródło życiowej energii dziecka.

Dziecko jednocześnie nienawidzi matki i kocha ją. Staje się to wzorcem. W przyszłości będziesz kochał kobietę i nienawidził jej jednocześnie. Nie masz innej możliwości. Zawsze będziesz w nieświadomy sposób szukał matki. Podobnie dzieje się z kobietami. One szukają ojca. Całe ich życie jest poszukiwaniem tatusia, który może stać się mężem.

Twój tatuś nie jest jedynym mężczyzną na tym świecie. Ten świat jest znacznie bogatszy. W rzeczywistości, jeśli znajdziesz tatusia, nie będziesz szczęśliwa. Możesz być szczęśliwa z ukochanym, z kochankiem, ale nie z tatusiem. Podobnie jeżeli znajdziesz swoją matkę, nie będziesz z nią szczęśliwy. Już znasz ten wzorzec. Nie ma w nim niczego nowego, niczego do odkrycia. Rodzi się w tobie pogarda do tej kobiety. Powinieneś poszukać czegoś nowego, lecz nie masz żadnego wyobrażenia o tym, co by to mogło być.

Rodzina powoduje u ciebie pewnego rodzaju obsesję. Obsesja zaś zwraca się przeciwko człowieczeństwu. Na przykład, twój ojciec z kimś walczy. Dostrzegasz, że ojciec się myli. Nie ma to znaczenia. Musisz stać po jego stronie. Jak to ludzie powiadają: „Dobry czy zły, mój kraj jest moim krajem!". Podobnie można usłyszeć: „Czy ojciec ma rację, czy też nie, jest moim ojcem. Moja matka jest moją matką. Muszę stać po jej stronie. W przeciwnym razie stanę się zdrajcą".

To wszystko uczy cię niesprawiedliwości. Możesz widzieć, że twoja matka sprzecza się z sąsiadem i nie ma racji. Jednak musisz stanąć po jej stronie. Tak uczysz się bycia niesprawiedliwym.

We wspólnocie nie będziesz tak silnie związany z jedną rodziną. Nie będzie istniała rodzina, do której mógłbyś się przywiązać. Będziesz czuł się swobodniejszy. Będziesz uczciwszy. Od wielu osób będzie płynąć do ciebie miłość. Odczujesz, że życie jest wypełnione miłością.

Rodzina domaga się wyłączności. Uczy cię, że zawsze masz stawać po jej stronie, przeciwko wszystkim. Masz być na służbie swojej rodziny. Musisz stawać do walki w imieniu rodziny i dla jej sławy. Rodzina uczy cię bycia ambitnym, agresywnym, konfliktowym.

We wspólnocie natomiast staniesz się osobą mniej agresywną, będziesz się czuł swobodniej w kontakcie ze światem, ponieważ poznasz wiele osób.

To właśnie mam zamiar tutaj stworzyć – wspólnotę, w której wszyscy będą przyjaciółmi. Nawet mężowie i żony nie powinni być niczym więcej – tylko przyjaciółmi. Małżeństwo powinno powstawać na skutek umowy pomiędzy dwoma osobami. Dwie osoby decydują się być razem, bo czują się ze sobą szczęśliwe. Kiedy choć jedna z nich odczuje, że szczęście wygasło, mogą się rozejść. Nie potrzeba rozwodu, ponieważ nie zawiera się formalnych małżeństw. Ludzie łączą się ze sobą spontanicznie i spontanicznie się rozstają.

Jeśli ciągle czujesz się nieszczęśliwy, przyzwyczajasz się do tego. Żadna osoba ani przez chwilę nie powinna tolerować tego, że czuje się nieszczęśliwa. Jakiś czas dobrze ci było żyć z tym mężczyzną. Był to związek wypełniony radością. Jeżeli jednak radość wygasła, musisz ten związek opuścić. Nie ma powodu wpadać w złość; nie trzeba niczego żałować, niczego niszczyć. Miłości nie można przywołać siłą. Miłość jest niczym powiew wiatru. Zauważasz, że nadeszła… Jest tutaj. Następnie odchodzi. A kiedy odeszła, to znaczy, że odeszła.

Miłość jest tajemnicą. Nie możesz nią manipulować; nie należy miłości legalizować; nie można jej narzucać siłą. Nie należy tego czynić pod żadnym pozorem.

We wspólnocie ludzie mogą przebywać razem, ponieważ czerpią z tego radość. Gdy radość zanika, mogą się rozstać. Być może to smutne, lecz muszą się rozstać. Być może nostalgiczne wspomnienia ciągle tkwią w ich umyśle, lecz muszą się rozstać. Jeżeli się nie rozstaną, nieszczęśliwe życie stanie się ich nawykiem. Oczywiście, rozstanie może sprawić, że oboje poczują w sercu ciężar, lecz nie będzie w tym żalu. Zaczną szukać nowych partnerów.

W przyszłości nie będą istniały małżeństwa ani rozwody. Życie stanie się bardziej płynne. Będzie w nim więcej wzajemnego zaufania. Ludzie będą bardziej ufali tajemnicy życia niż jednoznacznym regułom prawa. Będą ufali życiu bardziej niż jakimkolwiek instytucjom: sądom, policji, kapłanom, Kościołowi.

Natomiast dzieci mają należeć do wszystkich i nie powinny nosić odznak swojej rodziny; powinny należeć do wspólnoty, a wspólnota będzie o nie dbała.

Będzie to najbardziej rewolucyjny krok w historii ludzkości, gdy ludzie zaczną żyć we wspólnotach. Pojawią się wówczas wzajemne zaufanie, uczciwość. Prawo stopniowo będzie tracić rację bytu.

Miłość w życiu rodzinnym zanika wcześniej czy później. Może też być nieobecna od początku. Małżeństwo może zostać zawarte z zupełnie innych powodów: dla pieniędzy, utrzymania władzy, prestiżu. Od początku może nie być w nim miłości. Małżeństwo już od początku może być martwe. Dlatego dzieci przychodzą na ten świat pozbawione miłości. Rodzina jest niczym pustynia. Z tego powodu dzieci stają się ponure i nie potrafią kochać. Rodzice dają dzieciom pierwszą lekcję życia, a nie potrafią kochać. W domu panuje atmosfera ciągłej walki, zazdrości i gniewu. Dzieci muszą oglądać ponure twarze rodziców.

W ten sposób niszczy się w dzieciach nadzieję. Nie potrafią uwierzyć, że w ich życiu może się pojawić miłość. Obserwują także innych rodziców, inne rodziny. Dzieci są bardzo spostrzegawcze. Stwierdzają, że wokół nich nie ma miłości. W związku z tym dochodzą do wniosku, że miłość istnieje tylko w poezji. Uważają, że nie ma na nią miejsca w rzeczywistym życiu. Jeżeli w twoim umyśle utrwali się przekonanie, że miłość jest tylko poezją, nigdy nie zjawi się ona w twoim życiu. Będziesz na nią zamknięty.

Jedynie wtedy, gdy jako dziecko możesz zaobserwować, że miłość pojawia się między ludźmi, pojawi się ona także w twoim życiu. Kiedy widzisz, że twoja matka i twój ojciec kochają siebie głęboko, że istnieje między nimi wielka miłość, że dbają o siebie nawzajem, że odnoszą się do siebie ze współczuciem i z szacunkiem – wtedy jesteś świadkiem prawdziwej miłości. Powstaje w tobie nadzieja. Do twego serca wpada ziarno nadziei i zaczyna kiełkować. Wiesz, że miłość pojawi się także w twoim życiu.

Jeżeli nie byłeś świadkiem tego rodzaju miłości, jak możesz uwierzyć, że może się to przydarzyć także tobie? Jeżeli nie było to udziałem twoich rodziców, jak może to przydarzyć się tobie? W rzeczy samej będziesz robił wszystko, by zapobiec pojawieniu się prawdziwej miłości, ponieważ oznaczałoby to zdradzenie rodziców.

Poczyniłem pewne obserwacje. Kobiety na głębokim, nieświadomym poziomie mówią: „Spójrz, mamo. Cierpię tak samo, jak ty cierpiałaś". Chłopcy w jakimś momencie mówią: „Tato, nie martw się. Moje życie jest tak samo nieszczęśliwe jak twoje. Nie zaszedłem dalej niż ty, nie zdradziłem cię. Pozostałem tak samo nieszczęśliwy jak ty. Dźwigam łańcuchy naszej tradycji. Jestem twoim reprezentantem. Popatrz, robię te same rzeczy, które ty robiłeś w stosunku do mojej matki. Robię to także wobec matki moich dzieci. To, co robiłeś wobec mnie, robię w stosunku do moich dzieci. Wychowuję je w taki sam sposób, w jaki ty wychowałeś mnie".

Sama idea wychowywania dzieci jest pozbawiona sensu. Dziecku możesz jedynie pomóc, wspierać je. Nie możesz go wychować[13]. Idea „budowania" dziecka jest pozbawiona sensu, jest szkodliwa. Nie możesz go budować. Dziecko nie jest budynkiem.

Dziecko jest niczym drzewo. Tak, możesz mu pomoc w rozwoju. Możesz odpowiednio przygotować glebę, użyźnić ją, nawodnić, możesz zadbać o to, by do rośliny docierało światło słoneczne. To wszystko. Nie tworzysz rośliny, nie budujesz jej. Roślina rozwija się samodzielnie. Możesz jej tylko pomóc.

Dzieci stanowią wielką tajemnicę. Gdy zaczynasz je „budować", podawać im gotowe wzorce, kształtować ich charakter, zamykasz je w więzieniu. Nigdy ci tego nie wybaczą. W podobny sposób będą się zachowywały wobec swoich dzieci. I tak ten proces będzie kontynuowany.

Każde pokolenie wywołuje nerwicę następnego pokolenia. W ten sposób społeczeństwo trwa w pomieszaniu i nieszczęściu.

Nadszedł czas tworzenia wspólnot. We wspólnocie będą jednak mogły żyć tylko osoby o postawie medytacyjnej. Tylko takie osoby, które potrafią czcić życie i które znają przestrzeń zwaną medytacją, mogą pozostawać razem. One potrafią też kochać.

Człowiek nie może czuć się szczęśliwy, jeżeli jest pozbawiony wolności. Tradycyjna struktura rodziny niszczy wolność. Ponieważ niszczy wolność, niszczy także szczęście i miłość. Rodzina kiedyś pozwalała ludziom przetrwać. W pewien sposób chroniła ciało, lecz niszczyła duszę. Teraz nie ma już takiej potrzeby. Możemy zadbać także o duszę. Jest to o wiele ważniejsze. Jest to kwestia podstawowa.

---

[13] W języku angielskim został tu użyty czasownik *to bring up*; może on przywoływać skojarzenia ze słowami „budować", „wznosić" (przyp. tłum.).

Rodzina nie ma przed sobą przyszłości, a z pewnością nie w dotychczasowej postaci. W przyszłości jest miejsce dla miłości i relacji na niej opartych. „Mąż" i „żona" staną się słowami przykrymi, niepotrzebnymi.

Kiedy przywłaszczasz sobie kobietę lub mężczyznę, przywłaszczasz też sobie dzieci. Całkowicie zgadzam się w tej kwestii z Thomasem Gordonem. Mówi on: „Uważam, że wszyscy rodzice potencjalnie nadużywają swoje dzieci, ponieważ podstawowy sposób wychowywania dzieci wiąże się z używaniem siły i autorytetu. Uważam, że wielu rodziców przyjmuje postawę destrukcyjną, kiedy myśli: »To jest moje dziecko. Mogę z nim robić, co zechcę«. Na tym właśnie polega przemoc i destrukcja. Polega ona na utrzymywaniu takiego przekonania".

Dziecko nie jest przedmiotem, nie jest krzesłem ani samochodem. Nie możesz z nim robić tego, co ci się żywnie podoba. Pojawia się na tej ziemi z ciebie, lecz do ciebie nie należy. Dziecko należy do Boga, do samego bytu. Ty jesteś po prostu jego opiekunem. Nie próbuj przywłaszczać sobie dziecka.

Jednak instytucja rodziny opiera się na posiadaniu: posiadanie własności, posiadanie kobiety, posiadanie mężczyzny, posiadanie dzieci. Posiadanie jest trucizną.

Dlatego właśnie jestem przeciwny rodzinie. Nie twierdzę jednak, że te osoby, które są naprawdę szczęśliwe w swoich rodzinach – elastycznych, żywych, kochających – muszą te rodziny zniszczyć. Nie, nie ma takiej potrzeby. Ich rodzina już stała się wspólnotą, małą wspólnotą.

Oczywiście większe wspólnoty będą czymś o wiele lepszym, będą stwarzać większe możliwości, będzie w nich uczestniczyło więcej osób. Różne osoby będą śpiewać różnego rodzaju pieśni, będą prezentować odmienne style życia, inaczej oddychać, wnosić odmienną aurę, odmienne światło. Dzieci powinny doświadczyć tak wielu różnych stylów życia, jak to tylko jest możliwe. W takich warunkach będą mogły swobodnie wybierać. Będą się cieszyć wolnością wyboru.

Pewna matka wybrała się do supermarketu i weszła z synem do działu z zabawkami. Chłopiec zauważył dużego konia na biegunach, wspiął się na niego i zaczął się bujać, co trwało blisko godzinę.

– Chodź już, synu – błagała matka. – Muszę iść do domu, by przygotować ojcu obiad.

Brzdąc jednak nie ustępował. Pracownik działu z zabawkami także próbował delikatnie przekonać małego faceta, by zakończył zabawę. Bez skutku. W końcu dorośli w odruchu desperacji wezwali do sklepu psychiatrę. Ten spokojnie zbliżył się do chłopca i wyszeptał do jego ucha kilka słów. Maluch natychmiast zeskoczył z konia i podbiegł do matki.

– W jaki sposób pan to zrobił? – zapytała z niedowierzaniem kobieta. – Co pan mu powiedział?

Psychiatra przez moment się zawahał, a potem wyjaśnił:

– Powiedziałem: „Jeżeli nie zejdziesz z tego konia, wypruję z ciebie flaki!".

Ludzie wcześniej czy później uczą się tego, że strach działa na innych podobnie jak autorytet. Dzieci są tak bezradne i tak bardzo zależne od rodziców, że łatwo można je zastraszyć. Twój kontakt z dziećmi opiera się na tym, że poddajesz je silnej presji. A one nie mają dokąd uciec.

Natomiast we wspólnocie dzieci będą miały wiele miejsc, do których mogą pójść. Będą wokół siebie miały wielu wujków i wiele ciotek, wiele różnych osób. Nie będą więc tak bezradne. Dzieci nie będą znajdowały się tylko w rękach rodziców. Będą dysponowały większą niezależnością. Nie będzie można tak łatwo ich zniewolić.

W rodzinie dzieci widzą w domu tylko przykre rzeczy. Czasami oczywiście ich ojciec i matka uprawiają miłość, lecz robią to za zamkniętymi drzwiami. Dzieci nie widzą miłości rodziców; widzą tylko ich ponure twarze. Są świadkami konfliktów – utyskiwania, walki, ciosów, które w mniej lub bardziej subtelnej formie zadają sobie rodzice. Widzą także, jak rodzice obrażają siebie i poniżają. Dzieci uczą się więc bycia nieszczęśliwymi, bycia agresywnymi.

Tak właśnie rzeczy się mają. Czy to jest życie? Czy temu ma służyć życie? Czy to jest wszystko, co może się wydarzyć? Dzieci zaczynają tracić nadzieję. Zanim wejdą w życie, już są na przegranej pozycji, zaakceptowały porażkę. Jeżeli rodzice – w odczuciu dzieci tak mądrzy i silni – nie mogli sobie poradzić, to czy istnieje dla nich jakaś nadzieja? Nie ma nadziei.

We wspólnocie miłość będzie się mogła ujawniać. W lepszym świecie, w którym zapanuje większe zrozumienie, będzie też więcej miłości. Dzieci będą mogły widzieć, czym jest prawdziwa troska. Dzieci będą świadome tego, że dbanie i troska o drugą osobę są źródłem radości. Jeżeli tego doświadczą, otworzą się bramy ich życia.

Należy jeszcze bardziej zaakceptować miłość. Miłość powinna stać się jawna. Dwie osoby, które uprawiają miłość, nie powinny martwić się o to, że ktoś się o tym dowie. Powinny się śmiać, śpiewać, powinny piszczeć z radości. Całe sąsiedztwo powinno wiedzieć, że ktoś się z kimś kocha.

Miłość powinna być traktowana jako dar, jako boski przekaz. Miłość jest święta.

Życie może stać się rajem – tu i teraz. Trzeba tylko usunąć przeszkody. Rodzina jest jedną z największych przeszkód.

Dlaczego wszystkie religie są przeciwne antykoncepcji?

Papież jest przeciwny stosowaniu antykoncepcji. Wszystkie religie są przeciwko antykoncepcji. Przyczyna jest prosta. Z powodu stosowania antykoncepcji spadłaby liczba wiernych poszczególnych wyznań. To po prostu gra polityczna – kto będzie miał większą liczbę wiernych: katolicy, protestanci, hinduiści, dżiniści czy muzułmanie?

Cała polityka opiera się na liczbach, szczególnie w systemach demokratycznych. Każda osoba to jeden głos w wyborach. Im więcej masz dzieci, tym więcej masz potencjalnych głosujących. Ten zaś, kto uzyska więcej głosów, będzie rządził krajem, a nawet światem. Tak więc przywódcy wszystkich religii, wszystkie instytucje religijne i cała propaganda religijna przeciwstawiają się kontroli narodzin.

W rzeczywistości jednak antykoncepcja jest jednym z największych błogosławieństw, które ludzkość otrzymała w całej swej historii, największą rewolucją. Żadna rewolucja nie może się równać z faktem wprowadzenia środków zapobiegających ciąży. To właśnie dzięki tym środkom kobiety mogły stać się równe mężczyznom. Dzięki tym środkom kobieta może mieć prawa, które zawsze zastrzegał dla siebie mężczyzna. Gdyby nie istniała antykoncepcja, kobieta byłaby skazana na niemal bezustanną ciążę.

Nie mogłaby pracować w fabryce ani w biurze. Nie mogłaby być lekarzem, nie mogłaby być profesorem. Mogłaby być tylko gospodynią domową, a to oznacza bycie służącą. Przed stworzeniem środków antykoncepcyjnych całe życie kobiety było marnowane, ponieważ tylko rodziła dzieci. Nie mogła malować, nie mogła układać poematów, nie mogła zajmować się muzyką, tańczyć. W jaki sposób możesz tańczyć, kiedy ciągle jesteś w ciąży? Ciąża wiąże się z cierpieniem, ze złym samopoczuciem, z nudnościami.

Cała aktywność kobiety w przeszłości polegała na produkowaniu dzieci – jak w fabryce. Trwało to od czternastego roku życia dziewczyny do momentu, kiedy przestawała być zdolna do prokreacji. Dwa tuziny dzieci w rodzinie nie były wcale czymś wyjątkowym. Natomiast tuzin był powszednim zjawiskiem.

Oto podstawowa przyczyna zniewolenia kobiety: Była ciągle ciężarna, czuła się źle, cierpiała. Była też całkowicie uzależniona od męża pod względem ekonomicznym. Jeżeli jesteś uzależniona od mężczyzny pod względem ekonomicznym, nie możesz być wolna. Aspekt finansowy jest jednym z najważniejszych. Jeżeli pieniądze pochodzą od mężczyzny, może on stawiać warunki.

Jeśli chcemy, aby zapanowała równość między mężczyzną a kobietą, to środki antykoncepcyjne powinny być w powszechnym użyciu.

Środki antykoncepcyjne zmieniły istotę współżycia seksualnego. Seks stał się zabawą. Przestał być sprawą tak poważną, jak to dotąd bywało. Seks niesie radość – jest wspaniałą grą dwóch ciał. Nie ma w nim niczego złego. Są w ten proces włączone energie dwóch ciał. Grasz w piłkę nożną. Co w tym złego? Grasz w koszykówkę. Co w tym złego?

Seks jest także grą, lecz nie był nią wcześniej. Zanim wprowadzono środki antykoncepcyjne, był bardzo poważną sprawą. Antykoncepcja zlikwidowała tę powagę.

Obecna sytuacja zaniepokoiła przedstawicieli różnych tradycji religijnych. Cała struktura religii może ulec rozpadowi z powodu wprowadzenia środków antykoncepcyjnych. To, czego ateiści nie mogli dokonać przez całe wieki, środki antykoncepcyjne mogą zrobić w ciągu kilkudziesięciu lat. W istocie już to się stało. Środki antykoncepcyjne uwolniły ludzi spod wpływu kapłanów. Papież nie wspiera stosowania środków antykoncepcyjnych, ponieważ w grę wchodzi jego władza. Przywódcy innych religii – szankaraczariowie, ajatollahowie oraz imamowie – także są przeciwnikami środków antykoncepcyjnych. Ich biznes jest zagrożony!

Jestem zwolennikiem środków antykoncepcyjnych. Powinny być one powszechnie stosowane. Zarówno rodzice, jak i szkoła powinni uczyć dzieci, w jaki sposób należy używać środków antykoncepcyjnych. Dzięki temu seks może się stać po prostu zabawą. Utraci całą zbyteczną powagę. Tylko wtedy kobieta może zostać wyzwolona.

Bez środków antykoncepcyjnych kobieta musi być niewolnicą. Nie jest to przyjemny widok, gdy widzimy połowę ludzkości, żyjącą w niewoli.

Papież także występuje przeciwko aborcji. Dlaczego? Mówi przecież o nieśmiertelności duszy. Dlaczego w związku z tym obawia się aborcji?

Dusza jest nieśmiertelna. Aborcja nie jest więc grzechem. Kiedy jako kobieta dokonujesz aborcji, nie pozwalasz, by dusza weszła do twego ciała. Dusza znajdzie wobec tego inne ciało, jeśli nie na tej ziemi, to na jakiejś innej planecie. Naukowcy stwierdzili, że istnieje co najmniej pięćdziesiąt tysięcy planet. Na każdej z tych planet istnieje życie. Może takich planet być więcej, ale liczba pięćdziesięciu tysięcy jest prawie pewna. Jeżeli więc dusza nie znajdzie dla siebie miejsca na tej planecie, może go poszukać na innej. Przesuwanie ludzi w inne miejsca to pozytywne działanie. Co w tym złego? Jeżeli nasza planeta stała się przeludniona, można skierować pewną liczbę osób na inne planety... Tym właśnie jest aborcja. Dusza pyta:

– Czy mogę wejść, proszę pani?

– Nie, to miejsce jest zbyt zatłoczone, zapukaj do innych drzwi – odpowiadasz.

Istnieją inne możliwości, więc tak naprawdę niczego nie niszczysz. Ci sami ludzie twierdzą, że życie jest nieśmiertelne, że dusza jest nieśmiertelna, ale jednocześnie tworzą w tobie obawy, że zabijasz duszę, że zabijasz życie. Wywołują w tobie poczucie winy...

Istnieją jedynie dwie możliwości. Pierwsza: Dusza jest nieśmiertelna. W takim wypadku nie można jej zabić. I druga: Dusza jest śmiertelna. W takim przypadku także nie można jej zabić. Jeżeli wierzysz w nieśmiertelność duszy, wówczas nic nie zostaje zabite, ponieważ niczego nie można zabić. Jeśli natomiast wierzysz w śmiertelność duszy, wtedy także niczego nie można zabić, bo nie istnieje żadna dusza. Istnieje tylko ciało.

W ten sposób możemy zdecydować, jaka liczba ludzi może radośnie żyć na tej planecie. Istnieje jednak pewna ukryta strategia. Kapłani różnych religii, papieże i inni nie chcą, by ludzie żyli radośnie. A to z prostego powodu. Jeżeli ludzie zaczęliby żyć radośnie, pogodnie i doświadczać błogości, któż wtedy myślałby o raju czy o niebie? Ludzie muszą żyć pogrążeni w nieszczęściu. Tylko wtedy kapłani mogą nauczać: „Zobacz, to życie jest żałosne. Szukaj innego życia, życia wiecznego. To życie jest piekłem. Nie trać czasu w tym życiu. Poświęć swój czas na poszukiwanie innego życia, życia boskiego".

Kapłani czerpią korzyści z tego, że świat jest pogrążony w nieszczęściach. W każdy możliwy sposób powodują, że czujesz się nieszczęśliwy. Musisz wtedy iść do nich po radę, patrzysz na nich jak na swoich zbawców.

Moja wizja jest odmienna. Uważam, że to życie – tu i teraz – może być życiem niebiańskim. Nie ma żadnej potrzeby, by tęsknić za jakimkolwiek innym niebem, za jakimkolwiek innym rajem. Możemy przekształcić właśnie to życie w piękne, wspaniałe doświadczenie.

Jaki jest twój pogląd na aborcję?

Aborcja nie jest grzechem. W naszym przeludnionym świecie aborcja jest cnotą. Jeżeli aborcja jest grzechem, to polski papież, Matka Teresa z Kalkuty i ich towarzystwo są za to odpowiedzialni. Są oni bowiem przeciwni stosowaniu metod kontroli narodzin, są przeciwni pigułkom antykoncepcyjnym. To właśnie ci ludzie stanowią przyczynę wszystkich aborcji. To oni są za nie odpowiedzialni. Uważam, że to wielcy zbrodniarze!

W naszym przeludnionym świecie, w którym ludzie głodują i cierpią nędzę, sprzeciwianie się antykoncepcji jest niewybaczalne!

Pigułki antykoncepcyjne są jednym z największych dobrodziejstw, którymi współczesna nauka obdarzyła ludzkość. One mogą przemienić ziemię w rajską krainę.

Z pewnością jednak w tym raju nie będzie sierot, a wtedy co się stanie z Matką Teresą i misjonarkami, które poświęcają się działalności charytatywnej? Kto w tym raju będzie słuchał polskiego papieża? Ludzie będą się czuli tak szczęśliwi... Kto będzie myślał o raju, który ma nastąpić po śmierci? Jeżeli raj istnieje tu i teraz, to nie pojawia się potrzeba marzenia o raju istniejącym gdzieś poza tą planetą, wymyślania go.

Marzymy o raju, który gdzieś tam istnieje, ponieważ na tej ziemi żyjemy w piekle. Fakt, że na ziemi panuje piekło, jest sytuacją działającą na korzyść kapłanów, tak zwanych ludzi religijnych, świętych, na korzyść papieży, kapłanów wszystkich religii oraz innych cudotwórców. Wszyscy oni występują przeciwko pigułkom antykoncepcyjnym. Jeżeli są przeciwni pigułkom, to przecież można te pigułki rozetrzeć na proszek! Po prostu sproszkować pigułki!

Właśnie takie osoby odpowiedzialne są za istnienie sierot, za istnienie aborcji. Kiedy pojawiają się na tej ziemi takie nieszczęśliwe, osierocone istoty, oni im służą. Naprawdę wykonują wspaniałą pracę!

Słyszałem historię o dwóch braciach. Zarabiali na życie w oryginalny sposób. Jeden z nich zakradał się nocą do wsi i smarował smołą okna i drzwi domów. Znikał nad ranem.

Rano przychodził drugi brat i wołał:

– Czyszczę smołę! Jeżeli ktoś chce, żebym oczyścił jego okna, jestem do usług!

Oczywiście miał wiele pracy. Ludzie potrzebowali go. W czasie gdy kończył swoją robotę w jednej wiosce, jego brat już brudził smołą okna i drzwi w innej... W ten sposób mieli zawsze dużo roboty i zarobili sporo pieniędzy!

To właśnie czynią ci „ludzie religijni". Jeżeli przeciwstawiają się pigułkom i innym środkom antykoncepcyjnym, są przeciwni sterylizacji, przeciwni sposobom kontroli urodzeń, to wskutek tego istnieje aborcja, istnieją sieroty oraz żebracy. Następnie ci „religijni ludzie" służą tym biedakom i pozyskują wielkie zasługi. Bez służenia innym nie można przecież osiągnąć nieba. Ubodzy ludzie są środkiem, za którego pomocą docierasz do nieba.

Ja natomiast chcę zlikwidować nędzę. Nie chcę służyć biednym ludziom. Dość tego! Przez tysiące lat głupcy służyli biedakom. Niczego to nie zmieniło. Teraz dysponujemy wystarczającymi możliwościami technicznymi, by całkowicie wyeliminować ubóstwo.

Jeżeli komukolwiek mielibyśmy wybaczać, to papieżowi czy Matce Teresie. Są zbrodniarzami. Jednak potrzeba dużej inteligencji, by dostrzec ich zbrodnie.

Byłam oburzona, kiedy usłyszałam, że wspierasz produkcję dzieci z próbówki, twierdząc, że mogą być genialne, o wiele piękniejsze i zdrowsze. Czy ma dla ciebie znaczenie jedynie zewnętrzne piękno ludzkich istot? Czy może żartowałeś?

Nie. Czasami wypowiadam się poważnie. Wtedy mówiłem serio. Myślę o tym w ten sposób, ponieważ człowiek stworzony przez ślepą naturę nie zapewnił rozwoju ludzkości. Możesz to teraz zauważyć.

Karol Darwin powiedział, że ludzie wywodzą się od małpy. Jednak człowiek nie stworzył niczego lepszego od siebie. Małpy były o wiele bardziej inteligentne. Przynajmniej dały początek istotom ludzkim. Wydaje się, że istoty ludzkie są zupełnymi impotentami. Tworzą jedynie dokładne kopie siebie samych. Należy przerwać ten proces.

Słyszałem historię o tym, co zdarzyło się w jakimś biurze. Przyszło odgórne zarządzenie, że należy uporządkować stare dokumenty. Te, które miały ponad trzydzieści lat, polecono zniszczyć. Pracowników biura zobowiązano jednak, by zachowali po jednej kopii każdego dokumentu! W takiej sytuacji powstaje pytanie: „Jaki ma to sens? Po co niszczyć oryginały?".

Do tej pory dzieci powstawały w łonie matki. Dlatego możesz czuć się oburzona. Jak to możliwe, że dziecko ma zostać pozbawione macierzyńskiego łona, żyć poza macicą? Nie będzie wtedy doświadczać matczynego ciepła, matczynej opieki i miłości... Jak wiesz, matka nosi w sobie jeszcze wiele innych uczuć: złość, nienawiść, zazdrość. Dziecko otrzymuje od matki także te energie.

Na całym świecie można spotkać specyficzne egzemplarze gatunku ludzkiego, które narodziły się w wyniku stosunku płciowego. Adolf Hitler narodził się z łona matki. W ten sam sposób przyszedł na świat Józef Stalin.

Podobnie ci wszyscy zbrodniarze – Aleksander Wielki, Napoleon Bonaparte, Mussolini, Mao Tse-tung, Nadie Szach, Tamerlan, Dżyngis-chan – urodzili się z łona kochającej matki. Historia ludzkości obfituje w takie monstrualne postacie.

Nie wierzę już w ślepe czynniki biologiczne. Bardziej ufam świadomym ludzkim istotom. Lepiej, by rodziły się dzieci z probówki, kiedy możemy wybrać najlepsze nasienie mężczyzny oraz najlepsze jajeczko kobiety. Nie ma czego się obawiać, ponieważ obowiązuje tu anonimowość. Istnieją banki krwi. Powinny też powstać banki spermy i jajeczek. Każdy szpital powinien mieć taki bank. Najlepsze jajeczka i najlepsze plemniki powinny być łączone w warunkach klinicznych, w probówce.

Urodzone w ten sposób istoty ludzkie nie dziedziczyłyby naszej strasznej przeszłości. Stałyby się zupełnie nowymi bytami. Moglibyśmy dobierać jajeczka i plemniki tak, że rodziłyby się zdrowsze i inteligentniejsze dzieci.

Każdy wytrysk nasienia uwalnia miliony żywych komórek, plemników. Tylko jeden z nich może dotrzeć do jajeczka kobiety. Plemniki się ścigają. To naprawdę wielki wyścig... Plemniki są tak małe, że nie można ich dostrzec gołym okiem. Jednak ich wyścig jest większy od jakiegokolwiek innego na tym świecie.

Jeżeli plemnik miałby wielkość człowieka, to musiałby pokonać ponad dwa kilometry. Tor wyścigowy ma ponad dwa kilometry, a plemniki żyją dwie godziny... Walczą więc o przeżycie. Tylko jeden plemnik może zapłodnić jajeczko. Wówczas ono zamyka się dla innych.

Jeden z największych poetów Indii, Rabindranath Tagore, był trzynastym w kolejności dzieckiem. Pozostała dwunastka dzieci niczym się nie wyróżniła. Były przeciętne, nie są nawet znane ich imiona i nazwiska.

Jeżeli ojciec Rabindranatha zrezygnowałby z posiadania trzynastego dziecka – a przecież dwanaścioro dzieci to więcej niż wystarczająca liczba – wówczas nie przyszedłby na świat jeden z najwspanialszych ludzi: wielki poeta, wielki malarz, wspaniała istota ludzka, człowiek wszechstronny. Kolejny przykład, że narodziny dziecka to proces, którym rządzi przypadek, ślepy los.

Jednak gdyby użyto próbówki, proces wyglądałby inaczej. Pierwsza dwunastka dzieci musiałaby zostać odrzucona. Wybralibyśmy jako pierwsze dziecko właśnie Rabindranatha. Kto wie, być może dysponowałby on o wiele większym potencjałem, gdyby do zapłodnienia wybrano najlepsze kobiece jajeczko?

Nie znamy jeszcze potencjału ludzkości. Stwórzmy szansę, by mógł się on ujawnić. Mówię o tym, by stworzyć szansę. Na pierwszy rzut oka może to wyglądać na niehumanitarne, nieludzkie podejście. Jednak na początku wszystkie nowe propozycje wyglądały na niehumanitarne.

Czy wiecie, jak odbywał się pierwszy kurs pociągu z Londynu do pobliskiej miejscowości, odległej tylko o osiem kilometrów? Nikt nie chciał wsiadać, nawet za darmo. Ponadto nieodpłatnie podawano lunch. A i tak nikt dobrowolnie nie chciał wsiąść do pociągu, ponieważ podczas porannego kazania w kościele ksiądz powiedział, że Bóg nie stworzył kolei żelaznej: „To nie jest naturalne. To jest niebezpieczne i nieludzkie! Nie wsiadajcie do pociągu!".

Jak myślisz, co by się stało, gdyby ludzie zrezygnowali z wynalazków? Nie byłoby pociągów ani samochodów, nie byłoby samolotów ani rakiet lecących na Księżyc.

A my powinniśmy sięgać do gwiazd! Potrzebujemy silniejszych ciał, potrzebujemy bardziej inteligentnych ludzi, potrzebujemy ludzi wolnych od obciążeń związanych z przeszłością. Stanie się to możliwe jedynie wtedy, gdy stworzymy odpowiednie warunku kliniczne i medyczne dla narodzin człowieka. W pełni wspieram ten proces.

Twoja wizja narodzin dzieci z próbówki i inżynierii genetycznej budzi moje obawy. Wynikają one nie tyle z technicznego obrazu tych procedur, ile z pytania o to, kto będzie kontrolował te nowoczesne metody. Skąd mamy mieć gwarancję, że ta wiedza zostanie użyta przez ludzi odpowiedzialnych, a nie przez głupich polityków, którzy mogą przekształcić nowy, wspaniały świat w piekło?

Kto ma teraz kontrolę nad technologią? Kto ma kontrolę nad bronią nuklearną? Kto ma kontrolę nad badaniami naukowymi?

Czy pomyślałaś o tym, że los życia na ziemi znajduje się obecnie w rękach głupich polityków? Czy zaprotestowałaś przeciwko temu?

Zawsze tak właśnie było. Wszystkie wynalazki były natychmiast przejmowana przez rząd. Dlaczego więc twoje pytanie dotyczy jedynie inżynierii genetycznej? Czy nie obawiasz się tego, że politycy dysponują bronią nuklearną, która może zniszczyć życie na Ziemi siedemset razy? Jeżeli zostaniesz zniszczona jeden raz, nie musisz być niszczona ponownie, nie jesteś bowiem jednorodzonym Synem Bożym i nie zmartwychwstaniesz. Nie będzie też w pobliżu ciebie Mesjasza, który mógłby cię przywrócić do życia.

Jednak rozumiem twoje obawy. Jeżeli inżynieria genetyczna pozostanie pod kontrolą polityków, to z pewnością nie zechcą oni powoływać na ten świat ludzi pięknych, kochających, spokojnych, pełnych wdzięku i inteligentnych. Politycy wykorzystają taką możliwość, by wyprodukować stalowe roboty i uczynić z nich żołnierzy gotowych do walki i zabijania. Wiem o tym. Z tego też powodu proponowałem, by uwolnić ludzkość od podziału na narody. Świat powinien być kierowany przez jeden sprawny rząd. Należy usunąć wszelkie granice państwowe i spalić wszystkie paszporty oraz zielone karty. Wtedy każda osoba mogłaby swobodnie poruszać się po różnych rejonach świata.

Dlatego kiedy omawiam konkretny temat, pamiętaj o ogólnym kontekście, w którym go umieszczam. W przeciwnym wypadku źle mnie zrozumiesz. Chcę, aby świat został zjednoczony. Wówczas nie byłoby wojen ani armii. Chcę, aby pojawił się jeden światowy rząd. Uważam, że prezydent tego rządu sprawowałby swą funkcję przez sześć miesięcy i nie mógłby być wybierany powtórnie. W takiej sytuacji nie byłby on w stanie poczynić szkód w czasie swoich rządów. To są wszystko niezbędne środki ostrożności.

Inżynieria genetyczna znajdowałaby się w rękach naukowców. Oni dbaliby o narodziny dzieci w warunkach laboratoryjnych.

Próbowaliśmy już religii, a ona zawiodła. Próbowaliśmy też polityki – z podobnym skutkiem. Teraz musimy postawić na naukę. Dajmy nauce szansę, ponieważ w ciągu trzystu lat przyczyniła się ona do dokonania olbrzymiego postępu. Człowiek nie był zdolny do podobnego kroku przez miliony lat swej historii.

Uważam także, że powinna istnieć na świecie tylko jedna akademia nauk. Nie istniałyby w związku z tym podziały na naukowców z poszczególnych krajów i tradycji religijnych. Nie byłoby naukowców rosyjskich, amerykańskich, hinduskich ani chrześcijańskich. W tej akademii zgromadziliby się geniusze z całego świata. Wszystkie inne próby okazały się zawodne. Powinniśmy dać nauce drugą szansę. Nie zrobi żadnej szkody.

W najgorszym wypadku nauka może zawieść, lecz nie sądzę, by tak się stało.

Musimy przygotować nowy rodzaj człowieka: spokojnego, kochającego, o medytacyjnym stosunku do życia. Spośród takich właśnie ludzi powinni rekrutować się naukowcy.

Mam pełną wizję nowego człowieka. W tej wizji nie ma miejsca dla religii, podziałów na narody i rządy. W tym nowym świecie istniałyby tylko jeden sprawny rząd i silna światowa akademia nauki. Nauka powinna stać się czynnikiem decydującym.

Nie obawiaj się. Naukowcy nie są potworami. Naukowcy są bardzo ludzcy, humanitarni. Jeżeli będzie rozkwitać medytacja i będzie pojawiać się coraz więcej *sannjasinów*[14], naukowcy staną w pierwszym rzędzie ludzi zainteresowanych odbywaniem podróży wewnętrznych. Oni potrzebują zwrócenia się ku swemu wnętrzu. W przeciwnym wypadku ich życie pozostanie niezrównoważone. Naukowcy w pracy koncentrują się przede wszystkim na rzeczywistości zewnętrznej. Potrzebują określonych metod, by mogli wejść do swego wnętrza i utrzymać równowagę. Naukowcy, którzy poznali medytację, nie mogą stworzyć ludzi, którzy okażą się potworami czy mordercami.

Nauka już stała się dla człowieka błogosławieństwem. Może być jeszcze większym błogosławieństwem, jeżeli świat się zjednoczy.

---

[14] *Sannjasin* – w hinduizmie wędrowny asceta, mnich (przyp. tłum.).

10. Twórczość

Czy możesz powiedzieć coś na temat twórczości kobiet? Jestem kobietą i czuję, jak mocno płonie we mnie twórczy duch. Wiem, że kobiety mogą wnieść wizję, wgląd i delikatność w świat sztuki. Mogą stworzyć coś, co dotąd nie istniało. Tworzą inną podstawę dla sztuki. Może dzieje się tak dlatego, że sztuka wypływa z miłości, a nie z postawy zdobywcy?

Twórczość nie jest związana z tym, czy jesteś kobietą, czy też mężczyzną. Jeżeli czujesz w sobie potrzebę twórczości, realizuj ją. Nie myśl jednak, że twoja twórczość będzie przewyższać twórczość mężczyzn.

Dlaczego ciągle oddzielamy linią graniczną mężczyznę i kobietę? W rzeczywistości każdy mężczyzna ma w sobie kobietę, a każda kobieta ma w sobie mężczyznę: zostali stworzeni przez jednego mężczyznę i jedną kobietę. Każde w nich wniosło połowę twojej istoty. Żyje w tobie zarówno twój ojciec, jak i twoja matka. Płeć to jedynie kwestia tego, która strona monety znajduje się na górze, a która na dole.

Z pewnością sztuka zyskałaby na tym, gdyby mężczyźni i kobiety podchodzili do niej zgodnie ze swoimi uwarunkowaniami. Jednak z twojej wypowiedzi wynika, że w ogóle nie rozumiesz, na czym polega twórczość. Powiedziałaś, że twórczość ma się rodzić z miłości. Malarstwo, rzeźba, taniec nie mogą być tworzone na siłę. Z całą pewnością mogę stwierdzić, że gdy przepełni cię miłość, nie będziesz się troszczyła o malowanie obrazów. Nie będziesz także traciła czasu na rzeźbienie.

Kochasz... I któż troszczyłby się wtedy o pisanie wierszy? Poezję tworzą ludzie, którzy spóźnili się na pociąg. Wtedy pocieszają siebie samych, pisząc wiersze o miłości, o miłości, której nie znają.

Trudno pod wpływem miłości stać się artystą. Możliwy jest jednak inny rodzaj twórczości. Jeżeli kochasz mężczyznę, prawdopodobnie twoja kuchnia stanie się obszarem twojej twórczości. Będziesz chciała przygotować twemu partnerowi najlepsze jedzenie. Będziesz chciała przygotować mu najlepsze ubrania. To jest właśnie twórczość wypływająca z miłości.

Czasami zdarza się, że kobieta, która kocha, interesuje się też malarstwem, poezją, tańcem. Mężczyźni obciążeni są kompleksem niższości, ponieważ nie potrafią kochać tak głęboko jak kobiety i nie mogą rodzić dzieci. Z tego powodu znajdują zastępcze pola, na których mogą rywalizować z kobietami. Mężczyzna tworzy obrazy, rzeźby, budynki, projektuje ogrody. Mężczyzna chce czuć, że także potrafi tworzyć. To wywodzi się z jego poczucia niższości. Mężczyzna dostrzega kobietę i jej potężną moc tworzenia życia. Sam natomiast tworzy martwe rzeźby. Być może piękne, lecz martwe.

Wydaje mi się, że osoba, która zadała pytanie, jest niechętnie nastawiona do mężczyzn. Każda kobieta nastawiona do mężczyzn wrogo, staje się nienaturalna i męska. Czuje się gorsza, ponieważ mężczyzna potrafi malować, tworzyć muzykę i taniec. Oczywiście kobieta mogłaby przestać rodzić dzieci. Wtedy jej twórczy potencjał wyraziłby się w malarstwie, poezji czy muzyce.

Chcę ci jednak powiedzieć, że w takiej sytuacji poniesiesz porażkę. Rywalizujesz z mężczyzną. Nie ma potrzeby, abyś to robiła. Już w tej chwili jesteś od niego lepsza. Nie potrzebujesz tworzyć poezji, gdyż *jesteś* poezją. Twoja miłość jest twoją muzyką. Twoje serce, które drży pod wpływem miłości, jest twoim tańcem.

Jeżeli jednak chcesz tworzyć poezję, muzykę oraz taniec, okradasz siebie z miłości. Znajdziesz się wtedy w takiej samej pozycji, w jakiej znajduje się mężczyzna. Poczujesz się gorsza i będziesz szukać kompensacji w twórczości. Jest to okropne. Nie mogę popierać tego rodzaju postawy. Płeć żeńska jest doskonalsza niż męska. Nie musi tego udowadniać.

Jeżeli jednak nie czujesz potrzeby posiadania dzieci, a jednocześnie pociąga cię twórczość malarska oraz komponowanie muzyki, to doskonale.

W rzeczy samej wiele kobiet powinno się tym zająć, ponieważ ziemia jest przeludniona. Wyświadczysz Ziemi przysługę, jeżeli twoja twórczość wyrazi się nie w rodzeniu dzieci, lecz w malarstwie. Obraz nie potrzebuje jedzenia. Także taniec jest doskonałym rozwiązaniem. Tańcz tak dużo, jak tego pragniesz. Twój taniec nie wywoła nędzy w Etiopii. Twórz poezję. Słuchając twych wierszy, cierpieć będzie tylko kilka osób. Poza tym mogą uniknąć jej słuchania.

Jeżeli nie czujesz pragnienia, by rodzić dzieci, to całkowicie w porządku. Z pewnością twoja kreatywność może się wyrazić inaczej.

W ten sposób możesz pomóc w realizacji ważnego przedsięwzięcia. Twoja postawa – powstrzymanie się od rodzenia dzieci – stanie się błogosławieństwem.

Porzuć jednak myśl, że stworzysz coś doskonalszego, kierując się miłością. Miłość sama w sobie przynosi spełnienie i satysfakcję. Jest tak cudowna, że któż wtedy dba o pisanie wierszy?

Nigdy nie spotkałem żadnej zakochanej osoby, która tworzyłaby poezję, malarstwo czy rzeźbę. Z prostego powodu: te osoby były zadowolone. Wszelkie twórcze działania wymagają niezadowolenia, wymagają istnienia rany, którą musisz zasłonić.

Jestem zadowolony z twojej postawy. Podejmuj wszelkie twórcze wysiłki, pamiętaj jednak o tym, by nie popaść w kompleks niższości, który charakteryzuje mężczyzn. Nie powinnaś w żaden sposób rywalizować z mężczyzną. Ty już znajdujesz się w lepszej pozycji. Mężczyzna jest nieszczęśliwy. Okaż mu współczucie.

Powiedziałeś, że kobiety tworzą dzieci, natomiast mężczyźni tworzą sztukę i przedmioty materialne. Czy to nienaturalne lub neurotyczne, kiedy kobieta nie chce mieć dziecka, a woli zostać artystką? Nigdy nie chciałam mieć dziecka. Taniec, muzyka, poezja, teatr i malarstwo były moją pasją. Wyrażałam w tym siebie. Czy możesz to skomentować?

Nie ma w tym niczego nienaturalnego. Jeżeli nie chcesz mieć dziecka, masz do tego pełne prawo. Jeżeli chcesz wyrazić swoją twórczą postawę w malarstwie, sztuce, muzyce – to doskonale. Jest to o wiele lepszy wybór niż urodzenie dziecka, które będzie kolejnym ciężarem dla planety. A kto wie, jakiemu dziecku dałabyś życie?

Wielokrotnie mężczyźni powtarzali, że naturalnym obowiązkiem kobiet pozostaje rodzenie dzieci. W ten właśnie sposób utrzymywali kobiety w pozycji niewolnika. Kiedy kobieta rodzi kolejne dzieci, nie ma wówczas czasu na malowanie, komponowanie muzyki, układanie poematów czy pisanie sztuk.

Mężczyźni zmuszali kobiety, by ciągle zachodziły w ciążę. Jeszcze sto lat temu tak to wyglądało na całym świecie – kobiety były ciągle w ciąży. Ciąża, która trwa dziewięć miesięcy, kradła właśnie tyle życia kobiety. Następnie kobieta musiała dziecko pielęgnować. Kiedy dziecko nie miało jeszcze nawet dziewięciu miesięcy, kobieta ponownie zachodziła w ciążę. Można to porównać do odpalania jednego papierosa od drugiego. A przecież pielęgnowanie i wychowanie jednego dziecka wymaga tak dużego wysiłku...

Myślę podobnie jak ty. Wiele razy pytano mnie:

– Czy chciałbyś mieć dziecko?

– Ja? Albo zabiłbym dziecko, albo zabiłbym siebie. Nie moglibyśmy istnieć razem! Dziecko w moim pokoju? To niemożliwe! – odpowiadałem.

Należy być czujnym. Nigdy się nie ożeniłem, bo kto to może wiedzieć? Moja żona mogłaby zapragnąć dziecka. Wtedy pojawiłby się kłopot.

Problem nie istnieje, jeżeli myślisz w odpowiedni sposób. Nie słuchaj innych ludzi. Nie słuchaj ich twierdzeń, że to nienaturalne. Dla nich to może być nienaturalne. Te osoby mogą więc mieć tyle dzieci, ile tylko zechcą. Jeżeli pragniesz wyrażać się w malarstwie, poezji, muzyce i czujesz się z tym dobrze, dajesz temu światu lepsze dzieci. Nie szkodzą, a mogą przynieść radość wielu osobom.

Czy naprawdę traktujesz współżycie seksualne w celu reprodukcji jako grzeszne? Czytałam też twoje słowa, że najbardziej twórczym działaniem kobiety jest rodzenie dzieci i że istnieje ogromna różnica pomiędzy matką a kobietą. Jeżeli tak jest, czy współżycie seksualne i uprawianie miłości po to, by spłodzić dziecko, to grzech? Chcemy przecież w ten sposób doświadczyć radości tworzenia i odnowić kosmiczną energię.

Tak, największym twórczym działaniem kobiety było dotychczas dawanie życia dzieciom. W chwili obecnej sytuacja się zmieniła. W przeszłości Ziemia nie była tak gęsto zaludniona. Istniała więc duża potrzeba rodzenia dzieci i kobieta spełniała to zadanie. Teraz jednak kobieta powinna znaleźć inny kierunek twórczego działania. Tylko wtedy będzie w stanie dorównać mężczyźnie.

W przeszłości kobieta była wykorzystywana przez mężczyznę do rodzenia dzieci. Posiadanie większej liczby dzieci było opłacalne ze względów ekonomicznych. Był to swego rodzaju interes, ponieważ dzieci na różne sposoby służyły rodzicom i nie były dla nich ciężarem.

W ubogich krajach nadal pokutuje – obecnie całkowicie fałszywe – przekonanie, że im więcej masz dzieci, tym lepiej będzie ci się powodzić, tym będziesz bogatszy. Mahomet miał dziewięć żon i pozwolił muzułmanom, by mieli po cztery żony. Chciał on po prostu, by rodziło się więcej muzułmanów. Toczyły się wówczas wojny pomiędzy muzułmanami a innowiercami. Większa liczba dzieci dawała przewagę polityczną. Ze względów ekonomicznych oraz politycznych było istotne, by mężczyzna miał wiele żon. Uprowadzano kobiety z innych plemion. Porywanie kobiet było ważniejsze niż porywanie mężczyzn, ponieważ mężczyzna nie może rodzić dzieci.

Teraz jednak porządek rzeczy uległ zmianie. Świat jest przeludniony. Potrzebą chwili jest odmienne ukierunkowanie kobiecej kreatywności.

Rodzenie kolejnych dzieci jest niebezpieczne. Przeludnienie Ziemi prowadzi do samobójstwa ludzkości. Już w tej chwili jest na Ziemi zbyt dużo ludzi. Obecnie rodzenie dzieci nie jest aktem twórczym, lecz destrukcyjnym!

Sytuacja na świecie uległa zmianie i musimy się uczyć nowych sposobów istnienia. W przeszłości kobieta nie mogła tworzyć wspaniałej poezji, wspaniałej muzyki, wspaniałej sztuki, wspaniałej literatury. Nie mogła być naukowcem ani mistykiem. Nie mogła niczego robić, ponieważ była ciągle w ciąży. Cierpiała, gdyż rodziła tuziny dzieci. Nie miała czasu na własne życie.

Po raz pierwszy w historii dzięki środkom antykoncepcyjnym, metodom kontroli narodzin i sterylizacji stało się możliwe uwolnienie kobiety od bezustannego zachodzenia w ciążę. Nie musi już ona dźwigać ciężaru rodzenia i wychowywania dzieci.

Jej energia została uwolniona. Teraz kobieta również może stać się Buddą, Zaratustrą, Jezusem, Kryszną. Teraz kobieta może także tworzyć, jak to robili Mozart, Wagner, Leonardo da Vinci, Michał Anioł, Szekspir, Kalidas, Rabindranath Tagore, Tołstoj, Gorki czy Dostojewski.

Uważam, że jeśli energia kobiet zostanie uwolniona, będą one mogły tworzyć jeszcze większych buddów. Dlaczego? Dlatego, że kobieta ma o wiele więcej siły twórczej niż mężczyzna.

Rodzenie dzieci to nie twórczość, lecz czynność biologiczna. Doskonale robią to zwierzęta. Cóż w tym wspaniałego? Dawanie życia dziecku nie jest czymś świadomym, przemyślanym, przemedytowanym. Po prostu natura używa cię w określony sposób: masz pomnażać gatunek.

Dlaczego więc w każdym człowieku istnieje głębokie, nieświadome poczucie winy związane z seksem? To poczucie winy występuje niezależnie od postawy kapłanów. Kapłani je wykorzystują, ale nie są jego twórcami.

Musi istnieć jakaś przyczyna tego stanu rzeczy w samym człowieku. Nie można wywołać w ludzkiej jednostce poczucia winy, jeśli nie istniałby podatny grunt. W subtelny sposób człowiek czuje, że seks nie jest działaniem świadomym. Jesteś w tym tylko narzędziem, a nie mistrzem. To nie ty pragniesz połączyć się z kobietą czy z mężczyzną, lecz przemożny wpływ wywierają na ciebie hormony.

Kiedy zdajesz sobie sprawę z tego, że zostałeś wykorzystany i nie mogłeś się uwolnić od tego biologicznego zniewolenia, pojawia się w tobie poczucie winy. Czujesz się winny, że nie wykazałeś się stanowczością, że nie jesteś mężczyzną, nie panujesz nad sobą. Okazałeś się niewolnikiem popędu. Stosunek seksualny jest aktem zwierzęcym.

Właśnie to mam na myśli, gdy stwierdzam, że seks uprawiany w celu reprodukcji jest grzechem. Używam słowa „grzech" w sposób wolny od wszelkich moralnych konotacji. Mówię po prostu, że jest on grzechem, ponieważ jest to działanie nieświadome, oderwane od medytacji. To nie ty to robisz. Jesteś do tego zmuszany przez nieświadome siły.

Jeżeli chcemy stworzyć na tej Ziemi piekło, możemy mnożyć dzieci, rodzić je dalej. W takim wypadku należy słuchać nadal papieża i Matki Teresy... Słuchać tych wszystkich głupich osób, które namawiają do unikania środków antykoncepcyjnych, unikania sterylizacji, ponieważ są to działania niezgodne z zasadami religii. Ci ludzie zakazują również aborcji, ponieważ jest to według nich niemoralne.

Jeżeli jednak powstrzymacie się od aborcji, stosowania środków antykoncepcyjnych i sterylizacji, będziecie odpowiedzialni za globalne samobójstwo. Będzie to też prawdziwa przemoc. Do tego punktu zbliżamy się coraz bardziej. Z tego właśnie powodu twierdzę, że współżycie seksualne w celu reprodukcji jest grzechem.

Jednak papież, Mahatma Gandhi i inni tak zwani święci twierdzą, że seks jest działaniem moralnym tylko wtedy, gdy uprawia się go w celu płodzenia dzieci.

Z mego punktu widzenia podejmowanie współżycia seksualnego jedynie w celu prokreacji jest grzechem, ponieważ jest to działanie zwierzęce, nieświadome i biologiczne.

Natomiast podejmowanie współżycia z bliską osobą po to, aby doznać radosnego przeżycia, aby się z nią dzielić, jest drogą łączenia energii, łączenia serc. Nie ma w tym żadnych innych celów.

Jeżeli współżyjąc, stawiasz sobie za cel spłodzenie dziecka, robisz interes. Jeżeli nie istnieje określony cel, jeżeli seks daje po prostu radość, tylko wtedy pojawia się w nim piękno. Wtedy też seks nie tworzy krepujących więzi. Uwalniasz się od biologicznych uwarunkowań, wznosisz się ponad nie. Przekraczasz zwierzęcą naturę i osiągasz szczyty człowieczeństwa.

Uważam, że seks jest piękny tylko wtedy, gdy nie ma biologicznego celu. Wówczas staje się wspaniałą zabawą. Jedynym celem jest doznanie zjednoczenia i czystej radości, która z niego wypływa. W takiej sytuacji przekraczasz niższy, zwierzęcy poziom istnienia i wkraczasz w wyższy wymiar. Pamiętaj, że prokreacja nie jest kreacją. To nie są synonimy. Kreacja jest czymś świadomym, prokreacja natomiast nieświadomym. Kreacja wiąże się z medytacją, prokreacja natomiast nie ma z nią nic wspólnego.

Mężczyzna w przeszłości traktował kobietę prawie jak bydło. Używał kobiety, by pielęgnowała jego dzieci. Traktował kobietę tak, jakby była częścią jego gospodarstwa. Takie jest właśnie znaczenie słowa „mąż". „Mąż" znaczy „gospodarz". Uprawa roli oznacza gospodarzenie. Żona jest polem, a mąż jest gospodarzem. Rola żony sprowadza się do tego, by każdego roku wydać dobry zbiór.

Kobieta nie zostanie wyzwolona, zanim tego nie zrozumie i nie zaprzestanie powielania starego wzorca.

Mężczyzna mówił jej: „Jesteś wspaniała, ponieważ dajesz życie dzieciom!”. To racjonalizacja i pocieszanie. Bądź świadoma tego rodzaju chwytów. Mężczyzna wykorzystywał kobietę na wszelkie możliwe sposoby i nadszedł już czas, by z tym skończyć.

Jaki wpływ na kobietę będzie miało uwolnienie jej od biologicznych uwarunkowań?

Kobiety stoją przed wielką szansą uwolnienia się od biologicznych ograniczeń. Oczywiście, mężczyźni zawsze chwalili kobiety za to, że rodzą one dzieci. Spójrzmy jednak, jakie dzieci się urodziły. Spójrzcie na ten świat. To są wasze dzieci! Czy można to nazwać twórczością? Wszystkie zwierzęta potrafią się rozmnażać. Być może robią to lepiej od was.

Tak, mężczyzna prawił kobiecie komplementy: „Jesteś wspaniała, ponieważ dajesz życie dzieciom”. Sprytny chwyt. Wynikało z tego, że kobieta powinna rodzić kolejne dzieci. Tak się nadal dzieje w ubogich krajach.

Wszystkie światowe religie są przeciwne metodom kontroli narodzin, są przeciwne pigułkom antykoncepcyjnym. Są także przeciwne aborcji. Oznacza to, że kobieta powinna nadal pozostać w niewoli biologicznych uwarunkowań. Powinna rodzić tylko przeciętnych ludzi, którzy będą służyć w siłach zbrojnych, w marynarce i w lotnictwie. Będą zabijać innych lub sami będą zabijani. W najlepszym wypadku zostaną urzędnikami, pielęgniarkami lub portierami. Co ty rozumiesz pod pojęciem twórczości? To, że urodzisz portiera? Czy odczuwasz z tego powodu dumę?

Obecnie nauka stworzyła wreszcie ludziom szansę wyjścia z okowów biologii. Seks po raz pierwszy w historii stał się zabawą i radością.

Pytasz mnie o to, co się stanie z kobiecą energią, jeśli nie będzie ona wydatkowana na rodzenie dzieci?

Istnieją tysiące sposobów, aby uczynić ten świat piękniejszym. Wszystko, co czyni ten świat piękniejszym, jest twórczym działaniem. Możesz zaprojektować ogród przy swoim domu, możesz krzyżować różne gatunki roślin, możesz stworzyć nowe gatunki kwiatów. Te kwiaty będą wydzielać zapachy, jakich dotąd ziemia nie znała.

Przystąp do rywalizacji z mężczyzną na każdym polu. Udowodnij mu, że jesteś mu równa. Nie rób tego jednak w Ruchu Wyzwolenia Kobiet. Ruch Wyzwolenia Kobiet wprowadził nienawiść wobec mężczyzn. Taka postawa nie może zapewnić ci równości. Na równość trzeba zasłużyć, zapracować.

Ciało kobiety jest delikatniejsze i bardziej elastyczne. Kobieta może się stać lepszym tancerzem od jakiegokolwiek mężczyzny. Mężczyzna, nawet wytrenowany, pozostaje sztywny. To nie jest od niego zależne. To fizjologia.

Kobieta ma bogatą wyobraźnię. Nie widzę żadnej konieczności, by ta bogata wyobraźnia kobiety była zamknięta w czterech ścianach domu.

Gwiazdy należą i do kobiety, i do mężczyzny. Wschód i zachód słońca są także jej własnością. Kobieta powinna rozwinąć skrzydła, rozszerzyć swą świadomość, wyobraźnię i marzenia daleko poza sprawy związane z dziećmi.

Kobiety myślą o przyszłości swoich dzieci: „On powinien zostać lekarzem, on powinien zostać inżynierem, on powinien zostać tym lub tamtym". Kobieta powinna zostać tą osobą, którą rzutowała na swoje dziecko. Powinna stać się lekarzem, inżynierem lub pilotem. Dlaczegóż nie mogłaby wprost skonfrontować się z rzeczywistością i podjąć roli zawodowej, którą wyznaczała dziecku?

Kobiety w wielu dziedzinach przewyższają mężczyzn. Ich talenty powinny być wykorzystane w nowych obszarach twórczości...

Kobieta ma zdolność koncentracji, jest delikatna, promieniuje zadowoleniem i miłością. Tak więc możesz pójść w dowolnym kierunku, który wydaje ci się satysfakcjonujący.

Pewnego dnia kobieta zacznie być twórcza w tych wszystkich dziedzinach, w których dotąd funkcjonowali mężczyźni... Chcę was przekonać, że nie ma potrzeby, by pytać o równość, ponieważ kobieta jest doskonalszą płcią. Jest zdolna do dawania życia. Tak ją wyposażyła natura.

W chwili obecnej biologia nie sprawuje już kontroli nad kobietami. Nie traćcie więc energii, wchodząc w związki lesbijskie. Nadszedł czas, byście się stały osobami twórczymi na każdym polu. Wśród was mogą pojawić się osoby takie jak Picasso, Mozart, van Gogh czy Szekspir. Nie widzę powodów, by tak nie mogło być.

Jest tylko jedna dziedzina, w której nie możecie dorównać mężczyznom. Jest to siła ich mięśni. Nie próbujcie w tym obszarze rywalizować z mężczyznami. Pozwólcie mężczyznom, by byli lepiej umięśnieni. Jeżeli zaczniecie chodzić do siłowni i pracować nad rozwinięciem muskulatury, będzie to najgorszy wybór w dziejach ludzkości.

Jeśli zobaczyłbym tysiące umięśnionych kobiet, siedzących przede mną w tej sali, zamknąłbym oczy... i nie powróciłbym tutaj!

Jeśli kobiety byłyby przywódcami politycznymi, czołowymi naukowcami, wybitnymi poetami i malarzami, wprowadziłyby nowy sposób widzenia rzeczywistości. Kobiety powinny być profesorami, nauczycielami. Powinny zajmować wszelkie możliwe stanowiska.

Stanowią one połowę ludzkości. Z doświadczenia wiem, że są niezwykle zdolne i rzetelne. Możesz im bardziej ufać, ponieważ kontaktują się z tobą nie za pomocą głowy, lecz za pomocą serca.

Prawdopodobnie jedną z przyczyn powodujących, że kobiety nie mogły przejawić kreatywności, był fakt, że żyły w społeczeństwie w całości stworzonym przez mężczyzn. Samotnie żyjąca kobieta była ciągle zagrożona. Dopiero obecnie pewna liczba kobiet podjęła karierę zawodową. Po raz pierwszy w historii w niektórych rozwiniętych krajach kobiety mogą żyć w sposób niezależny, podobnie jak to robią mężczyźni. Kobiety zaczęły malować, układać poematy, komponować muzykę...

Kobiety są wyposażone we wszelkie talenty, lecz przez miliony lat ich twórczość ograniczała się do seksu. Cała energia seksualna była zaangażowana w prokreację. Trudno sobie wyobrazić kobietę, która ma dwanaścioro dzieci i komponuje muzykę. Czy możesz to sobie wyobrazić? Dwanaście muzycznych instrumentów, które otaczają cię i robią, co chcą... Czy w takich warunkach kobieta może komponować muzykę, układać wiersze lub też malować? Czy myślisz, że tych dwunastu malarzy potrafiłoby spokojnie siedzieć? Oni zaczęliby malować, zanim ich matka byłaby w stanie to zrobić!

Wydaje mi się, że kobiety ukrywają swe talenty, by nie urazić męskiej dumy. Czy tak jest?

To jedno z największych nieszczęść w historii ludzkości. Talenty kobiet nigdy nie były doceniane. Dlatego kobiety ukrywały je i nie mogły ich rozwijać. Mężczyźni cenili sobie opóźnione w rozwoju, głupie kobiety. Wystarczyło, że kobieta miała piękne, proporcjonalnie zbudowane ciało. Mężczyźni nie byli zainteresowani jej umysłem. Kobieta mogła być krową – istotą pozbawioną inteligencji i głębszej świadomości.

Kobiety nauczyły się więc pewnej sztuczki. Reguły gry, którą prowadziły, powiadały, że nie należy ujawniać swoich talentów. Jeżeli kobieta była inteligentna, musiała udawać, że jest głupia. Jeżeli miała jakiś talent, nie mogła go wykorzystywać. Musiała ograniczać swą twórczość do małych zadań domowych. Spełniać obowiązki w kuchni i w salonie. Nie mogła robić niczego, co by mogło zranić ego mężczyzny. Nie mogła układać wierszy, nie mogła zostać malarką, nie mogła rzeźbić. Gdyby ujawniła swoje talenty, mężczyzna poczułby się gorszy od niej.

To męskie ego nie daje kobiecie dojść do słowa... Kobieta ma kilka cech, których pozbawiony jest mężczyzna. Dysponuje na przykład większą intuicją, natomiast mężczyzna ma bardziej sprawny intelekt. Mężczyźni, oczywiście, bardziej cenią sobie intelekt. Doceniają go, odrzucają natomiast intuicję. Nazywają intuicję ślepą wiarą, nonsensem, głupotą, przesądem. Potępiają intuicję, ponieważ są jej pozbawieni.

W średniowieczu kobiety, które nazywano wiedźmami, palono na stosach. Te kobiety odznaczały się głębokim zmysłem obserwacji. Męska część społeczeństwa nie była w stanie ich tolerować. Kościół był opanowany przez mężczyzn, kapłanami mogli być wyłącznie mężczyźni.

Inkwizycja nie była skierowana przeciwko czarom, lecz przeciwko kobietom. Pewnego dnia, kiedy historia zostanie opisana we właściwy sposób, okaże się, że celem inkwizycji nie było zlikwidowanie czarów. Było to działanie mężczyzn wymierzone przeciw kobietom: inteligencja przeciwstawiona intuicji, rozum przeciwstawiony podejściu pozaracjonalnemu.

Wiedźmy torturowano, palono, mordowano. Zastraszona kobieta wycofała się ze świata we własne „ja". Kobieta się bała. Jeżeli ujawniała jakiś talent, oskarżano ją o to, że jest wiedźmą. Jeżeli mężczyzna miał taki talent, nazywano go świętym. Uważano, że kobieta znalazła się w rękach szatana, natomiast mężczyzna stawał się osobą wybraną przez Boga... A przecież talent był ten sam!

11. Ciało

W jaki sposób mogę osiągnąć dobre samopoczucie?

Najważniejsze jest zwrócenie uwagi na ciało. To twoja podstawa, gleba, w której jesteś ugruntowany. Jeżeli będziesz miał wrogie nastawienie wobec ciała, będzie cię to niszczyć. Staniesz się rozszczepiony, nieszczęśliwy. Stworzysz piekło. Jesteś czymś więcej niż tylko ciałem. Oczywiście jesteś czymś więcej niż ciało. Ale to „więcej" możesz poznawać później. Zacznij od ciała.

Ciało stanowi twoją podstawową istotę, jest prawdą. Nigdy nie nastawiaj się wrogo do swojego ciała. Kiedykolwiek przeciwstawiasz się ciału, zwracasz się przeciwko Bogu. Kiedykolwiek nie szanujesz ciała, tracisz kontakt z rzeczywistością. Ciało bowiem zapewnia ci kontakt z otoczeniem. Spełnia rolę mostu, a jednocześnie jest twą świątynią.

Tantra naucza czci, miłości, szacunku oraz wdzięczności w stosunku do ciała. Ciało jest czymś wspaniałym, największą tajemnicą.

Lecz nauczono cię wrogości do ciała. Czasami znajdujesz się pod silnym wrażeniem urody zielonego drzewa, czasami księżyca lub słońca, czasami kwiatu. Jednak nigdy nie zachwyca cię własne ciało. Twoje ciało jest zaś najbardziej złożonym zjawiskiem, jakie istnieje. Żaden kwiat, żadne drzewo nie ma tak pięknego ciała jak ty. Ani księżyc, ani słońce, ani gwiazdy nie mają tak rozwiniętych procesów wewnętrznych, jakie występują w tobie.

Nauczono cię podziwiać kwiat. Jest on czymś prostym. Nauczono cię podziwiać drzewo. Ono także nie jest czymś skomplikowanym. Uczono cię nawet podziwu wobec kamieni, skał, gór, rzek, lecz nigdy nie uczono cię podziwu wobec własnego ciała. Nigdy nie podziwiałeś swego ciała. Tak, ciało jest bardzo blisko, tak blisko, że łatwo o nim zapomnieć. Łatwo je zaniedbać.

Kiedy będziesz patrzył na kwiat, ludzie powiedzą: „Podziwia jego piękno!". Kiedy będziesz patrzył na piękną twarz kobiety lub mężczyzny, ludzie powiedzą: „To jest pożądanie". Kiedy podejdziesz do drzewa, staniesz pod nim i będziesz w zachwycie patrzył na jego kwiaty – będziesz chłonął ich piękno wszystkimi zmysłami – ludzie pomyślą, że jesteś poetą, malarzem albo mistykiem. Jeżeli natomiast podejdziesz do kobiety lub mężczyzny i staniesz przed nimi z ogromną czcią i szacunkiem, jeżeli będziesz patrzył szeroko otwartymi oczyma, a zmysłami chłonął jej lub jego piękno, to może cię zatrzymać policja. Nikt nie powie, że jesteś mistykiem czy poetą. Nikt nie doceni tego, co robisz. Coś tu nie pasuje.

Jeżeli podejdziesz do obcej osoby na ulicy i powiesz do niej: „Jakie masz piękne oczy!", poczujecie się oboje zawstydzeni. Ta osoba nie będzie w stanie odpowiedzieć ci: „Dziękuję". Tak naprawdę może się poczuć obrażona. Poczuje się obrażona, kim bowiem jesteś, by wtrącać się w jej prywatne życie? Kim jesteś, że odważasz się to czynić? Jeżeli podejdziesz do drzewa i dotkniesz go, drzewo będzie się czuło szczęśliwe. Jeżeli jednak dotkniesz człowieka, poczuje się obrażony. Co jest w tym złego? Jakieś istotne wartości zostały bardzo głęboko naruszone.

Tantra naucza, w jaki sposób możesz odzyskiwać szacunek i miłość do swego ciała. Tantra naucza widzenia ciała jako największej kreacji Boga. Tantra stanowi religię ciała. Oczywiście tantra sięga wyżej, nigdy jednak nie odrywa się od ciała. Jest bowiem w ciele zakorzeniona. Tantra jest jedyną religią zakorzenioną w żywej glebie. Jest związana z ziemią. W ziemi tkwią jej korzenie. Inne religie są jak drzewa pozbawione korzeni – martwe, posępne, obumierające. Przestały w nich krążyć soki. Tantra zawiera w sobie żywotny potencjał, jest soczysta i pełna życia. Tantra ufa twemu ciału, ufa twym zmysłom. Tantra ufa twej energii. Tantra całkowicie ci ufa. Niczego nie odrzuca, lecz poddaje transformacji.

W jaki sposób można osiągnąć cele, do których realizacji zachęca tantra? Poniżej podaję ci wskazówki, w jaki sposób możesz włączyć się w te nauki, wejść głębiej w siebie, a później siebie przekroczyć.

Rzeczą najważniejszą jest nauczyć się szacunku dla ciała. Należy też pozbyć się wszelkich fałszywych informacji o ciele. Bez tych podstawowych kroków nigdy nie włączysz się w nauki tantry. Zacznij od początku. Tym początkiem jest ciało.

Ciało powinno być uwolnione od wielu napięć. Potrzebuje potężnego *katharsis*. Twoje ciało stało się zatrute, ponieważ byłeś zwrócony przeciwko niemu. Na różne sposoby wywierałeś na ciało presję. Twoje ciało funkcjonuje słabo. Z tego właśnie względu czujesz się nieszczęśliwy. Tantra powiada: „Doświadczenie błogości może pojawić się jedynie wówczas, kiedy ciało funkcjonuje optymalnie. Błogość może pojawić się jedynie wtedy, gdy żyjesz intensywnie". Czy możesz żyć intensywnie, jeżeli zwracasz się przeciwko ciału?

Jesteście zawsze obojętni i oziębli. Wasz wewnętrzny ogień wygasł. Przez całe stulecia wasze wewnętrzne ciepło było niszczone. Ten ogień powinien ponownie zapłonąć. Tantra mówi: „Najpierw oczyść ciało, uwolnij je od wszelkich napięć. Pozwól płynąć swobodnie energii w ciele, usuń bloki".

Trudno spotkać osobę, która nie ma bloków, podobnie jak trudno spotkać kogoś, kto ma ciało niesztywne i nienapięte. Rozluźnij napięcie. Ono blokuje twoją energię. Swobodny przepływ energii w ciele nie jest możliwy, kiedy istnieje napięcie.

Dlaczego każda osoba jest tak sztywna i napięta? Dlaczego nie możecie się rozluźnić? Czy widzieliście, jak śpi kot? Odpręża się w prosty i piękny sposób. Czy nie możesz odprężyć się tak jak on? Miotasz się i przewracasz we własnym łóżku. Nie możesz się rozluźnić. Urok stanu relaksu, który osiąga kot, polega na tym, że on się całkowicie rozluźnia, a jednocześnie pozostaje doskonale czujny. Jeżeli w pokoju pojawi się jakiś ruch, kot otworzy oczy, skoczy i będzie gotowy do działania. Jego senność natychmiast znika. Ludzie powinni uczyć się od kota sposobu spania.

Tantra powiada: „Ucz się od kotów tego, w jaki sposób śpią, w jaki sposób relaksują się, w jaki sposób żyją. Ich życie pozbawione jest napięcia. Cały świat zwierząt żyje w sposób pozbawiony napięcia". Człowiek musi się tego nauczyć, ponieważ został ukształtowany w niewłaściwy sposób, w zły sposób zaprogramowany.

Od wczesnego dzieciństwa byliście programowani w ten sposób, by spinać ciało. Z powodu lęku nie mogliście swobodnie oddychać. Ludzie oddychają płytko z powodu obawy przed doznaniami seksualnymi. Kiedy oddychasz głęboko, oddech dociera do ośrodka seksu, dotyka go, masuje i ożywia. Ponieważ uczono nas tego, że seks jest niebezpieczny, każde dziecko zaczyna w pewnym momencie oddychać płytko, tylko piersią. Oddech dziecka nie wkracza w niższe rejony. Ponieważ gdyby tam dotarł, nagle pojawiłoby się podniecenie. Pobudzona zostałaby seksualność, a jednocześnie lęk. Dzięki głębokiemu oddychaniu uwalnia się energia seksualna.

Energia seksualna musi zostać uwolniona. Powinna objąć całą twoją istotę. Kiedy osoba obawia się swobodnego oddychania, połowę jej płuc wypełnia dwutlenek węgla. W płucach istnieje sześć tysięcy otworów. Zazwyczaj trzy tysiące spośród nich są ciągle zanieczyszczone. Zawsze pozostaje w nich dwutlenek węgla. Z tego powodu czujecie się znużeni, nie jesteście czujni i trudno wam zachować przytomność umysłu. To nie przypadek, że zarówno joga, jak i tantra uczą głębokiego oddechu, *pranajamy*. Uwalnia on płuca od dwutlenku węgla. Dwutlenek węgla nie powinien pozostawać w organizmie. Powinien być ciągle usuwany. Musisz oddychać świeżym powietrzem, przyjmować więcej tlenu. Tlen podsyca twój wewnętrzny ogień, powoduje, że się rozgrzewasz. Jednak tlen rozpala także twoją seksualność. Z tego powodu tylko tantra pozwala ci posługiwać się naprawdę głębokim oddechem. Nawet joga nie zawiera w sobie tego rodzaju doświadczeń... Tylko tantra prowadzi do doświadczenia całej istoty i swobodnego przepływu energii. Tantra dostarcza ci bezwarunkowej wolności, kimkolwiek jesteś, kimkolwiek możesz się stać. Tantra nie nakłada na ciebie żadnych ograniczeń, nie zamyka cię, lecz daje całkowitą wolność. W sytuacji, gdy odczuwasz wewnętrzną wolność, wszystko staje się możliwe.

Zauważyłem, że osoby, które represjonują swą seksualność, stają się mniej inteligentne. Natomiast ludzie, którzy prowadzą aktywne życie seksualne, są inteligentni. Sama myśl, że seks jest czymś grzesznym, musi poważnie uszkadzać inteligencję. Umysł funkcjonuje najlepiej, kiedy pozwalasz na swobodny przepływ energii, kiedy nie walczysz ze swym seksualnym potencjałem, ale z nim współpracujesz. Wówczas przejawiasz inteligencję, jesteś czujny i ożywiony.

Tantra wyraźnie mówi, że powinieneś się zaprzyjaźnić ze swoim ciałem.

Czy czasami dotykasz swego ciała? Czy czujesz swoje ciało? Czy może czasem czujesz się tak, jakbyś był zamknięty w martwej powłoce? Tak się zdarza. Ludzie są prawie zamrożeni. Ich ciała przypominają zamkniętą kasetę. Ciało jest ciężkie, stanowi przeszkodę w kontakcie z otoczeniem. Jeżeli pozwolisz, by subtelny prąd elektryczny w twoim ciele płynął od palców stóp do czubka głowy, jeżeli pozwolisz na zupełnie swobodny ruch tej energii – bioenergii – staniesz się niczym rzeka. Nie będziesz w ogóle odczuwał ciała. Będziesz się czuł, jak istota bezcielesna. Kiedy nie walczysz z ciałem, stajesz się bezcielesny. Jeśli podejmujesz walkę z ciałem, prowadzi to do poczucia ciężkości, przytłoczenia. Kiedy twe ciało staje się ciężarem, nigdy nie możesz dotrzeć do Boga.

Ciało musi stać się nieważkie. Poruszasz się prawie nad ziemią. Jest to sposób poruszania się, którego uczy tantra. Jesteś tak lekki, że nie odczuwasz siły grawitacji. Po prostu możesz fruwać. Ten proces wymaga jednak głębokiej akceptacji ciała.

Trudno zaakceptować własne ciało. Potępiasz je, zawsze znajdujesz w nim jakieś wady. Nigdy go nie doceniasz, nigdy go nie kochasz. I oczekujesz cudu, że przybędzie ktoś, kto je pokocha. Jeżeli ty sam nie pokochasz swego ciała, to jak możesz oczekiwać, że pojawi się ktoś, kto je pokocha? Jeżeli ty sam nie potrafisz go kochać, to nikt tego nie zrobi, ponieważ twoje wibracje będą odpychać ludzi.

Naprawdę możesz pokochać tylko osobę, która kocha samą siebie. Pierwotnie miłość musi być skierowana do samego siebie. Tylko z tego centrum mogą się wyłonić inne rodzaje miłości. Nie kochasz swego ciała. Ukrywasz je na wszelkie możliwe sposoby. Maskujesz zapach ciała, osłaniasz je ubraniami, ozdobami. Próbujesz ciągle tworzyć piękno, którego, jak sądzisz, ci brakuje. Niestety, stajesz się sztuczny.

Teraz pomyśl o kobiecie, która ma na ustach szminkę... to okropne. Wargi powinny być czerwone pod wpływem siły życia, nie powinny być malowane. Wargi powinny być żywe pod wpływem energii miłości. Malujesz wargi... i myślisz, że czynisz siebie piękną. Tylko osoby, które są świadome własnej brzydoty, chodzą do salonów piękności. W przeciwnym wypadku nie miałoby to sensu. Czy kiedykolwiek napotkałeś ptaka, który jest brzydki? Czy kiedykolwiek napotkałeś jelenia, który jest brzydki? Nigdy się to nie zdarzyło. Nie chodzą one do salonu piękności i nie konsultują się z ekspertami od urody. One po prostu siebie akceptują i ta akceptacja przynosi im piękno.

Kiedy akceptujesz siebie, stajesz się piękny. Kiedy jesteś zachwycony swoim ciałem, zachwycasz także innych. Wielu ludzi zakocha się w tobie, ponieważ ty sam siebie kochasz. Teraz jesteś na siebie zły. Wiesz, że jesteś brzydki, odpychający, straszny. Ta myśl odpycha innych od ciebie. Ta myśl nie będzie im pomagała zakochać się w tobie. Nawet jeżeli się do ciebie zbliżą, odczują twoje złe wibracje. W tym momencie się odsuną.

Nie ma potrzeby, by uganiać się za ludźmi. Ludzie przyjdą do ciebie, jeżeli się pokochasz.

Dlaczego tak wiele osób przychodzi do Buddy? Dlaczego tak wiele osób przychodzi do Jezusa? Ci ludzie pokochali samych siebie. Przebywali w stanie tak głębokiej miłości, byli tak zachwyceni swoim istnieniem, że każda osoba, która pojawiła się w pobliżu, była przez nich przyciągana. Budda i Chrystus przyciągali innych magnetyczną siłą miłości. Byli zachwyceni swoim istnieniem. Dlaczego unikasz tego zachwytu? Samo istnienie jest wielką błogością.

Tantra uczy: „Pokochaj swoje ciało, zaprzyjaźnij się z nim, czcij je, szanuj je, dbaj o nie". Jest ono darem pochodzącym od Boga. Traktuj dobrze swoje ciało, a ono wyjawi ci wielkie tajemnice. Cały rozwój zależy od tego, w jaki sposób traktujesz swoje ciało.

Drugi istotny przekaz nauk w tantrze dotyczy zmysłów. Religie są przeciwne zmysłom. Próbują przytłumić zmysły i zmysłowość. A przecież zmysły są bramami percepcji, są oknami na świat. Czym jest twoje oko? Czym są twoje uszy? Czym jest twój nos? Są oknami na świat, oknami na Boga. Jeżeli patrzysz we właściwy sposób, będziesz widział Boga wszędzie. Nie należy zamykać oczu. Oczy powinny być otwarte we właściwy sposób. Oczy nie powinny być pomijane. Podobnie nie powinny być pomijane uszy, ponieważ wszystkie dźwięki są boskie.

Ptaki śpiewają mantry. Drzewa w ciszy wygłaszają kazania. Wszystkie dźwięki są Jego, podobnie wszystkie formy są Jego. Jeżeli więc nie istnieje w tobie zmysłowa wrażliwość, to w jaki sposób poznasz Boga? Musisz iść do kościoła lub do świątyni, aby Go znaleźć... A On jest w każdym miejscu. Czy możesz znaleźć Boga w świątyni uczynionej ręką człowieka czy też w zbudowanym przez ludzi kościele? Człowiek bywa tak głupi. Bóg jest wszędzie, jest wszędzie żywy, wszędzie się przejawia. Aby to dostrzec, musisz oczyścić zmysły.

Tantra naucza, że zmysły są bramami percepcji. Zostały jednak zanieczyszczone. Musisz uwolnić się od tych zanieczyszczeń. Twoje zmysły muszą zostać oczyszczone. Twoje zmysły są jak lustro, które stało się brudne, ponieważ zgromadziło się na nim wiele kurzu. Ten kurz trzeba zmyć.

Zwróć uwagę na to, w jaki sposób tantra podchodzi do rzeczywistości. Inne podejścia zalecają: „Odrzuć zmysły, zniszcz swój smak!". Tantra natomiast mówi: „Smakuj Boga w każdym smaku". Inne podejścia zalecają: „Zniszcz swoją umiejętność dotykania". Tantra natomiast mówi: „Połącz się całkowicie ze swoim dotykiem, ponieważ czegokolwiek dotykasz, jest to boskie". Tantra jest więc całkowitą odwrotnością tak zwanego podejścia religijnego. Jest radykalną rewolucją i to od samych podstaw.

Dotykaj, wąchaj, smakuj, patrz, słuchaj w sposób całkowity. Musisz nauczyć się tego języka, ponieważ społeczeństwo wprowadziło cię na fałszywą drogę i zapomniałeś, w jaki sposób możesz się nim posługiwać.

Każde dziecko rodzi się ze wspaniałym wyposażeniem zmysłowym. Przyjrzyj się dziecku. Kiedy patrzy na coś, jest tym całkowicie pochłonięte. Kiedy bawi się zabawkami, jest tym całkowicie zajęte. Kiedy patrzy, po prostu staje się oczami. Popatrz w jego oczy.

Kiedy dziecko słucha, staje się uszami. Kiedy dziecko je, koncentruje się na języku. Staje się smakiem. Spójrz na dziecko, które je jabłko. Z jakim apetytem to robi! Z jak dużą energią! Z jakim zachwytem! Spójrz na dziecko, które biegnie w ogrodzie za motylem... Jest tym tak pochłonięte, że gdyby nawet pojawił się Bóg, to nie zboczyłoby z drogi. Dziecko osiąga wspaniały medytacyjny stan... i to bez wysiłku. Spójrz na dziecko, które zbiera na plaży muszle. Robi to w taki sposób, jakby zbierało diamenty. Wszystko jest drogocenne, kiedy nasze zmysły są żywe. Kiedy zmysły są żywe, wszystko jest czyste i przejrzyste.

W późniejszym życiu to samo dziecko będzie patrzeć na świat, jakby był on oddzielony ciemną szybą. Na szybie zebrało się dużo kurzu i dymu. Znajdujesz się po drugiej stronie tej szyby i patrzysz. Z powodu tych zanieczyszczeń cały świat wygląda szaro i martwo. Patrzysz na drzewo. Wydaje ci się matowe, ponieważ matowe są twoje oczy. Słyszysz pieśń, ale cię ona nie pociąga, ponieważ twój słuch jest przytępiony. Mógłbyś słuchać Buddy, lecz nie doceniłbyś jego nauk, ponieważ została stępiona twoja inteligencja.

Odzyskaj swój zapomniany język. Kiedy masz wolny czas, staraj się być obecny w swoich zmysłach. Podczas jedzenia staraj się być uważny i ucz się ponownie zapomnianego języka smaku. Dotknij chleba i poczuj jego fakturę. Odczuwaj z otwartymi oczyma, odczuwaj z zamkniętymi oczyma. Skup się na żuciu. Przeżuwasz samego Boga. Pamiętaj o tym! Jeśli nie przeżuwasz uważnie i nie smakujesz w sposób uważny, wykazujesz brak szacunku. Niech spożywanie pokarmu stanie się modlitwą. Zacznie się rodzić w tobie nowa świadomość. Będziesz się uczył alchemicznej ścieżki tantry.

Częściej dotykaj ludzi. Staliśmy się przewrażliwieni na punkcie dotyku. Jeżeli ktoś mówi do ciebie i podchodzi bliżej, zaczynasz się cofać. Bronisz swego terytorium. Nie dotykamy innych ludzi i nie pozwalamy, by inni nas dotykali. Nie trzymamy się za ręce, nie obejmujemy się. Nie czerpiemy radości z wzajemnego kontaktu.

Podejdź do drzewa i obejmij je. Obejmij skałę. Podejdź do rzeki i pozwól wodzie przepływać pomiędzy swoimi dłońmi. Odczuwaj to. Zacznij pływać i odczuwaj wodę tak, jak odczuwa to ryba. Nie trać żadnej okazji, aby ożywić zmysły. Takie okazje powtarzają się tysiące razy w ciągu dnia. Nie potrzeba wydzielać jakiegoś specjalnego czasu na trening wrażliwości zmysłów. Wykorzystaj chwile, kiedy stoisz pod prysznicem. Odczuwaj, jak spływa po tobie woda. Połóż się nago na ziemi, odczuwaj kontakt z nią. Połóż się na plaży. Odczuwaj piasek pod sobą. Wsłuchuj się w dźwięki – ruch piasku, szum morza. Wykorzystuj każdą nadarzającą się okazję. Tylko wtedy będziesz mógł ponownie nauczyć się języka zmysłów. Tantrę zrozumiesz tylko wtedy, gdy twoje ciało pozostaje żywe, a twoje zmysły potrafią odczuwać.

Uwolnij zmysły od niekorzystnych nawyków. Nawyki są jedną z głównych przyczyn poczucia znużenia. Odkryj nowe sposoby działania. Stwórz nowe sposoby kochania. Ludzie bardzo się boją. Mają utrwalone nawyki. Nawet kiedy uprawiają miłość, robią to w tej samej pozycji, pozycji misjonarskiej. Odkryj nowe sposoby odczuwania.

Do każdego doświadczenia trzeba podchodzić z dużą wrażliwością. Kiedy uprawiasz miłość z kobietą lub z mężczyzną, uczyń to prawdziwym świętem, celebracją. Za każdym razem wnoś do seksu twórcze rozwiązania. Czasami możecie tańczyć, zanim zaczniecie uprawiać miłość. Czasami możecie się przedtem modlić. Czasami zróbcie bieg do lasu, a potem kochajcie się. Czasami przed seksem pójdźcie popływać. Wtedy każde miłosne doświadczenie będzie budzić coraz większą wrażliwość, a miłość nigdy nie stanie się nużąca ani nudna.

Odkryj nowe sposoby doświadczania. Nie przywiązuj się do rutynowych działań. Wszelka rutyna przeczy życiu, jest martwa. Zawsze możesz wprowadzić coś nowego. Nie ma ograniczeń dla twórczych pomysłów. Małe zmiany mogą spowodować ogromne korzyści. Zawsze jadasz przy stole. Czasami możesz przenieść posiłek na trawnik, usiąść na trawie i tam jeść. Będziesz zdumiony, ponieważ jest to zupełnie odmienne doświadczenie. Odczujesz zapach świeżo ściętej trawy, zobaczysz ptaki, które skaczą wokół i śpiewają, poczujesz świeże powietrze, dotkną cię promienie słońca. Będziesz też czuł mokrą trawę pod sobą.

Czasami spróbuj jeść nago. Sprawisz sobie kolejną niespodziankę. Dokonałeś niewielkiej zmiany, po prostu siedzisz nago podczas posiłku. Pojawią się zadziwiająco odmienne doznania. Jeżeli podczas posiłku posługiwałeś się łyżką i widelcem, czasami spróbuj jeść palcami. Doświadczysz czegoś nowego. Twój dotyk wniesie ciepło do przyjmowanego pokarmu. Łyżka jest przedmiotem martwym. Kiedy jesz za pomocą łyżki i widelca, oddalasz się od natury. Pojawia się ta sama obawa przed dotykaniem czegokolwiek, nawet jedzenia. Tymczasem pożywienie dostarcza tyle samo odczuć dotykowych, ile smakowych.

Na Zachodzie przeprowadzono wiele eksperymentów dotyczących sytuacji, w których doznajemy z jakiegoś powodu zadowolenia. Wykazano, że istnieje wiele czynników, których nie jesteśmy świadomi, a które składają się na nasze doświadczenia. Zamknij oczy i zatkaj nos, a potem otwórz usta. Niech ktoś włoży ci do ust kawałek pożywienia. Nie wiesz, co ta osoba ci podaje: cebulę czy jabłko. Będzie ci trudno zgadnąć, co jesz, jeśli nie patrzysz i nie czujesz zapachu. Pięćdziesiąt procent wrażeń pokarmowych jest odbierane przez nos. Wzrok także odgrywa ważną rolę. Kiedy jesz rękoma, włącza się zmysł dotyku. Jedzenie staje się smaczniejsze, a posiłek bardziej naturalny.

Odkrywaj nowe sposoby działania we wszystkich sferach.

Tantra powiada: „Jeżeli każdego dnia będziesz odkrywał nowe sposoby działania, twoje życie stanie się podniecającą przygodą". Nigdy nie będziesz czuł się znudzony. Osoba, która czuje się znudzona, nie przejawia postawy religijnej. Zawsze bądź zainteresowany nowymi doświadczeniami, poszukuj obszarów, z którymi dotąd się nie zetknąłeś. Jeżeli zawsze jesteś gotów, by szukać, eksplorować, odkrywać, nigdy nie poczujesz się znudzony. Twoje zmysły pozostaną czyste.

Zdziwicie się pewnie, gdy wam powiem, że wiek umysłowy człowieka wynosi średnio dwanaście lat. Ludzie zatrzymują się wtedy w rozwoju. Wystarczy obrazić jakąś sześćdziesięcioletnią osobę, a jej zachowanie w ciągu kilku sekund stanie się zachowaniem dwunastoletniego dziecka. Ludzie nigdy naprawdę nie dorośleją. Umierają, będąc dziećmi.

Tantra naucza: „Ucz się nowych sposobów działania. Uwalniaj się od nawyków i naśladowania. Nie naśladuj, gdyż twoje zmysły staną się przytępione. Odkrywaj własne sposoby działania. Pozostawiaj swój ślad na wszystkim, co czynisz".

Słyszałem pewną historię. Mułła Nasruddin miał papugę – samca – o żywym temperamencie. Papuga ciągle powtarzała głupie słowa, szczególnie przy gościach. Mułła był tym przejęty, a sytuacja stawała się coraz trudniejsza. Wreszcie ktoś mu podpowiedział, by zaniósł papugę do weterynarza. Mułła tak właśnie uczynił. Weterynarz zbadał dokładnie ptaka i powiedział:

– Dobrze, Nasruddinie, masz bardzo zadziornego samca. Ja natomiast mam milutką młodą samicę. Jeżeli zapłacisz piętnaście rupii, papugi będą się mogły spotkać.

Mułła zaczął się wahać:

– O Boże, nie wiem… Piętnaście rupii?

Na to papuga:

– Co u diabła, Nasruddinie? No, dalej, dalej... Zapłać mu.

W końcu Mułła się zdecydował i wręczył weterynarzowi piętnaście rupii.

Weterynarz wziął samca, włożył go do klatki samicy i opuścił zasłonę. Mężczyźni usiedli. Najpierw zapadła cisza, a potem nagle rozległy się wrzaski. Zza zasłony zaczęły lecieć pióra. Weterynarz krzyknął:

– O Boże! – Podbiegł do zasłony i odciągnął ją. Samiec szponami jednej nogi przyciskał samicę do podłogi klatki, a szponami drugiej wyrywał jej pióra i krzyczał z zachwytem:

– Za piętnaście rupii chcę cię mieć nago, nago!

Następnie papuga, widząc weterynarza i swego pana, radośnie zaskrzeczała:

– Hej, Nasruddinie, przecież ty także lubisz, gdy twoje kobiety są nagie.

Nawet papuga może się nauczyć niektórych ludzkich zachowań, może je naśladować i stać się neurotyczna. Naśladowanie oznacza, że jesteś neurotyczny. Jedyną drogą, by być osobą zdrową, jest zachowanie indywidualności, autentycznej indywidualności. Bycie sobą.

Tantra po pierwsze naucza: „Ciało musi zostać uwolnione od napięć".

Po drugie: „Zmysły powinny znów stać się żywe".

Po trzecie: „Umysł musi się uwolnić od neurotycznego, obsesyjnego myślenia i poznać sposoby osiągania spokoju".

Kiedy tylko jest to możliwe, relaksuj się. Odkładaj umysł na bok. W tej chwili możesz zaprotestować: „Łatwo ci mówić, ale jak to zrobić? Umysł ciągle jest aktywny".

Podaję ci sposób. Tantra naucza, byś obserwował te trzy świadomości. Pierwsza świadomość – pozwól, by umysł się poruszał, pozwól, by napełniał się myślami. Wtedy po prostu obserwuj, oddziel się od myśli. Nie ma powodu do niepokoju. Obserwuj. Pozostawaj na pozycji obserwatora. Stopniowo zaczniesz zauważać, że pojawiają się chwile ciszy. Wtedy użyj drugiej świadomości: stań się świadomy obserwatora. Teraz obserwuj obserwatora. Wówczas pojawi się nowy rodzaj doświadczenia. Obserwator zacznie znikać, podobnie jak myśli. Pewnego dnia zacznie znikać również myśliciel. Wtedy pojawi się prawdziwa cisza. Wraz z powstaniem trzeciej świadomości znika zarówno przedmiot, jak i podmiot. Wykraczasz poza nie.

Kiedy osiągniemy następujące trzy rzeczy: ciało uwolnione od napięć, zmysły wolne od zanieczyszczeń i umysł uwolniony od obsesyjnego myślenia, pojawi się w tobie widzenie wolne od wszelkich iluzji. Takie jest właśnie podejście tantry.

Nie lubię siebie, a szczególnie swego ciała!

Masz określoną koncepcję, jakie powinno być ciało. Jeżeli utrzymujesz w umyśle tę koncepcję, pojawia się poważny kłopot. Ciało jest takie, jakie być powinno. Jeżeli kierujesz się swoją koncepcją, pojawia się cierpienie. Porzuć więc koncepcję.

To ciało, które otrzymałaś. To ciało, które dał ci Bóg. Używaj go… i ciesz się nim! Jeżeli zaczniesz kochać ciało, zauważysz, że ono się zmienia. Kiedy kochasz swoje ciało, zaczynasz się o nie troszczyć. Troska zaś wpływa na twoje postępowanie wobec ciała. Nie będziesz się wtedy przejadała ani głodziła. Będziesz wsłuchiwała się w potrzeby ciała i jego pragnienia – czego ono chce i kiedy chce to otrzymać.

Kiedy wykazujesz troskę oraz miłość, dostosowujesz się do ciała. Wtedy ciało automatycznie staje się zdrowe.

Jeżeli nie lubisz ciała, wtedy pojawia się problem. Stopniowo stanie ci się ono obojętne i zaczniesz je zaniedbywać, któż bowiem troszczy się o wroga? Nie będziesz zwracała na ciało uwagi, będziesz go unikała. Przestaniesz słuchać komunikatów, które ci wysyła, a wtedy zaczniesz go nienawidzić.

Ty więc stwarzasz cały problem. Ciało nigdy nie tworzy problemów. To umysł je stwarza, twój umysł. Żadne zwierzę nie cierpi z powodu określonej koncepcji swego ciała... nawet hipopotam. Żadne zwierzę nie cierpi w ten sposób. Zwierzęta są w pełni szczęśliwe, ponieważ nie istnieje umysł, który stworzyłby tego rodzaju problem. W przeciwnym wypadku hipopotam mógłby pomyśleć: „Dlaczego jestem właśnie taki?". Jednak on nie widzi w swoim wyglądzie żadnego problemu.

Po prostu porzuć ideał. Kochaj swoje ciało – jest twoje. Jest darem od Boga. Musisz nim się cieszyć i dbać o nie: wykonywać ćwiczenia fizyczne, odpowiednio się odżywiać i spać właściwą liczbę godzin. Wykazujesz troskę we wszelkich zakresach, ponieważ jest to twój instrument, twój pojazd. Podobnie jak samochód, który czyścisz. Wsłuchujesz się w pracę silnika samochodu i wyławiasz wszelkie szmery. Sprawdzasz, czy dobrze pracuje.

Zwracaj uwagę, jeżeli na ciele powstanie nawet zadrapanie. Troszcz się o ciało, a będzie ono doskonale piękne. Ono w rzeczywistości jest właśnie takie! Jest tak wspaniałym i złożonym mechanizmem. Przez siedemdziesiąt lat funkcjonuje skutecznie. Niezależnie od tego, czy śpisz, czy też jesteś przytomna, czy jesteś świadoma czy też nieświadoma, ciało ciągle funkcjonuje, a to funkcjonowanie jest bardzo spokojne. Jeżeli nawet nie troszczysz się o ciało, ono nadal funkcjonuje, nadal ci służy. Powinnaś być wdzięczna swemu ciału.

Po prostu zmień swoją postawę, a zauważysz, że w ciągu sześciu miesięcy ciało zmieni formę. Jest to podobne do sytuacji, gdy zakochujesz się w kobiecie i zauważasz, że ona natychmiast staje się piękna. Do tej chwili mogła nie troszczyć się o swoje ciało, lecz kiedy zakochał się w niej mężczyzna, zaczęła o siebie dbać. Teraz całymi godzinami przegląda się w lustrze, ponieważ ktoś ją kocha!

W twoim wypadku dzieje się tak samo. Kiedy okażesz miłość swemu ciału, zobaczysz, że ono zaczyna się zmieniać.

Jestem strasznie brzydka i bardzo cierpię z tego powodu. Co powinnam zrobić?

Brzydota nie ma nic wspólnego z twoim ciałem, podobnie jak piękno. Piękno lub brzydota ciała są czymś powierzchownym. Rzeczywiste procesy pochodzą z twego wnętrza. Jeżeli potrafisz stać się piękna wewnętrznie, będziesz jaśnieć energią. Widziałem to wiele razy. Nawet brzydka osoba, kiedy wejdzie w stan medytacji, pięknieje. Obserwowałem to rok po roku. Przychodzący tutaj po raz pierwszy ludzie mają zupełnie inne twarze. Kiedy zaczynają medytować, tańczyć, śpiewać, ich twarze się odprężają. Ustępuje z nich napięcie. Cierpienie, które przylgnęło do ich twarzy, powoli, powoli znika. Stają się rozluźnieni jak dzieci. Ich twarze zaczynają promieniować wewnętrzną radością, stają się świetliste.

Fizyczne piękno oraz brzydota nie są zbyt ważne. Najważniejszą rzeczą jest wnętrze. Mogę cię nauczyć, w jaki sposób możesz stać się piękna wewnętrznie, a to jest prawdziwe piękno. Twoja fizyczna forma nie ma zasadniczego znaczenia. Twoje oczy zaczną błyszczeć z radości, twoja twarz będzie jaśnieć. Twoja forma zacznie się dematerializować. Kiedy energia zaczyna płynąć z twego wnętrza, wraz z nią pojawia się wdzięk. Wtedy zewnętrzną, fizyczną formę można odłożyć na bok. Traci ona wszelkie znaczenie. Nie martw się nią.

Medytuj, kochaj, tańcz, śpiewaj, świętuj, a twoja brzydota zniknie. Wprowadź do swej istoty wyższe energie, a zapomnisz o tym, co jest niższe. To, co niższe – ciało fizyczne – jest bytem relatywnym. Jeżeli możesz, wprowadź do swej istoty wyższe wartości. Jeżeli w pokoju pali się mała świeca, a wniesiesz do niego silniejsze źródło światła, wtedy mała świeczka nie będzie miała żadnego znaczenia. Sięgnij po piękno wewnętrzne. To łatwiejsze. W sprawie piękna zewnętrznego nie mogę wiele zrobić. Nie jestem chirurgiem plastycznym. Możesz znaleźć chirurga plastycznego, który ci pomoże. Nie będzie to jednak rzeczywista pomoc. Możesz mieć nieco dłuższy, lepiej ukształtowany nos, lecz nie na wiele się to zda. Jeżeli pozostaniesz taka sama wewnątrz siebie, twoje zewnętrzne piękno będzie ukazywać twoją wewnętrzną brzydotę.

Denise przejmowała się wyglądem swojej twarzy.

– Jestem brzydka – powiedziała do siebie, przeglądając się w lustrze. – Mój nos jest krzywy, podbródek obwisa, uszy sterczą i mam worki pod oczami.

W odruchu desperacji poszła do chirurga plastycznego na zabieg. Podbródek został podciągnięty, nos wyprostowany, uszy odpowiednio ułożone, a worki pod oczami usunięte. Po miesiącach cierpienia dzieło było skończone. Denise mogła teraz spotykać się z przyjaciółmi, lecz ciągle była z siebie niezadowolona.

Pewnego dnia jej przyjaciółka, Joan, spojrzała na nią z zachwytem:

– Nie wiem, dlaczego wyglądasz na tak smutną. Masz przecież twarz jak gwiazda filmowa.

– Wiem – zaszlochała Denise. – Ale teraz moja twarz nie pasuje do mojego starego ciała.

Bardzo brzydka dziewczyna siedziała na plaży. W pewnym momencie fale wyrzuciły u jej stóp butelkę. Dziewczyna otworzyła ją, a ze środka w chmurze dymu wyleciał dżin.

– Byłem uwięziony w tej butelce przez pięć tysięcy lat – krzyknął dżin – a ty mnie uwolniłaś. W nagrodę spełnię każde twoje życzenie.

Brzydka dziewczyna w uniesieniu zawołała:

– Chcę mieć figurę jak Sophia Loren, twarz jak Elizabeth Taylor i nogi jak Ginger Rogers.

Dżin popatrzył na nią uważnie, po czym westchnął:

– Dziecko, włóż mnie z powrotem do butelki.

Wydaje się to tak niefortunne, że natura dała kobietom w każdym miesiącu doświadczenie zwane menstruacją. Mogę przewidzieć jej nadejście. Znam też wszystkie emocje i inne głupie rzeczy, które wtedy nastąpią. Jest to jedno z najtrudniejszych dla mnie zadań, by obserwować to doświadczenie, a jednocześnie by się z nim nie identyfikować. Wydaje mi się, że – co jest szczególnie zabawne – nawet mężczyźni stają się w to zaangażowani i identyfikują się z naszą sytuacją. W jaki sposób możemy obserwować zjawisko, które jest istotną składową naszej biologii?

Sztuka uważności ma zastosowanie zarówno wtedy, gdy obserwujesz jakieś zjawisko zewnętrzne, jak i wtedy, kiedy obserwujesz zjawisko związane z twoją fizjologią. Zjawiska fizjologiczne tak naprawdę są również zjawiskami zewnętrznymi.

Wiem, że to trudne, ponieważ bardziej się z nimi identyfikujesz. Są ci tak bliskie. Problem jednak nie polega na czujnej obserwacji, lecz na identyfikacji. Należy przerwać tego rodzaju identyfikację.

Kiedy czujesz, że zbliża się menstruacja, próbuj to obserwować, próbuj dostrzec, co ona za sobą pociąga: złość, depresję, nienawiść, chęć walki lub ciskania przekleństw. Po prostu obserwuj to. Nie tylko jednak obserwuj, ale powiedz do mężczyzny, którego kochasz: „Zbliża się czas menstruacji. Będę się starała najlepiej, jak potrafię, być świadoma tego, co zachodzi. Jeżeli jednak zacznę się z tym identyfikować, nie angażuj się w to. Możesz być po prostu obserwatorem. Zachowaj dystans".

Mężczyzna powinien wiedzieć, że miesiączka stanowi dla kobiety trudne przeżycie. To czas, kiedy kobieta potrzebuje współczucia mężczyzny.

Tego samego rodzaju postawę powinna też przyjmować kobieta. Możecie o tym nie wiedzieć, ale mężczyzna także każdego miesiąca ma swój period. Przez całe wieki nikt nie wiedział, że mężczyzna przechodzi również przez ten sam cykl, ponieważ nie ma on objawów zewnętrznych. U mężczyzny musi się również wydarzać ten sam proces, ponieważ kobieta i mężczyzna są częściami tej samej całości. Każdego miesiąca mężczyzna przez cztery czy pięć dni znajduje się w czarnej dziurze. Jako kobieta możesz zrzucić odpowiedzialność na menstruację. Mężczyzna nie może tego zrobić, ponieważ jego menstruacja ma charakter emocjonalny. On doznaje w tym czasie tych samych emocji, które tobie są dobrze znane.

Ponieważ nie występują jednak żadne oznaki zewnętrzne męskiej menstruacji, nikt dotąd nie przypuszczał, że takie zjawisko w ogóle istnieje. Ale to potwierdzony fakt. Trudno więc mówić, że mężczyzna znajduje się na uprzywilejowanej pozycji.

Prawdziwy problem pojawia się wówczas, gdy kochasz jednego mężczyznę i żyjesz z nim przez długi czas. Stopniowo rytmy waszych ciał ulegają synchronizacji. Kiedy masz menstruację, on ma ją także. Oboje znajdujecie się w czarnej dziurze. Oboje jesteście w stanie depresji, smutni i zrozpaczeni. Oskarżacie się wzajemnie.

Mężczyzna powinien sprawdzić, kiedy ma swój period. Musi zaznaczać każdego dnia w kalendarzu, jakie było jego samopoczucie. W ten sposób znajdzie pięć dni, kiedy był w depresji, w złym nastroju, gotów do walki. Jeżeli będzie prowadził takie obserwacje przez dwa–trzy miesiące i notował je w kalendarzu, dostrzeże prawidłowość. Wtedy uświadomi swojej kobiecie: „To jest pięć moich dni".

Szczęśliwie się składa, jeżeli te dni nie są dniami menstruacji partnerki. Wtedy problem dzieli się na dwie części. Mężczyzna może obserwować, kiedy kobieta rzuca przekleństwa i robi różnego rodzaju głupstwa.

Nie powinien w tym uczestniczyć, nie musi na to odpowiadać, nie musi reagować. Powinien zachować zimną krew i pokazać to kobiecie. W ten sposób komunikuje: „Jestem świadomy".

Jeżeli te okresy nakładają się na siebie, to prawdziwe nieszczęście. Oboje powinniście zachować przytomność umysłu. Obowiązuje tu zasada: „Dobrze samemu nieść swój ciężar".

Zachowajcie po prostu czujność.

Istnieje taka możliwość, że wkrótce menstruacja może zaniknąć, szczególnie u kobiet. Do wykorzystania tej możliwości nie chciały dopuścić religie. Pigułki antykoncepcyjne mogą spowodować zanik menstruacji. Wielu kobietom pigułki wyświadczają przysługę – zanika menstruacja. Pigułki nie są szkodliwe. Możesz je stosować. Kilka dni temu słyszałem, że stworzono także tabletki dla mężczyzn.

Zażywaj pigułki i zapomnij o fizycznym, biologicznym cierpieniu... Przytomność możesz ćwiczyć na wiele innych sposobów.

Podczas menstruacji staję się szalona. Ostatnim razem stłukłam w domu kilka rzeczy. Dlaczego zawsze podczas miesiączki czuję się tak pełna destrukcyjnej energii?

Odczuwanie w sobie dzikości nie jest czymś złym. Jednak niszczenie rzeczy nie jest dobrym działaniem. Kiedykolwiek odczuwasz w sobie dziką energię, wykonuj żywiołowy taniec. Nigdy jednak niczego nie niszcz. Może nie być problemem, jeżeli zniszczysz wazon. Jednak sama myśl o niszczeniu jest czymś złym. Powoduje ona powstanie destrukcyjnej postawy wobec życia. Wazon to drobna rzecz. Możesz chcieć niszczyć bardziej wartościowe rzeczy, a nawet cenne relacje z ludźmi i samych ludzi... Nie możesz jednak zniszczyć tego wszystkiego. Nie mogłabyś tego znieść. Dlatego rozbijasz wazon, a on przecież nie zrobił niczego złego!

Dla wielu kobiet dni miesiączkowania są związane z pojawieniem się destrukcyjnej energii. Sam powód jest natury czysto biologicznej. Musisz zrozumieć tę sytuację i stać się bardziej czujna, bardziej przytomna. Wtedy możesz wznieść się ponad biologiczne uwarunkowania. W przeciwnym wypadku pozostaniesz w okowach biologii.

Jeżeli jesteś w ciąży, menstruacja ustaje, ponieważ ta sama energia, która była uwalniana w czasie miesiączkowania, przekształca się w energię twórczą. Ta energia tworzy dziecko. Gdy nie jesteś w ciąży, to gromadząca się każdego miesiąca energia przyjmuje postać destrukcyjną. W ciągu czterech–pięciu dni miesiączki kobieta przejawia bardzo destrukcyjną postawę. Nie wie, co ma zrobić ze swą energią. Energia wibruje, dotyka najgłębszych warstw twojej istoty, a ty nie potrafisz wyrazić jej w sposób twórczy.

Wszystkie twórcze energie mogą stać się destrukcyjne, wszystkie destrukcyjne energie mogą stać się twórcze. Sięgnijmy po przykład Hitlera. W początkowym okresie życia chciał zostać malarzem. Jednak mu na to nie pozwolono. Nie mógł zdać egzaminów i rozpocząć nauki w akademii sztuk pięknych. Człowiek, który mógł zostać malarzem, stał się jednym z najbardziej destrukcyjnych ludzi na świecie. Dysponując taką energią, mógł się stać Pablem Picassem.

Zazwyczaj kobiety nie są destrukcyjne. W przeszłości nigdy nie zachowywały się destrukcyjnie, ponieważ ciągle zachodziły w ciążę. Rodziły dziecko, po czym znowu zachodziły w ciążę. Przychodziło na świat następne dziecko, a one znów stawały się ciężarne. Przez całe życie ich energia była wykorzystywana w ten właśnie sposób.

W chwili obecnej po raz pierwszy pojawiło się nowe niebezpieczeństwo – niebezpieczeństwo destrukcyjnych zachowań kobiet. Kobiety zostały uwolnione od konieczności ciągłego rodzenia dzieci. Jednak energia pozostała.

Dostrzegam wyraźny związek pomiędzy metodami kontroli narodzin a Ruchem Wyzwolenia Kobiet. Kobiety przyjęły destrukcyjną postawę i niszczą życie rodzinne oraz relacje. Mogą próbować to racjonalizować na wiele sposobów. W istocie starają się wydobyć ze zniewolenia. Dysponują energią, ale nie wiedzą, co z nią zrobić. Jeżeli przed kobietami nie pojawi się alternatywa, mogą się stać bardzo destrukcyjne.

Na Zachodzie praktycznie zanika życie rodzinne. Jest ono pasmem konfliktów, ciągłą walką, pasmem kłótni i nieprzyjaznych zachowań. Nikt nie rozumie, że przyczyna tego stanu rzeczy ma charakter biologiczny.

Kiedy nadchodzi miesiączka, bądź czujna. Zanim nastąpi menstruacja, wykonaj dziki taniec.

Możesz przekroczyć biologiczny poziom istnienia, ponieważ masz również wyższą naturę. Człowiek może wznieść się ponad biologiczne uwarunkowania. Powinien to uczynić, gdyż inaczej pozostanie niewolnikiem hormonów! Kiedy tylko czujesz energię destrukcji, zacznij tańczyć.

W tańcu będziesz mogła wyrazić swoją energię. Lecz ty zazwyczaj postępujesz odwrotnie. Mówisz, że chcesz podczas tych dni odpoczywać i nic nie robić. Jednak zalecam ci, byś była czynna. Na przykład wyjdź na spacer, ponieważ nagromadzona energia wymaga uwolnienia. Kiedy się przekonasz, że taniec całkowicie cię relaksuje, wtedy cztery dni twojej menstruacji staną się najpiękniejszym czasem. Tylko wtedy masz tyle energii.

Czy możesz powiedzieć coś na temat menopauzy?

W życiu każdej osoby przychodzi czas zmian. Jest ważne, by pamiętać, że zmiany pewnych biologicznych wzorców są naturalnym procesem. Nie możesz tego kontrolować.

Procesy biologiczne czynią cię zdolną do współżycia seksualnego w wieku lat trzynastu lub czternastu. Nie ty to sprawiasz. Kiedy zbliżasz się do czterdziestych drugich urodzin, kończy się czas prokreacji. Hormony, które cię napędzały, znikają. Bardzo trudno zaakceptować tę zmianę. Zaczynasz myśleć, że przestałaś być piękna, że potrzebujesz liftingu twarzy.

Słyszałem historię o kobiecie, która powiedziała do chirurga plastycznego:

– Chcę, żeby pan mi zrobił lifting twarzy.

Chirurg spojrzał na nią:

– Nic złego się nie dzieje. To po prostu wiek. Proszę się nie niepokoić. Po co te niepotrzebne troski?

Jednak kobieta się upierała.

– W porządku – powiedział lekarz – ale będzie to kosztowało pięć tysięcy dolarów.

– Nie mam tak dużo pieniędzy. Czy może pan zaproponować coś tańszego?

– Tak, proponuję, by pani kupiła zasłonę na twarz.

Ten problem istnieje na Zachodzie. Na Wschodzie żadna kobieta nie martwi się o takie sprawy. Akceptuje zdarzenia takimi, jakie są. Akceptacja natury to podstawa życia Wschodu. Zachód natomiast nieustannie narzuca naturze swoje warunki, stawia wymagania. Na Zachodzie nikt nie chce się starzeć. W czasie przechodzenia z jednej fazy życia do drugiej występuje dziwne zjawisko. Jest tak jak z płonącą świecą. Kiedy świeca się dopala i za kilka sekund ma zgasnąć, jej płomień gwałtownie jaśnieje, rośnie.

Nikt nie chce odchodzić. Medycyna dobrze zna fakt, że w chwili śmierci ludzie całkowicie zdrowieją. To ostatnia próba przeciwstawienia się śmierci. Rodzina cieszy się, że zniknęły wszelkie dolegliwości. Chory stał się spokojny. Nie wiedzą jednak, że to oznaka nadchodzącej śmierci. Zniknęły choroby, ponieważ spełniły już swą funkcję – zabiły człowieka. Odbywa się właśnie ostatni zryw życia.

To samo dzieje się w czasie każdej biologicznej zmiany zachodzącej w życiu. Kiedy seks przestaje być ważny, nagle zaczynasz o nim myśleć więcej niż przedtem. Następuje gwałtowne przyśpieszenie! Ponieważ energia seksualna ogarnia umysł, pojawia się pytanie: „Skąd ona pochodzi?". Logiczna, racjonalna odpowiedź, której wówczas udziela umysł, brzmi: „Ta energia musi pochodzić z nieświadomości. Została tam wyparta". Tego właśnie nauczał Zygmunt Freud i jego następcy. W wielu wypadkach mieli rację, ale w wielu miejscach również się mylili. Popełniali błąd szczególnie w odniesieniu do okresu przejścia – menopauzy. Nie jesteś już osobą młodą, pewne hormony zanikają. Zanika twoje zainteresowanie seksem. Zanim zupełnie zaniknie, wybucha z pełną siłą. Jeżeli pójdziesz wówczas do psychoanalityka, stwierdzi on, że tłumisz swoją seksualność.

Nie wypowiadam się w ten sposób, ponieważ wiem, że ten gwałtowny przypływ energii seksualnej przeminie samoistnie. Nie musisz niczego robić. To sygnał, że dokonuje się w życiu zmiana. Teraz stanie się ono cichsze, spokojniejsze. Wchodzisz naprawdę w lepszą fazę.

Seks jest nieco dziecięcy. Kiedy dojrzewasz, traci nad tobą panowanie. Możesz czuć się z tego powodu szczęśliwa. Nie jest to problem, który należy rozwiązać. To moment, który należy uczcić.

Na Wschodzie żadna kobieta nie czuje się zakłopotana z powodu wejścia w wiek sędziwy. Czuje się zadowolona, że odszedł demon seksu i życie stanie się spokojniejsze. Natomiast Zachód żyje pod wpływem wielu iluzji. Jedną z iluzji jest to, że mamy tylko jedno życie. To błędne przekonanie powoduje ogromne problemy. Skoro masz tylko jedno życie i popęd seksualny ustaje, oznacza to, że jesteś skończona. Nie ma już żadnych możliwości. W życiu nie będzie już więcej podniet. Nikt ci już nie powie: „Jesteś piękna. Kocham cię i zawsze będę cię kochał".

Po pierwsze, problemy stwarza błędne przekonanie o istnieniu tylko jednego życia. Po drugie, psychoanalitycy i inni terapeuci stworzyli kolejną iluzję, że seks jest niemal równoznaczny z życiem. Im bardziej jesteś aktywna seksualnie, tym bardziej jesteś żywotna. Kiedy seks zanika, zaczynasz się czuć jak zużyty nabój. Dalsze życie nie ma sensu. Kończy się seks, kończy się życie. Wtedy ludzie próbują różnych dziwnych rzeczy: liftingu twarzy, chirurgii plastycznej, powiększenia biustu... Jest to głupie, po prostu głupie. Noszą peruki, ubierają się wyzywająco.

Prawie wszystkie kobiety na Zachodzie głodują. Nazywają to byciem na diecie. Na Zachodzie panuje bowiem przekonanie, że kobieta jest piękna wtedy, gdy jest szczupła. Natura ma na ten temat inne zdanie. Kobieta powinna być trochę tęższa, ponieważ natura stworzyła ją jako potencjalną matkę. Matka potrzebuje zapasu tłuszczu dla dziecka. Dziecko, które przebywa w brzuchu matki, potrzebuje pokarmu. W początkowym okresie ciąży kobieta odczuwa nudności, nie może jeść, wymiotuje. Potrzebuje w takiej sytuacji zapasu tłuszczu, by dziecko miało się czym żywić. Płód rozwija się szybko. Nauka stwierdziła, że dziecko w brzuchu matki rośnie w ciągu dziewięciu miesięcy szybciej, niż kiedykolwiek potem w ciągu całego życia. Proces rozwoju płodu jest błyskawiczny. Przez dziewięć miesięcy dziecko przechodzi cały proces ewolucji człowieka, wszystkie stadia. Matka musi zaspokoić potrzeby dziecka, a w początkowym okresie ciąży nie może jeść.

Teraz możesz sobie wyobrazić, jak trudne jest noszenie w brzuchu dziecka. Nie sądzę, aby jakikolwiek mężczyzna był gotów zajść w ciążę. Bez żadnych wątpliwości popełniłby samobójstwo. Skoczyłby z pięćdziesiątego piętra: „Jestem w ciąży? Koniec ze mną!". Pomyśl tylko o tym, że nosisz w brzuchu dziecko, a oszalejesz. Jak się tego pozbyć? Matka przechodzi przez ogromne cierpienie.

Dlatego na Wschodzie nie powstała myśl o tym, że kobieta powinna być chuda. Oczywiście – chuda kobieta wygląda bardziej atrakcyjnie pod względem seksualnym, wygląda na młodszą. Kobieta gruba jest mniej atrakcyjna seksualnie, ponieważ utraciła powabne proporcje ciała. Zniknęło wcięcie w talii.

Pewnego dnia ktoś przyniósł mi album ze zdjęciami wykonanymi przez sławnego fotografa. Na okładce umieszczono zdjęcie znanej aktorki. Na Wschodzie nie uchodziłaby ona za osobę piękną. Ta kobieta z pewnością była na diecie. Dieta jest zaś koncepcją głodowania, która zrodziła się w kręgu ludzi zamożnych. Ludzie ubodzy głodują w sposób naturalny. Mają niewiele jedzenia. Ludzie zamożni głodują pod kontrolą specjalistów. Płacą za to duże pieniądze.

Obawiasz się, że nie będziesz atrakcyjna, że ludzie nie będą zwracać na ciebie uwagi. Będziesz szła ulicą i nikt nie obejrzy się za tobą: „Kto to przechodzi?". Zwracanie na siebie uwagi jest istotną ludzką potrzebą. Szczególnie silnie ta potrzeba występuje u kobiet. Uwaga innych ludzi jest ich pożywieniem. Kobieta naprawdę cierpi, kiedy nikt nie zwraca na nią uwagi. Uroda jest jedynym walorem, dzięki któremu mogłaby przyciągać ludzi.

Chcę wam przypomnieć, jakie jest znaczenie słowa „szacunek"[15]. Kiedy ktoś przechodzi obok ciebie, spoglądasz do tyłu. Nie ma to nic wspólnego z oddawaniem honorów. Wiąże się to z faktem, że nagle stałeś się świadomy, iż obok ciebie przemknęła piękna rzecz.

Mężczyzna pozostawił kobiecie jedynie ciało. Dlatego kobieta bardzo się na nim skupia. Pociąga to za sobą zaborczość, chęć posiadania, obawy. Kobieta obawia się, że jeżeli mężczyzna, który ją kocha, odejdzie, nie będzie w stanie znaleźć innego. Kobieta, która nie otrzymuje dość uwagi, staje się prawie martwa. Jaki jest sens życia, jeśli nikt nie zwraca na ciebie uwagi? Kobieta nie ma poczucia własnej wartości. Mężczyzna nauczył kobietę, że jej wartość zależy od opinii innych ludzi na jej temat.

Nikt nie interesuje się w ten sposób ciałem mężczyzny. Mężczyzna może stać się gruby jak Winston Churchill. Jednak ciągle przyciąga uwagę innych osób, ponieważ dysponuje władzą. Jest bardzo gruby, ma obwisłą skórę. Jednak on się tym nie przejmuje, nie myśli o liftingu. On może mieć władzę, może być premierem. Może zajmować różne stanowiska.

Przez tysiąclecia mężczyzna dysponował wszelkimi możliwościami, by przyciągać uwagę innych. Natomiast kobiecie pozostawił tylko jedną możliwość – jej ciało. Mężczyzna uczynił z kobiety warzywo. Oczywiście warzywo niepokoi się, kiedy nie ma klientów, którzy chcą je kupić. To nie jest przypadek, że w najbardziej zdeprawowanym pod względem seksualnym kraju, we Francji, mężczyźni – gdy kochają się z kobietą – mówią: „Chcę

---

[15] Ang. *respect* – „spoglądać do tyłu" (przyp. tłum.).

cię zjeść". Czy są kanibalami? Czy kobieta jest warzywem? To zdanie wyraża ogromny szacunek mężczyzny! Kiedy nikt tak do niej nie mówi, kobieta myśli sobie: „Teraz jestem skończona. Nie mam po co żyć".

Musisz się najpierw nauczyć głębokiej akceptacji wszystkich zmian, związanych z naturalnym porządkiem rzeczy. Młodość ma swoje piękne strony, ale wiek sędziwy także. W późnym okresie życia seks przestaje być istotny. Jeżeli człowiek żył cicho, spokojnie, w sposób medytacyjny, starość ma swój urok. Siwe włosy starszej osoby są tak piękne, jak ośnieżone górskie szczyty. Jej głowa jest nie tylko piękna, lecz także mądra. Takiej dojrzałej mądrości nie mogą przypisać sobie ludzie młodzi, ponieważ ich zachowanie jest głupie. Młody człowiek ugania się za kobietami... Starszy mężczyzna zrezygnował z tego typu zachowań. Uspokoił się. Nie jest już od nikogo zależny. Starsza kobieta powinna postępować w ten sam sposób. Nie powinno tu być różnic między mężczyznami a kobietami.

Należy akceptować życie. Jednak twoja nieświadomość nie pozwala ci na zaakceptowanie życia takim, jakie ono jest. Chcesz czegoś jeszcze.

To dobrze, że zanika pociąg seksualny. Stajesz się wtedy bardziej zdolna do bycia sama ze sobą. Będziesz mogła wyraźniej doznawać uczucia błogości. Skończą się cierpienia. Cała bowiem gra, która toczy się wokół seksu, składa się z pasma cierpień: walki, nienawiści, zazdrości, zawiści. Nie jest to spokojne życie. Jedynie pokój, cisza, błogość, samotność i wolność mogą nadać twemu życiu prawdziwy smak.

Miliardy dolarów wydaje się na operacje plastyczne...

Dziś właśnie zostałem poinformowany, że w Ameryce wydaje się miliardy dolarów na operacje plastyczne.

Każdego roku prawie pół miliona ludzi przechodzi tego rodzaju zabiegi. Na początku korzystały z nich tylko starzejące się kobiety. Chciały wyglądać trochę młodziej, stać się przez kilka dni bardziej atrakcyjne.

Obecnie jednak z tego typu zabiegów coraz częściej zaczynają korzystać mężczyźni. Chcą być dłużej młodzi. Wewnętrznie się starzeją, lecz ich twarz ma młodzieńczą jędrność. Najbardziej zdumiewającą w tym raporcie sprawą był fakt, że na zabieg plastycznej operacji zdecydował się dwudziestotrzyletni chłopak. Chciał wyglądać jeszcze młodziej. Ameryka z pewnością jest krajem szaleńców, skoro już dwudziestotrzyletni chłopak chce wyglądać na młodszego...

Postępowanie przeciwne naturze jest okropne. Piękne jest natomiast dostosowanie się do niej i korzystanie z jej darów – niezależnie od tego, czy przynosi nam ona dzieciństwo, młodość czy starość. Jeżeli przyjmujesz postawę akceptacji i masz otwarte serce, wtedy we wszystkim, co przynosi naturalny bieg rzeczy, odnajdujesz piękno.

Uważam, podobnie jak mędrcy Wschodu, że człowiek staje się naprawdę piękny i pełen wdzięku w ostatniej fazie życia. Wtedy jest już wolny od wszelkich przywar młodości i od dziecięcej naiwności. Wykracza poza świat spraw doczesnych, zajmuje pozycję obserwatora. Stoi na szczycie góry i spogląda na świat w ciemnej dolinie, na ludzi poruszających się po omacku.

Również myśl, by pozostawać ciągle młodym, jest okropna. Wszyscy powinni wiedzieć o tym, że zmuszanie siebie do bycia młodym prowadzi do nasilania napięcia. Przyjmując taką postawę, nigdy nie będziesz w stanie się odprężyć.

Operacje plastyczne będą coraz bardziej popularne, a wtedy może stać się rzecz zadziwiająca: ludzie upodobnią się do siebie. Każda osoba będzie miała tej samej wielkości nos, a o jego rozmiarze zadecyduje komputer. Każdy będzie miał ten sam rodzaj i kształt twarzy. Taki świat nie będzie piękny. W takim świecie zniknie wielość kształtów i piękno różnorodności. Ludzie staną się podobni do maszyn, które schodzą z tej samej linii produkcyjnej, jedna za drugą, jak w fabryce samochodów Forda. Co minutę z taśmy produkcyjnej w tej fabryce schodzi jeden nowy samochód. W ciągu godziny jest gotowych sześćdziesiąt samochodów. Proces produkcji trwa bez przerwy przez dwadzieścia cztery godziny. Następuje zmiana pracowniczych ekip, lecz linia produkcji bez przerwy wytwarza nowe samochody.

Czy pragniesz tego, by ludzkość została poddana podobnemu procesowi, by zamieniła się w wielką fabrykę? Czy chcesz, by każda napotkana przez ciebie osoba wyglądała jak Sophia Loren? Byłoby to bardzo nudne.

Każdy chce żyć długo, lecz nikt nie chce się starzeć. Dlaczego? Ponieważ obawia się następnego etapu. Nikt tak naprawdę nie obawia się podeszłego wieku. Jednak potem następuje śmierć. Dlatego każdy chce żyć tak długo, jak to jest możliwe, lecz nie chce się starzeć, ponieważ starzenie się oznacza wejście w bramę śmierci. Na samym spodzie lęku przed starością znajduje się lęk przed śmiercią. Śmierci boją się tylko te osoby, które nie wiedzą, jak żyć.

Pewien aforyzm mówi: „Młodość jest chorobą, z której człowiek stopniowo leczy się każdego dnia". Podeszły wiek jest tym lekarstwem! Przeszedłeś przez krzyżowy ogień życia, zdałeś ten test. Dotarłeś do punktu, w którym możesz całkowicie wyłączyć się, oddalić, przyjąć obojętną postawę.

Jednak Zachód nigdy nie zrozumiał piękna wieku sędziwego. Ja mogę zrozumieć to piękno, jednak nie mogę zgodzić się z poglądem, który panuje na Zachodzie. Z przekonaniem, że problem życia polega na tym, że jest ono tak krótkie, a na świecie jest tak wiele pięknych kobiet. Z tego powodu nikt nie chce się starzeć. Ach! Gdyby jeszcze trochę można było wydłużyć czas życia!

Jednak chcę wam powiedzieć, że kłopot byłby jeszcze większy, gdybyśmy mieli jeszcze więcej czasu, a tylko kilka kobiet. Ten świat jest doskonały taki, jaki jest.

12. Umysł

Co w istocie oznacza bycie mężczyzną lub kobietą?

Bycie mężczyzną lub kobietą jest bardziej związane z psychiką niż z fizjologią. Ktoś może być mężczyzną pod względem fizjologicznym, lecz nie w sensie psychicznym. Możliwa jest też sytuacja odwrotna. Na tym świecie można spotkać agresywne kobiety. Ich liczba, niestety, rośnie. Są bardzo agresywne. Cały Ruch Wyzwolenia Kobiet wyrasta z agresywnej postawy umysłu. Kiedy kobieta jest agresywna, przestaje być kobieca.

Joanna d'Arc nie jest kobietą. Natomiast Jezus Chrystus jest kobietą. Joanna d'Arc jest pod względem psychicznym mężczyzną. Jej postawa jest agresywna. Jezus Chrystus w ogóle nie przejawia agresji. Mówi: „Jeżeli ktoś uderzy cię w jeden policzek, nadstaw mu też drugi". Nie zna przemocy. Jezus mówi: „Nie sprzeciwiaj się złu". Nawet złu nie należy się sprzeciwiać! Brak oporu stanowi istotę kobiecego wdzięku...

Nauka jest męska. Religia jest kobieca. Nauka jest dążeniem do podboju natury. Religia natomiast jest przyzwoleniem, by człowiek mógł się rozpuścić w naturze.

Kobieta wie, w jaki sposób może się rozpuścić w naturze i z nią zjednoczyć. Każda osoba poszukująca prawdy musi wiedzieć, w jaki sposób można się rozpuścić w naturze, w jaki sposób można się z nią zjednoczyć. Jak płynąć z nurtem, bez oporu, bez walki... W miarę jak twoja postawa staje się coraz bardziej medytacyjna, twoja energia uwalnia się od agresji. Zanika przemoc, wzrasta miłość. Już nie jesteś zainteresowany panowaniem nad innymi. Zamiast tego stajesz się coraz bardziej zainteresowany sztuką poddawania się. Taka właśnie orientacja czyni psychikę kobiet naprawdę kobiecą.

Zrozumienie kobiecej psychiki oznacza zrozumienie psychologii religijności. Dzisiejsza psychologia jest zdominowana przez orientację męską. Nie uczyniono jeszcze odpowiedniej zmiany. Badacze studiują zachowanie szczurów i wyciągają z tego wnioski na temat zachowania człowieka.

Jeżeli chcesz poznawać kobiecą psychikę, przyjrzyj się mistykom. Stanowią oni jej najlepsze przykłady. Poznawaj takie postacie, jak Basho, Rinzai, Budda, Jezus, Lao-Cy. Musisz poznać je dobrze, ponieważ ich sposób rozumienia świata da ci wgląd w istotę kobiecej natury.

Jaka jest różnica pomiędzy umysłem kobiecym a męskim?

Dzięki współczesnym badaniom stwierdzono bardzo istotny fakt, jeden z najbardziej znaczących w tym stuleciu: nie mamy jednego umysłu, lecz dwa umysły. Twój umysł jest podzielony na dwie półkule: prawą i lewą. Półkula prawa jest związana z lewą ręką, natomiast lewa półkula z prawą ręką. To połączenie krzyżowe.

Prawa półkula jest intuicyjna, nielogiczna, nieracjonalna, poetycka, platońska, imaginatywna, romantyczna, mityczna, religijna. Natomiast lewa półkula jest logiczna, racjonalna, matematyczna, arystotelesowska, naukowa, analityczna. Te dwie półkule pozostają w ciągłym konflikcie. Ich konflikt odzwierciedla zasadnicze trendy polityczne w świecie. Możesz sobie tego nie uświadamiać, lecz sprawą podstawową pozostaje zharmonizowanie tych dwóch umysłów.

Jak wspomniałem, lewa ręka jest związana z prawą półkulą. Ta zaś ma nastawienie intuicyjne, imaginatywne, mityczne, poetyckie i religijne. Społeczeństwo potępia osoby leworęczne, jest bowiem zdominowane przez osoby praworęczne. Prawa ręka łączy się zaś z lewą półkulą. Dziesięć procent dzieci rodzi się jako leworęczne. Są jednak zmuszane do stania się praworęcznymi. Dzieci, które urodziły się jako leworęczne, są zasadniczo nieracjonalne, kierują się intuicją, nie podążają za logiką i za geometrią Euklidesa... Stanowią zagrożenie dla społeczeństwa. Dlatego zmusza się je na różne sposoby, by stały się praworęczne. Istota sprawy nie dotyczy jednak rąk, lecz półkul mózgowych i procesów wewnętrznych. Dzieci leworęczne funkcjonują w oparciu o prawą półkulę, a na to społeczeństwo nie chce pozwolić. To niebezpieczne i ten proces należy powstrzymać, zanim będzie za późno.

Przypuszcza się, że kiedyś proporcje musiały być równe: połowa dzieci praworęcznych i połowa leworęcznych. Jednak ludzie praworęczni rządzili tak długo, że stopniowo proporcje ulegały zmianie. I teraz mamy dziesięć procent do dziewięćdziesięciu. Nawet w tym miejscu, wśród zebranych tu osób, mogą być osoby leworęczne, które nie są tego świadome. Możecie pisać prawą ręką i wykonywać nią różne inne czynności. Jednak w dzieciństwie zmuszono was do przejścia na posługiwanie się prawą ręką. To sprytny wybieg, ponieważ kiedy stajesz się sobą praworęczną, zaczyna dominować lewa półkula, związana z rozumem.

Mniejszość, którą tworzą osoby leworęczne, jest najbardziej prześladowaną na świecie grupą społeczną, bardziej nawet niż Murzyni i ludzie biedni.

Jeżeli zrozumiesz opisane przeze mnie podziały, będzie to kluczem do zrozumienia wielu procesów. U ludzi ubogich zawsze dominowała prawa półkula. Mają oni bardziej rozbudzoną intuicję. Odwiedź ludzi prymitywnych. Oni działają raczej intuicyjnie. Im uboższa jest osoba, w tym mniejszym stopniu przejawia postawę intelektualną. Z tego też powodu żyje w ubóstwie: nie potrafi rywalizować w świecie rządzonym przez rozum. Taka osoba jest mniej sprawna w używaniu języka, logiki, obliczeń. Jest w tym zakresie ignorantem. Natomiast osoba zamożna funkcjonuje głównie w oparciu o lewą półkulę. Potrafi lepiej rachować, oblicza wszystko, jest sprytna, przebiegła, logiczna, umie planować. Te zdolności mogą być powodem jej bogactwa.

To samo dotyczy kobiet i mężczyzn. U kobiet dominuje prawa półkula, u mężczyzn zaś lewa. Mężczyźni przez całe wieki rządzili kobietami. Obecnie pewna liczba kobiet buntuje się przeciw temu. Zadziwiające jest jednak to, że należą one do określonego typu. Są podobne do mężczyzn – racjonalne, rzeczowe.

Możliwe, że pewnego dnia gdzieś na świecie, być może w Ameryce, kobiety zdołają obalić mężczyzn. Będzie to podobne do zwycięstwa rewolucji komunistycznych w Rosji czy Chinach. Jednak w momencie, gdy kobiety zatriumfują, faktycznie przestaną być kobietami. Staną się bowiem osobami, u których dominuje lewa półkula. Aby walczyć, trzeba stać się osobą wyrachowaną. Aby walczyć z mężczyznami, trzeba stać się takim jak mężczyzna – agresywnym. Właśnie postawa agresywna charakteryzuje uczestniczki Ruchu Wyzwolenia Kobiet na całym świecie.

Kobiety, które przystąpiły do Ruchu Wyzwolenia, są bardzo agresywne. Utraciły wdzięk, intuicję. Walka z mężczyznami wymaga posługiwania się podstępem. Trzeba opanować określone techniki. Jednak walka z kimkolwiek jest bardzo niebezpieczna. Kiedy walczysz, stajesz się podobny do swego przeciwnika. Na tym polega jeden z największych problemów ludzkości. Kiedy z kimś walczysz, stopniowo musisz zacząć używać tych samych technik i sposobów. Przeciwnik może zostać pokonany. Jednak w tym czasie stajesz się własnym wrogiem...

Pomiędzy półkulami istnieje delikatne połączenie, rodzaj wąskiego mostu. Jeżeli ten most zostanie przypadkowo przerwany – przez wypadek, z powodu fizjologicznego zaburzenia czy też z innych względów, osoba staje się podzielona na dwie części. Pojawia się schizofrenia lub zjawisko osobowości rozszczepionej. Jeżeli most zostanie przerwany, a jest on bardzo delikatny, wtedy stajesz się dwiema osobami, zachowujesz się jak dwie osoby. Rano jesteś ciepły, kochający, natomiast wieczorem jesteś kimś zupełnie innym – wściekły. Nie pamiętasz już tego, jaki byłeś z rana... Jak mógłbyś pamiętać? Działał wtedy inny umysł.

Połączenie między dwoma umysłami może jednak zostać wzmocnione. Wówczas dwa umysły przekształcają się w jeden. Następuje integracja, a następnie krystalizacja. Georgij Gurdżijew nazywał ten proces „krystalizacją bytu". Jest to scalenie dwóch umysłów. Następuje wewnętrzne spotkanie męskości i kobiecości, *jin* i *jang*, półkuli lewej i prawej, logicznego i nielogicznego, spotkanie Arystotelesa i Platona.

Jeżeli potrafisz zrozumieć ten podstawowy podział rzeczywistości na dwie opozycyjne części, będziesz mógł zrozumieć wszystkie konflikty, zachodzące w tobie i wokół ciebie.

Umysł kobiecy ma wdzięk, natomiast umysł męski obdarzony jest umiejętnością skutecznego działania. W ciągłej walce wdzięk jest skazany na porażkę. Zwycięża skuteczność. Świat nie rozumie języka miłości, lecz ścisły język matematyki. Jednak w momencie, gdy skuteczność zwycięża w tobie wdzięk, tracisz coś drogocennego – tracisz kontakt ze swą istotą. Możesz się stać bardzo skuteczny w działaniu, lecz przestajesz być osobą. Stajesz się maszyną, robotem.

Z opisanych tu powodów pomiędzy mężczyzną a kobietą istnieje ciągły konflikt. Nie mogą istnieć w izolacji, muszą wchodzić w relacje. Trudno jest im jednak wytrwać we wspólnym byciu. Ta walka nie toczy się w świecie zewnętrznym. Ta walka toczy się w twoim własnym wnętrzu. Uważam, że dopóki nie będziesz w stanie zakończyć wewnętrznej walki pomiędzy prawą a lewą półkulą, dopóty nie będziesz mógł spokojnie spocząć w miłości. Walka zewnętrzna jest bowiem tylko przejawem wewnętrznego konfliktu. Jeśli jesteś mężczyzną, w czasie walki, która toczy się w twym wnętrzu, identyfikujesz się z lewą półkulą. Usiłujesz podporządkować sobie prawą półkulę. Podobnie będziesz też postępował wobec kobiety, w której się zakochasz. A jeśli kobieta bezustannie prowadzi wewnętrzną walkę przeciwko rozumowi, będzie też walczyła z mężczyzną, którego kocha.

Wszystkie związki, niemal wszystkie – wyjątki nie są bowiem znaczące i możemy je pominąć – wyglądają w tak okropny sposób. W początkowej fazie relacja wydaje się piękna; nie ukazują się jeszcze realia, ludzie mogą udawać. Kiedy relacja zostanie już trwale zawiązana i możesz się odprężyć, wtedy zaczyna dochodzić do głosu twój wewnętrzny konflikt. Następnie odzwierciedla się on bezpośrednio w relacji. Wtedy rozpoczynają się walki, wszelkiego rodzaju kłótnie, wzajemne niszczenie. Stąd wypływa też atrakcyjność relacji homoseksualnych. Miłość pomiędzy mężczyznami nie tworzy tak wielu konfliktów. Może ona nie być szczególnie satysfakcjonująca, nie prowadzić do poczucia ogromnej błogości i orgazmu, lecz nie jest przynajmniej tak okropna jak relacja pomiędzy kobietą a mężczyzną.

Kobiety stają się lesbijkami, kiedy doświadczyły zbyt wielu konfliktów z mężczyznami. Relacja miłosna między dwiema kobietami nie prowadzi do takiej liczby konfliktów. Podobne spotyka się z podobnym. Kobiety mogą się wzajemnie zrozumieć. Tak, zrozumienie jest możliwe, zostaje jednak utracone przyciąganie, charakterystyczne dla opozycji. A to duża strata. Zrozumienie jest niewątpliwie możliwe, lecz utracone zostaje całe piękno napięcia w relacji, piękno wyzwania, które pojawia się w relacji przeciwnych płci. Jeżeli podejmiesz wyzwanie, pojawi się konflikt. Prawdziwy problem tkwi w tobie: Jeśli nie osiągniesz pokoju i głębokiej harmonii między umysłem kobiecym i męskim, nie będziesz w stanie kochać…

Na tym polega trudność, z którą spotyka się człowiek współczesny. Związki stają się coraz bardziej przypadkowe. Ludzie obawiają się jakichkolwiek wzajemnych zobowiązań. Z osobistego, gorzkiego doświadczenia wiedzą o jednej rzeczy. Kiedy głęboko angażują się w związek, następuje wybuch. Konflikt wewnętrzny przejawia się w relacji pomiędzy partnerami. Życie staje się wówczas okropne, straszne, nie do zniesienia.

Jeżeli pozostajesz obserwatorem stojącym obok, wówczas dowolny związek może ci się wydawać piękny jak oaza na pustyni. W momencie, gdy się zbliżasz, oaza znika. W pewnej chwili oaza związku przemienia się w więzienie. Pamiętaj jednak o tym, że to więzienie nie jest stworzone przez innych. Ono pochodzi z twego wnętrza.

Kiedy dominuje lewa półkula mózgu, człowiek osiąga w życiu sukcesy. Są one tak znaczące, że w wieku czterdziestu lat ten człowiek ma wrzody żołądka. Około czterdziestego piątego roku życia przeszedł już przynajmniej dwa ataki serca. W momencie, gdy taki człowiek życiowego sukcesu zbliża się do pięćdziesiątki, jest już prawie martwy.

Możesz się stać wielkim naukowcem, lecz nie będziesz wielką ludzką istotą. Możesz zgromadzić wielkie bogactwa, lecz utracisz to, co ma rzeczywistą wartość. Możesz podbić cały świat, podobnie jak Aleksander Wielki, jednak nie poznasz swego wewnętrznego terytorium.

Lewa półkula mózgu jest związana ze światem spraw bieżących. Podąża za wieloma atrakcjami: samochodami, pieniędzmi, domami, władzą, prestiżem. To orientacja życiowa osoby, którą w Indiach określamy mianem *grustha* – właściciel nieruchomości.

Prawa półkula związana jest z postawą *sannjasina*. Taki człowiek jest bardziej zainteresowany poznawaniem własnej istoty, dąży do wewnętrznego pokoju i osiągnięcia błogości. Mniejszą wagę przywiązuje do rzeczy. Zajmuje w tym względzie postawę indyferentną. Jeżeli wartości materialne się pojawiają, jest zadowolony, jeśli zaś nie, także towarzyszy mu zadowolenie. Osoba w typie *sannjasina* bardziej skupia się na chwili bieżącej, a mniej na chwilach przyszłych, bardziej na poetyczności życia, mniej zaś na jego arytmetyce...

Jednym sposobem życia jest podążanie za zasadami arytmetyki, innym zaś podążanie za snami oraz wizjami.

Pewnego dnia ktoś mnie zapytał, czy istnieją duchy i wróżki. Tak, istnieją, jeśli używasz prawej półkuli. Jeśli zaś używasz lewej – nie istnieją.

U wszystkich dzieci dominuje prawa półkula. One dostrzegają wszędzie wokół siebie wróżki i duchy.

Jednak dorosłe osoby zaczynają dzieci pouczać, przywołują je do porządku i mówią:

– To nonsens. Jesteś głupi. Gdzie widzisz wróżkę? To po prostu cień.

Krok po kroku przekonujesz dziecko, narzucasz mu własne poglądy. Ono jest bezradne wobec twoich działań. Stopniowo przekonujesz je i jego świadomość ewoluuje od prawej ku lewej półkuli. Dziecko jest zmuszane do zmiany orientacji. Musi żyć w twoim świecie, w świecie osoby dorosłej. Musi zapomnieć o swoich snach, musi zapomnieć o mitycznych opowieściach, musi zapomnieć o poezji. Natomiast zostaje zmuszane do nauki matematyki. Jego umysł musi być ścisły, musi funkcjonować według przewidywalnych reguł. Oczywiście, dziecko może skutecznie opanować matematykę, lecz jego wnętrze zostało okaleczone, a jego swoboda życiowa sparaliżowana. Oddala się przez to od prawdziwego życia. Staje się przedmiotem na rynku wymiany ekonomicznej. Całe jego życie jest pozbawione głębszego sensu, choć oczywiście jest wartościowe w oczach świata.

Sannjasin jest osobą, która kieruje się wyobraźnią, snami i wizjami. Postawa takiej osoby jest poetycka; ona czyni ze swego życia utwór poetycki. Spogląda na świat przez okno swych wewnętrznych wizji. Dla takiej osoby drzewa są bardziej zielone niż dla ciebie. Ptaki są piękniejsze. Całość zjawisk jest przeniknięta światłem, promienieje. Zwykłe kamienie stają się diamentami. Nic nie jest zwyczajne. Jeżeli odbierasz rzeczywistość przez prawą półkulę, wszystko staje się boskie i święte. Religia wywodzi się z prawej półkuli.

Pewien mężczyzna siedział z przyjacielem w kawiarni i popijał herbatę. Badawczo wpatrywał się w swoją filiżankę, a potem westchnął:

– Ach, przyjacielu, życie jest niczym filiżanka herbaty.
Ten drugi zastanawiał się przez chwilę i odpowiedział:
– Ale dlaczego? Dlaczego życie jest jak filiżanka herbaty?
– Skąd mam wiedzieć? Nie jestem przecież filozofem!

Prawa półkula dokonuje jedynie stwierdzeń dotyczących faktów. Nie dostarcza uzasadnień. Jeżeli zadajesz pytanie: „Dlaczego?", prawa półkula milczy. Nie udziela żadnej odpowiedzi. Jeżeli podczas spaceru zobaczysz kwiat lotosu i wykrzykniesz:

„Jaki piękny!", ktoś może zapytać: „Dlaczego?". Co wtedy zrobisz? Odpowiesz: „Skąd mam wiedzieć? Nie jestem przecież filozofem!". To proste stwierdzenie, bardzo proste. Samo w sobie całkowite i kompletne. Nie kryje się za nim żadne uzasadnienie. To stwierdzenie nie jest też nastawione na osiągnięcie jakiegoś celu. Jest prostym stwierdzeniem faktu... Prawa półkula to ośrodek poezji i miłości.

Istnieje więc potrzeba głębokiej przemiany; ta przemiana jest wewnętrzną transformacją.

Czy możesz powiedzieć więcej o charakterze kobiecego umysłu?

Kobiecy umysł ma właściwości zarówno pozytywne, jak i negatywne. Pozytywną właściwością jest zdolność do kochania, negatywną zaś zdolność do odczuwania zazdrości. Pozytywną jest chęć dzielenia się, negatywną chęć posiadania, chciwość. Pozytywną jest umiejętność czekania, cierpliwość, negatywną natomiast skłonność do popadania w marazm; czasami marazm bywa błędnie interpretowany jako umiejętność czekania.

To samo dotyczy umysłu męskiego. Jego pozytywną cechą jest skłonność do badania rzeczywistości, negatywną zaś skłonność do wątpienia. Nie możesz być badaczem, który jest całkowicie pozbawiony wątpliwości. Taki stan umysłu – połączenie chęci poznania i jednoczesne wątpienie – jest pozytywny. Jednak można spotkać ludzi, którzy wątpią, a jednocześnie nie poszukują. Po prostu siedzą biernie i wątpią.

Inną pozytywną cechą mężczyzny jest dążenie do spokoju. Natomiast negatywną – nerwowość. Chociaż mężczyzna przejawia nerwowy niepokój, nie istnieje obiektywna potrzeba, by się z nim identyfikował. Możesz użyć niepokoju jako odskoczni, by osiągnąć spokój. Dysponujesz energią i potrzebą jej wykorzystania. Wykorzystaj tę potrzebę, by wejść w stan nie-działania, w stan medytacji.

Cecha negatywna może zostać wykorzystana w celu osiągnięcia pozytywnego rezultatu. Jeżeli istnieje jakaś właściwość pozytywna, zawsze towarzyszy jej negatywna. Jeżeli skupisz zbyt wiele uwagi na aspekcie negatywnym, możesz coś stracić. Przykładaj więcej uwagi do strony pozytywnej, a wtedy zyskasz.

Zarówno kobiety, jak i mężczyźni powinni osiągnąć wewnętrzną jedność. Dzięki temu powstanie coś najpiękniejszego: niepodzielona osoba, jedność, wewnętrzny kosmos; symfonia, której dźwięki tworzą harmonię i nadają odpowiedni rytm, nadają całości piękną barwę. Te dźwięki tworzą całość, harmonijną całość.

Kto jest głupszy – mężczyzna czy kobieta?

Opowiem ci anegdotę.

Pewien mężczyzna zapytał swoją partnerkę:

– Dlaczego Bóg stworzył kobiety tak pięknymi istotami?
– Po to, abyście się w nas zakochiwali.
– Dlaczego więc Bóg stworzył was tak głupimi istotami?
– Abyśmy mogły zakochiwać się w was.

W rzeczy samej głupota nie jest zależna od płci. Ma ona wszelkie możliwe odmiany, kształty i wymiary.

Czy kobiety są odważniejsze od mężczyzn?

Z pewnością tak. Mężczyźni są zazdrośni... Nie ma w nich odwagi. Kobieta potrafi bardziej kochać, ponieważ nie kieruje się logiką, rozumem, lecz uczuciami i sercem.

Ścieżka serca jest piękna, ale niebezpieczna. Ścieżka umysłu jest bezpieczna, ale zwyczajna. Mężczyzna wybrał najkrótszą i najbardziej bezpieczną drogę życia. Kobieta wybrała najpiękniejszą, chociaż najbardziej pofalowaną i niebezpieczną drogę emocji, uczuć, nastrojów. Ponieważ dotąd światem rządzili mężczyźni, kobiety niezmiernie cierpiały. Nie mogły się dopasować do społeczeństwa stworzonego przez mężczyzn, ponieważ to społeczeństwo opiera się na rozumie i logice. A one pragną świata, którym kieruje serce.

W świecie stworzonym przez mężczyznę nie ma miejsca dla serca. Mężczyzna musi nauczyć się być bardziej serdeczny, ponieważ rozum prowadzi całą ludzkość ku globalnemu samobójstwu. Rozum zniszczył harmonię panującą w naturze, spowodował kryzys ekologiczny. Rozum doprowadził do skonstruowania wspaniałych maszyn, a jednocześnie zniszczył człowieczeństwo. We wszystkich dziedzinach życia potrzebne jest serce.

Uważam, że do wewnętrznej istoty człowieka można łatwiej dotrzeć przez serce niż przez umysł. Umysł stanowi dobrą drogę ku rzeczywistości zewnętrznej, natomiast serce jest właściwą ścieżką wiodącą do naszego wnętrza.

Z tego względu tak bardzo akcentuję potrzebę miłości. Z postawy pełnej miłości łatwo wejść w medytację, skontaktować się z nieskończonym wymiarem istnienia, dotrzeć do boskości. Trudno to wszystko uczynić, jeśli kierujemy się głową. Najpierw każdy powinien skontaktować się ze swoim sercem. Później stanie się możliwe nawiązanie kontaktu z własną wewnętrzną istotą.

Kładę tak duży nacisk na miłość z powodów duchowych. Kobieta może ze swego serca dotrzeć do swej duchowej istoty. Także mężczyzna – potencjalnie – nie powinien mieć trudności, by skontaktować się ze swoim sercem. Mężczyźni zostali zaprogramowani w niewłaściwy sposób. Są przekonywani, że muszą być twardzi, silni, męscy. Mężczyzna nie powinien płakać, okazywać smutku ani radości. Nie może sobie pozwolić na łzy, ponieważ od dzieciństwa wpajano mu, że płaczą tylko kobiety. A to przecież jest pozbawione sensu.

Jeżeli prawdą byłoby twierdzenie, że mężczyźni nie mogą płakać, to w jakim celu natura wyposażyła i mężczyzn, i kobiety w gruczoły łzowe?

Jakie znaczenie mają płacz i łzy? Są bardzo potrzebne. Zdarzają się w życiu takie chwile, gdy nie potrafisz czegoś wyrazić, lecz mogą to wyrazić twoje łzy. Kiedy jesteś tak smutny, że nie umiesz o tym mówić, pomogą ci łzy. Kiedy przeżywasz ogromną radość, w twoich oczach także pojawiają się łzy – słowa nie są wówczas potrzebne. Łzy zawsze są sygnałem głębokich doświadczeń.

Możliwość wyrażania uczuć za pomocą łez przyczynia się do tego, że kobiety rzadziej popadają w szaleństwo niż mężczyźni. Są gotowe, by w każdym momencie płakać i szlochać – uwalniać napięcie. Każdego dnia są w stanie wejść w kontrolowane szaleństwo.

Mężczyźni kumulują w sobie napięcie, aż pewnego dnia ono eksploduje. Kobiety popadają od czasu do czasu w małe szaleństwa. To mądrzejsza droga: każdego dnia po troszeczku. Po co gromadzić w sobie napięcie?

Mężczyźni popełniają samobójstwo częściej niż kobiety, choć kobiety mówią o samobójstwie znacznie częściej niż mężczyźni. Mężczyźni nie mówią o popełnianiu samobójstwa, ale popełniają je dwukrotnie częściej niż kobiety. Mężczyzna wypiera uczucia, stara się zachować twarz. W ten sposób okłamuje siebie. Istnieje pewna granica wytrzymałości. Nadchodzi moment, gdy nie może już unieść nagromadzonego ciężaru i wtedy wszystko się rozpada.

Mężczyźni powinni się uczyć, jak mogą być bardziej serdeczni, ponieważ to z serca wychodzi ścieżka ku poznaniu własnej istoty. Nie można ominąć serca. Kobieta znajduje się w lepszej sytuacji, może bowiem bezpośrednio z serca podążać ku swej prawdziwej istocie. Mężczyźni zamiast rozpoznać ten wspaniały potencjał kobiet, poniżali je. Prawdopodobnie czynili to z tego właśnie powodu, że byli świadomi wyższości kobiet, polegającej na zdolności do miłości. Żadna logika nie przewyższy miłości; żaden umysł nie przewyższy serca. Umysł przejawia mordercze skłonności, stosuje przemoc. Mężczyźni bili kobiety, poddawali je represjom, poniżali. Nie zdawali sobie sprawy z tego, że poniżanie i represjonowanie kobiet oznacza uczynienie ich istotami niższymi. W ten sposób odbierali połowie ludzkości szansę osobistego rozwoju. Ty także znalazłaś się w tej pozycji, pozbawiono cię twoich naturalnych możliwości. Musisz stopniowo uczyć się nowej drogi. Wyzwolenie kobiet jest również wyzwoleniem mężczyzn, a nawet czymś więcej. Mogę powiedzieć, że jest to bardziej wyzwolenie mężczyzn niż wyzwolenie kobiet.

Tak, kobiety mają w sobie więcej miłości. Powinny być jednak świadome istnienia drugiej strony medalu. Mężczyźni posługują się logiką. Kobiety w jakimś stopniu mogą postępować nielogicznie, być nielogiczne. Nie jest to niebezpieczne; to jak drobna pomyłka, która może zostać naprawiona. Dlatego mówiłem, że ścieżka serca jest piękna, lecz niebezpieczna.

Przeciwieństwem miłości są nienawiść i zazdrość. Dlatego jeżeli kobieta wpada w pułapkę nienawiści lub zazdrości, obumiera w niej piękno miłości. Pozostaje z trucizną w dłoniach. Taka kobieta może zatruwać siebie samą oraz osoby, które ją otaczają.

Kiedy kochasz, zachowaj czujność, ponieważ możesz łatwo wpaść w czarną dziurę nienawiści, znajdującą się tuż obok. Każdy szczyt miłości otoczony jest przez ciemną dolinę nienawiści. Bardzo łatwo możesz się ześliznąć...

Być może z tego właśnie powodu wiele kobiet postanawia nie angażować się w miłość, a mężczyźni decydują się żyć w głowie i zapomnieć o sercu. Serce jest niezwykle podatne na zranienia. Uczucia zaś zmieniają się w sercu tak, jak zmienia się pogoda.

Osoba, która chce się naprawdę uczyć sztuki życia, musi pamiętać o tym wszystkim. Powinna też chronić swą miłość i nie pozwolić, by stoczyła się ona w przepaść nienawiści i zazdrości. Kiedy tak się stanie, uniemożliwia to podróż ku prawdziwej istocie. Osobie, która popadnie w pułapkę nienawiści i zazdrości, trudniej będzie dotrzeć do prawdziwej wewnętrznej istoty niż komuś, kto zaczyna proces rozwoju z poziomu głowy.

Kobieta powinna porzucić nienawiść i zazdrość. Mężczyzna powinien porzucić logikę i stać się trochę serdeczniejszy.

Można używać logiki. Jest ona użyteczna. Szczególnie przydatna okazuje się w badaniach naukowych, lecz nie w relacjach międzyludzkich. Ludzie powinni być uważni, świadomi tego, że logika nie może wyłącznie kierować ich postępowaniem. Powinna pełnić funkcję instrumentu, którego się używa w określonej chwili, a potem odkłada na bok.

Kobieta musi uważać, by nie ulec nienawiści, zazdrości, złości, ponieważ te uczucia niszczą jej najpiękniejszy skarb, jakim jest miłość. I mężczyzna, i kobieta muszą głębiej zanurzyć się w miłości. Im głębiej w nią wejdą, tym staną się bliżsi swojej prawdziwej istoty.

Prawdziwa istota nie jest czymś od nas odległym. Jest najgłębszym pokładem miłości, miłości całkowicie czystej, bezwarunkowej. Miłość czujna, przytomna, świadoma natychmiast prowadzi do potężnej przemiany: otwiera bramy świątyni, którą jest nasza prawdziwa istota.

Dotarcie do prawdziwego centrum umożliwia ci dostęp do wszystkich wartości, które daje życie – do jego aromatu, piękna, radości i wszelkich błogosławieństw...

Kobiety są z pewnością bardziej odważne niż mężczyźni. We wszystkich kulturach świata jest tak, że to kobieta opuszcza swoją rodzinę i przenosi się do rodziny męża. Opuszcza matkę, ojca, przyjaciół, rodzinną miejscowość – to, co ukochała, w czym wzrastała. Poświęca to wszystko w imię miłości do mężczyzny. Mężczyzna nie byłby w stanie tego zrobić.

Tak naprawdę powinien to robić mężczyzna, ponieważ twierdzi, że jest istotą wyższą. To on powinien przenieść się do domu swej kobiety, a nie sprowadzać jej do siebie. Jednak w żadnej kulturze, w żadnym społeczeństwie w całej historii ludzkości mężczyzna nie podejmował takiego kroku. Nie opuszczał rodziny, swego pierwotnego gruntu, otoczenia, w którym wzrastał. Nie poświęcał tego wszystkiego, by stać się częścią całkowicie nowej sytuacji, nowego otoczenia, nowego kraju; nie decydował się na to, by być niczym roślina przesadzona do nowego ogrodu, do nowej gleby, zmuszona do tego, by rozwijać się w nowych warunkach. To kobieta jest w stanie tak postąpić i czyni to z wdziękiem.

Kobieta jest z pewnością bardziej odważna. Jest bardziej odważna w miłości... Kocha jako matka tak mocno, że nie może jej dorównać żaden ojciec. Kocha jako żona tak intensywnie, że nie może jej dorównać żaden mąż. W dzieciństwie kocha bardzo mocno swoich rodziców jako córka. Żaden syn nie jest w stanie przejawić tak silnej miłości do rodziców. Całe życie kobiety jest miłością.

Dla mężczyzny największe znaczenie ma samo życie. Miłość zaś stanowi tylko niewielką część życiowego doświadczenia. Mężczyzna potrafi poświęcić miłość dla pieniędzy, władzy, prestiżu. Mężczyzna może wyrzec się miłości z byle powodu.

Kobieta nigdy nie wyrzeka się miłości. Dla niej miłość jest najważniejsza. Wszystkie pozostałe wartości mają mniejsze znaczenie. Kobieta może poświęcić wszystko, lecz nie miłość. Z pewnością kobieta jest odważną istotą, a mężczyzna powinien się od niej uczyć.

Powinniśmy wszelkie relacje przekształcić w obszar uczenia się. Powinniśmy się uczyć tego, w jaki sposób możemy doświadczać innych osób głęboko i blisko, jak otwierać się wzajemnie na swoje tajemnice. Dzięki temu nasze relacje staną się zjawiskiem duchowym. Kobiety i mężczyźni zostaną wzbogaceni przez takie duchowe relacje. W rezultacie bogatsze duchowo stanie się całe społeczeństwo.

Dlaczego do dziś nie nastąpiło wyzwolenie kobiet?

Kobiety nie stały się zjednoczoną siłą. To jedna z przeszkód, które uniemożliwiły im wyzwolenie. Kobiety przyjaźnią się raczej z mężczyznami. Ich przyjaźń nie kieruje się ku innym kobietom. Z innymi kobietami łączy je jedynie relacja zazdrości. Zazdroszczą, gdy druga kobieta jest lepiej ubrana, gdy ma ładniejsze ozdoby, droższy samochód lub większy dom.

Jedna kobieta zazdrości drugiej; oto zasadnicza przyczyna ich zniewolenia. Kobiety nie potrafią stać się zjednoczoną siłą; gdyby potrafiły – ponieważ stanowią połowę społeczeństwa – wyzwoliłyby się już dawno temu; przeszkody nie istniały. Kobiety same to sobie uniemożliwiły, traktując siebie nawzajem jak wrogów.

Ważne, by każda kobieta wiedziała o jednej rzeczy. Mężczyźni w sprytny sposób doprowadzili do powstania wrogości między kobietami po to, by nie mogły się one nigdy stać zjednoczoną siłą. Kobiety są zazdrosne, nie lubią jedna drugiej, nie odnoszą się do siebie z sympatią. Wolą raczej przyjaźnić się z mężczyznami, ale – oczywiście – nie ze swoim mężczyzną! Powinien to być mężczyzna innej kobiety.

Czym jest zazdrość i dlaczego tak bardzo rani?

Zazdrość jest rozpowszechnionym stanem umysłu. Wynika z braku wiedzy o własnej psychice, o psychice innych osób, a zwłaszcza z braku wiedzy o relacjach.

Ludzie myślą, że wiedzą, czym jest miłość. Nie wiedzą. Ich błędne pojmowanie miłości wywołuje zazdrość. Przez „miłość" ludzie rozumieją prawo do wyłączności, posiadanie drugiej osoby. Nie rozumieją podstawowej życiowej prawdy, że w momencie, gdy ktoś staje się właścicielem żywej istoty, zabija ją.

Życia nie można sobie przywłaszczyć. Nie można go zamknąć w pięści. Jeżeli chcesz rzeczywiście posiąść życie, musisz mieć otwarte dłonie.

Niestety, nie potrafimy oddzielić miłości od nienawiści. Te uczucia stały się niemal jedną energią. Odczuwasz zazdrość, kiedy twój partner odchodzi do innej kobiety. Czujesz się z tym źle. Chcę jednak powiedzieć, że czułabyś się o wiele gorzej, gdybyś nie odczuwała zazdrości. Myślałabyś wówczas, że go nie kochasz. Jesteś przekonana, że jeżeli kogoś kochasz, to musisz odczuwać zazdrość.

Kilka dni temu skonfrontowałam się z moim wrogiem numer jeden – z zazdrością. Weszłam w tę konfrontację całą sobą. Zaskoczył mnie rezultat: poczułam euforię, wdzięczność i pełnię energii. Czego nauczyłam się dzięki temu doświadczeniu? W jaki sposób mogę spożytkować to doświadczenie, by nie dać się ponownie ogarnąć zazdrości?

Było to niezwykle ważne dla ciebie doświadczenie, jedno z tych doświadczeń, które pomagają człowiekowi w całkowitej przemianie.

Gurdżijew pracował z różnymi osobami. Odkrywał w nich pewne cechy, które przeszkadzały im w rozwoju. Jeżeli jednak dana osoba zrozumiała to swoje uwarunkowanie, mogła się dalej rozwijać.

Skonfrontowałaś się z zazdrością. Zazdrość stanowi jeden z najgroźniejszych elementów ludzkiej świadomości, szczególnie świadomości kobiet. Istotne jest, by skonfrontować się z wrogiem numer jeden bez ukrywania czegokolwiek, bez wycofywania się, bez tworzenia korzystnych interpretacji. Możesz racjonalizować uczucie zazdrości, twierdząc, że masz rację, że sytuacja cię do tego upoważnia. Nie próbuj uzasadniać zazdrości!

Jeżeli przekonasz siebie, że zazdrość była uzasadniona, to uczucie pozostanie w tobie i stanie się jeszcze silniejsze. W takim wypadku nie mogłabyś odczuć energii, którą odczuwasz teraz, zostałaby ona pochłonięta przez zazdrość. Ta energia zostałaby zamknięta w uczuciu zazdrości, a następnie tylko czekałaby na okazję, by się ponownie uwolnić. Jakiś powód zawsze by się znalazł. Tym razem jednak skonfrontowałaś się z zazdrością, nie stosując żadnych pseudowyjaśnień. Skonfrontowałaś się z zazdrością po prostu jak z faktem, który zaistniał. Przyznałaś, że to ty jesteś zazdrosna. Zaakceptowałaś to. Uznałaś, że zazdrość wiąże się z twoim zachowaniem, a nie z inną osobą. Przyznałaś, że żadna inna osoba nie jest odpowiedzialna za doświadczane przez ciebie uczucie zazdrości.

Wykonałaś dobrą robotę. Potrafiłaś zachować czujność i dzięki temu zazdrość zniknęła. Tego właśnie uczyłem was od wielu lat. Niczego nie trzeba robić. Po prostu należy stanąć z problemem twarzą w twarz, odzwierciedlić go, jak to czyni lustro, bez jakiegokolwiek osądu.

Ponieważ zazdrość od lat była twoim wrogiem numer jeden, zawierała w sobie dużo energii. Uczucie odeszło, natomiast pozostała uwolniona energia. Dlatego właśnie czujesz się bardziej żywa, bardziej kochająca, bardziej wrażliwa. Znakomicie poradziłaś sobie z zazdrością. Obecnie energia jest uwolniona. Znalazłaś właściwy klucz.

Gdy zazdrość znowu się pojawi, użyj tego samego klucza. Możesz w ten sam sposób postąpić wobec swoich mniejszych wewnętrznych wrogów, pojawiających się w twoim umyśle. Ci mniejsi wrogowie mogą zniknąć znacznie szybciej, ponieważ nie dysponują tak wielką energią jak zazdrość.

Kiedy jednak będziesz dysponowała uwolnioną energią, może pojawić się pewien problem; Co z nią zrobić? Dotąd działała ona w służbie zazdrości. Obecnie rozlewa się po całym ciele. Czujesz się bardziej wrażliwa, bardziej kochająca. Wyrażaj tę energię. Tańcz, śpiewaj, kochaj. Rób to wszystko, na co masz ochotę.

Czy możesz wypowiedzieć się na temat postawy posiadania?

Nie ma gorszego działania niż to: sprowadzenie istoty ludzkiej do poziomu rzeczy. Postawa posiadania wyraża się właśnie w ten sposób. Tylko rzeczy można sobie przywłaszczać.

Z innymi istotami wchodzisz w kontakt; możesz dzielić się z nimi miłością, poezją duszy, pięknem, ciałem, umysłem. Możesz się dzielić, lecz nie możesz robić z tego interesu, transakcji handlowej. Nie możesz posiadać kobiety ani mężczyzny. Jednak na całym świecie rozpowszechniona jest postawa przywłaszczania sobie ludzi.

W rezultacie powstał dom wariatów, który nazywamy planetą Ziemią. Próbujesz kogoś posiadać, choć z samej natury rzeczy wynika, że to niemożliwe. W następstwie takiego działania pojawia się cierpienie. Im bardziej próbujesz wejść w posiadanie drugiej osoby, tym bardziej ta osoba będzie walczyć o swą niezależność. Jej przyrodzonym prawem jest bycie osobą wolną, bycie sobą.

Wkraczasz na prywatny teren drugiego człowieka. Jest to jedyne święte miejsce na całym świecie. Nie są bowiem święte ani Ziemia Izraela, ani Kaszgar, ani Mekka. Jedyną przestrzenią świętą, w rzeczywistym tego słowa znaczeniu, jest obszar prywatności danego człowieka, jego niezależność i osobowy byt.

Jeżeli kogoś kochasz, nie będziesz naruszać jego terytorium. Nigdy nie będziesz przyjmować postawy detektywa, nie będziesz Panem Wścibskim, który wtyka nos w prywatny świat drugiej osoby. Będziesz szanował jej granice. Przyjrzyj się jednak tak zwanym osobom zakochanym. Przez cały czas te osoby próbują naruszyć sferę prywatności swojej partnerki czy swego partnera. Nie chcą, by druga osoba miała własny, prywatny świat. Dlaczego?

Tego rodzaju ludzie boją się, gdy druga osoba jest niezależna, gdy zachowuje prywatność i indywidualność. Boją się, że następnego dnia ta osoba nie będzie już ich kochać. Miłość nie jest bowiem zjawiskiem statycznym. Wydarza się w określonej chwili, nie jest trwała. Oczywiście, doświadczenie miłości może trwać wiecznie, jednak zasadniczo miłość jest doświadczeniem tego momentu. Jeżeli miłość zaistnieje też w chwili następnej, będzie to błogosławieństwem. Jeżeli nie zaistnieje, powinieneś być wdzięczny za to, że miałeś okazję już jej doświadczyć.

Zachowaj otwartą postawę. Być może miłość pojawi się ponownie, ale nie w relacji z tą samą osobą. Miłość nie polega na związku z określoną osobą. Miłość powinna ciągle płynąć, nie może zostać zatrzymana.

Ludzie kierują się głupimi poglądami i myślą: „Jeżeli ta osoba mi się wymknie z rąk, to przez całe życie będę cierpiał, będę pozbawiony miłości". Przyjmując taką postawę, człowiek jest w błędzie. Próbuje trzymać w rękach drugą osobę, zniewala ją. W ten sposób doprowadza do pojawienia się głodu miłości. Nie możesz dostać miłości od niewolnika. Nie możesz dostać miłości od czegoś, co jest twoją własnością: od krzesła, od stołu, od domu.

Możesz otrzymać miłość jedynie od drugiej wolnej istoty, której indywidualność i wolność szanujesz. W tym momencie możesz doświadczyć miłości dlatego tylko, że uszanowałeś wolność drugiej istoty. Nie niszcz tej cennej wartości, zawierając prawny związek – związek małżeński. Pozwól drugiej osobie, by była wolna, i ty także pozostań wolny. Nie pozwól, by ktokolwiek cię posiadał.

Posiadanie drugiej osoby, jak również bycie posiadanym to okropne doświadczenia. Jeżeli stajesz się własnością drugiej osoby, tracisz własną duszę.

Osoby kochają siebie naprawdę tak długo, jak długo nie są w stałym związku. Kiedy relacja zostaje utrwalona, miłość znika. Zamiast tego pojawia się postawa posiadania.

Ludzie ciągle nazywają to miłością, lecz nie można oszukać życia. W rzeczywistości miłość przekształciła się w nienawiść. Stała się lękiem, przystosowaniem i kompromisem. Przyjęła wiele innych form, lecz nie jest już rzeczywistą miłością.

Kiedy spróbujesz głęboko zbadać uczucia, okaże się, że miłość i nienawiść nie są od siebie oddzielone. To pomyłka językowa, że używamy osobnych pojęć „miłość" i „nienawiść". W przyszłości książki psychologiczne i podręczniki psychologii używać będą jednego pojęcia: „miłośćnienawiść". Te uczucia są bowiem dwiema stronami jednej monety.

Przez rok mieszkałam z mężczyzną, który utrzymywał kontakty z innymi kobietami. Nie wiem, jak radzić sobie z zazdrością.

To trudne zadanie, ale temu mężczyźnie nie należy stawiać przeszkód. Ograniczanie go byłoby niedobre. Ograniczając partnera, niszczysz jego szczęście, a wtedy mógłby on odpłacić ci tym samym. Jeżeli będziesz próbowała podporządkować go sobie, ograniczać swobodę jego ruchów, poczuje się duszony.

Problem polega na tym, że przez wieki mężczyzna żył w sposób, który opisałaś w swoim pytaniu. Kobieta natomiast nigdy nie mogła postępować w taki sam sposób. Działo się tak z kilku powodów. Po pierwsze, w dawnych czasach problem wiązał się z posiadaniem dzieci. Kiedy kobieta była w ciąży, stawała się zależna od mężczyzny. Była to kwestia bezpieczeństwa, pieniędzy... wielu innych spraw. Po drugie, wymagano od kobiety, by zachowała czystość, by była dziewicą, by kochała tylko jednego mężczyznę. Stworzono podwójne standardy: inne dla mężczyzn, inne dla kobiet. Kobieta musiała być czysta, oddana i poddana. A mężczyzna? Jest powiedzenie: „Chłopaki są chłopakami".

Mężczyzna całą wolność zarezerwował dla siebie. Mógł tak zrobić, ponieważ w przeszłości do niego należały wszelkie środki finansowe. Był wykształcony, miał pracę. Kobieta była pozbawiona zarówno wykształcenia, jak i pracy. Cały jej świat zamykał się w ścianach domu, ograniczano jej kontakty z dalszym otoczeniem. Z tego powodu trudno jej było znaleźć mężczyznę, w którym mogłaby się zakochać. Każda osoba potrzebuje pewnej liczby kontaktów, by móc znaleźć partnera. Mężczyzna stworzył wokół kobiety wielki mur chiński...

Przez całe wieki muzułmanie nie zezwalali, by twarz kobiety mógł oglądać ktoś, kto nie był jej mężem. Kobiecie nie wolno było rozmawiać z żadnym mężczyzną.

Obecnie sprawy przybrały inny obrót. Kobieta jest wykształcona, może mieć pracę zawodową. Jest tak samo wolna jak mężczyzna. Może spotykać się z ludźmi, może się zakochać, może cieszyć się życiem. Ciąża także przestała być problemem. Pigułki antykoncepcyjne dały kobiecie wolność. Pozostały jednak dawne postawy, dawne uwarunkowania kobiecego umysłu. Te uwarunkowania kształtowały się w ciągu tysięcy lat i dotyczyły całych pokoleń kobiet. Te uwarunkowania przetrwały również w tobie.

Problem istnieje więc nadal, ale możesz go sobie uświadomić i uwolnić się od niego. Istnieją dwie możliwości: możesz się kłócić ze swoim mężczyzną i narzekać na niego. Tak kobiety postępowały przez całe wieki. Taka postawa nie jest jednak pomocna. Powoduje, że mężczyzna czuje się odpychany przez kobietę. Im bardziej narzekasz, tym bardziej popychasz go w objęcia innej kobiety. Mężczyzna staje się zmęczony, znudzony tobą. Chce gdzieś pójść i spotkać osobę, która nie będzie ciosać mu kołków na głowie. Chce znaleźć ulgę. Narzekanie w niczym nie pomaga, prowadzi do destrukcji.

Inną ważną kwestią jest odwaga. Powiedz partnerowi, że jeżeli on chce tak postępować, ty będziesz robić to samo. Nie powinno być podwójnych standardów! Jeżeli on czerpie radość z kochania innych kobiet, ty będziesz się cieszyć miłością z innymi mężczyznami. Powiedz, że go kochasz, ale kochasz także innych mężczyzn. Powiedz mu to jasno. Być może to go zaniepokoi. Może się stać zazdrosny. W takiej sytuacji zrezygnuje z innych kobiet. Jednak decyzja należy do niego.

Nie twierdzę, że ten mężczyzna robi coś złego. Podkreślam jedynie, że nie powinny istnieć inne standardy dla mężczyzn, a inne dla kobiet. Każda para powinna wypracować własne standardy i zobowiązania.

Możecie zadecydować, że pozostajecie w związku monogamicznym. Istotne jest, aby była to decyzja oparta na autentycznej motywacji, która niesie ze sobą poczucie szczęścia i radości… Jeżeli takie rozwiązanie nie jest dla was możliwe i twój partner zadecyduje, że chce pozostawić sobie wolność, ty także pozostaw sobie wolność! Dlaczego masz czynić siebie osobą nieszczęśliwą? Twoje cierpienie pojawia się dlatego, że on dobrze się bawi, a ty siedzisz w domu i rozmyślasz o nim. Ty także możesz się dobrze bawić i doświadczać radości!

Pytanie, które zadałaś, nie dotyczy tylko ciebie, lecz jest istotne dla każdej kobiety. Dotyczy bowiem kształtu przyszłości. Zbierz się na odwagę i powiedz do niego, zanim przejdziesz do działania: „Mam zamiar to zrobić. Nie bądź o mnie zazdrosny".

Mężczyźni są jeszcze bardziej zazdrośni niż kobiety. Ich szowinistyczne ego zostaje głęboko zranione: „Moja kobieta kocha się z kimś innym!?". Zaczynają się czuć za mało męscy.

Jednak to jego problem. Najpierw wyjaśnij partnerowi, że będziesz kierować się pewnymi zasadami. Kiedy dwie osoby decydują się na to, by mieszkać wspólnie, muszą sobie wypracować reguły postępowania. Jeżeli mieszkasz sama, tego rodzaju zasady nie są potrzebne. Jeżeli jesteście razem, niezbędne są określone reguły gry, do których stosują się obie strony.

Mogą pojawić się różne decyzje. Twój partner może zdecydować, że nie będzie nawiązywał kontaktów z innymi kobietami. W porządku. Może też stać się tak, że będzie pragnął wolności. Wówczas ty także jesteś wolna. Nie okaż wtedy braku odwagi. Zacznij działać! Jest wielu wspaniałych mężczyzn. Dlaczego masz się ograniczać do jednego? Każdy może wnieść do twego życia niepowtarzalne wartości. Każdy jest wyjątkowy, niepowtarzalny.

Dlaczego nie miałabyś kochać wielu mężczyzn i wzbogacać swojej miłości? Nie stoi to w sprzeczności z miłością do twojego partnera. Zauważyłem, że jeśli ktoś kocha wiele osób, bardziej kocha też swojego partnera; potrafi głębiej kochać ludzi. Poznaje wiele aspektów miłości. Staje się bogatszy, bardziej dojrzały.

Lgnięcie do jednej osoby to wyraz niedojrzałej postawy. Miłość jest piękna, jest boska. Wszyscy jesteśmy formami Boga. Po co więc wpadać w obsesję na punkcie tylko jednej osoby? Ta osoba może wcale nie być tobą zainteresowana w ten sam sposób. Natomiast jeżeli jesteście wzajemnie sobą głęboko zainteresowani, to w porządku.

Istnieje pewne ugruntowane przekonanie, które w rzeczywistości nie jest prawdziwe. Mówi ono, że gdy mężczyzna nawiązuje relację z inną kobietą, jego partnerka cierpi. Nie otrzymuje bowiem tyle miłości, ile otrzymywała poprzednio.

Błąd! Kobieta nie powinna cierpieć, gdyż otrzyma jeszcze więcej miłości. Jej mężczyzna będzie się spotykał z innymi kobietami i nagle zrozumie, że to nie ma sensu. Zrozumie, że jego kobieta może dać mu to wszystko; zrobi to w bardziej delikatny sposób, z większym oddaniem i zaangażowaniem. Mężczyzna nie będzie chciał dłużej zachowywać się jak żebrak; powróci do domu, pragnąc swojej kobiety jeszcze bardziej.

Współczesna psychologia podpowiada, że pewna liczba kontaktów pozamałżeńskich sprzyja trwaniu małżeństwa. Jeżeli takie kontakty nie następują, małżeństwo staje się nużące: ten sam mężczyzna, ta sama kobieta, te same rozmowy, ta sama miłość. Wcześniej czy później wszystko staje się rutyną. Urok związku zanika, rodzą się powtarzalność i monotonia.

Porozmawiaj ze swoim partnerem i wyjaśnij te sprawy. Jeżeli zdecyduje się on na czerpanie radości z innych kontaktów, ty również jesteś wolna. I bądź wolna!

Wolność wymaga odwagi, wymaga bycia prawdziwym. Będziesz się nią cieszyć. Taka sytuacja wcale nie zaburzy waszego związku – wręcz przeciwnie – wzmocni go. Przestaniesz prześladować swojego partnera. Kiedy pozwolisz sobie od czasu do czasu na kontakty z innymi mężczyznami, przestaniesz na niego narzekać. Właśnie z tego powodu kobiety nie nawiązują relacji z innymi mężczyznami, gdyż wtedy narzekanie nie miałoby sensu. Narzekanie przynosi im zadowolenie i daje poczucie mocy.

Jeśli kobieta pozwoli sobie na kontakt z innym mężczyzną, nie będzie się starała wzbudzić w swoim partnerze poczucia winy. Obwinianie mężczyzny daje kobiecie ogromną siłę. Jest to jednak błąd. Jeżeli kogoś naprawdę kochasz, dlaczego masz w nim wzbudzać poczucie winy? Jeżeli twój partner chce wybrać taki sposób działania, pozwól mu na to! Ty także możesz przeżyć kilka miłosnych doświadczeń. Wtedy staniecie się bardziej wolni w waszej relacji. Kiedy miłość jest wolna i jest dawana w sposób wolny, zawiera w sobie zupełnie odmienne jakości. Jest w niej wtedy piękno. Nie istnieją konflikt, walka, zazdrość. Nic w tym stylu. Pojawiają się wówczas pokój i cisza. Kiedy ty i twój partner decydujecie się na kilka nowych miłosnych relacji, ciągle doświadczacie miodowego miesiąca. Ciągle dzieje się coś nowego i świeżego. Wasze spotkania są wówczas piękne...

Trochę odwagi, a tak się właśnie stanie!

Chcę cię prosić, żebyś powiedział coś na temat starszego wieku.

Wcześniej czy później każdy człowiek musi się zestarzeć. Powinniśmy zrozumieć piękno i wolność starszego wieku oraz jego mądrość. Powinniśmy też zrozumieć to całkowite uwolnienie, którego doświadczają ludzie w starszym wieku, uwolnienie od tych wszystkich głupich rzeczy, które zajmują ważne miejsce w życiu młodych osób.

W starszym wieku wchodzisz na wyższy poziom. Jeżeli włączysz w to medytację, wówczas zaczniesz się dziwić... Dlaczego traciłeś w młodości czas? Dlaczego rodzice niszczyli twoje dzieciństwo? Dlaczego nie przekazano ci medytacji jako pierwszego daru zaraz po urodzeniu?

Niezależnie od tego, w jakim okresie życia podjąłeś medytację, nigdy nie jest za późno. Jeżeli nawet na kilka chwil przed śmiercią poznasz znaczenie swojej istoty, twoje życie nie będzie zmarnowane.

Na Wschodzie niezwykle szanuje się ludzi starych. W przeszłości uważano za bezwstydne, jeśli stawałeś się dziadkiem, miałeś wnuki, a ciągle grały w tobie hormony. Powinieneś wtedy wzrastać duchowo. To czas, by pozostawić innym teren do gry w piłkę nożną. Możesz być najwyżej sędzią, lecz nie graczem...

Powinieneś z wdzięcznością przyjmować wszystko, co przynosi ci życie. Dzieciństwo zawierało w sobie piękno, młodość rozkwitała, a wiek starszy wznosi cię na szczyty świadomości. Problem polega jednak na tym, że dzieciństwo ma zwykle przebieg od nas niezależny, natomiast kształt starości jest naszym dziełem. Starość może być nieszczęśliwa, lecz może być także świętem. Może upływać w rozpaczy, ale może stać się tańcem. Wszystko zależy od tego, w jakim stopniu jesteś gotów zaakceptować egzystencję, bez względu na to, co ona ze sobą niesie. Pewnego dnia przyniesie ci śmierć. Bądź wdzięczny również za nią.

Dlaczego odczuwam lęk przed starzeniem się?

Jeżeli przeżywasz życie we właściwy sposób, nigdy nie będziesz obawiała się śmierci. Jeżeli żyłaś w pełni, przywitasz śmierć z radością. Śmierć stanie się wypoczynkiem, długim snem. Jeżeli w życiu wspięłaś się na szczyty, śmierć staje się wspaniałym wypoczynkiem, błogosławieństwem. Jeżeli jednak nie angażowałaś się w życie, wtedy śmierć wzbudza lęk. Jeżeli nie żyłaś właściwie, śmierć zabiera ci resztki czasu, ostatnią szansę. W przeszłości nie potrafiłaś żyć, a tu nie ma już żadnej przyszłości. Pojawia się w związku z tym lęk; nie dlatego, że zbliża się śmierć, ale dlatego, że nie przeżyłaś życia we właściwy sposób. Z powodu lęku przed śmiercią pojawia się też lęk przed starością, ponieważ starość stanowi pierwszy krok ku śmierci.

W swej istocie starość jest piękna. Jest dojrzewaniem twojej istoty, zwieńczeniem rozwoju. Starość jest dojrzała, jeżeli żyłaś we właściwy sposób, jeżeli żyłaś z chwili na chwilę, jeżeli konfrontowałaś się z wszelkimi życiowymi wyzwaniami, jeżeli wykorzystywałaś wszelkie możliwości stwarzane przez życie, jeżeli miałaś odwagę, by badać nieznane obszary życia. Jeżeli nie żyłaś w ten sposób, starość stanie się chorobą.

Niestety, wiele osób starzeje się, lecz nie osiąga dojrzałości odpowiedniej do wieku. W takiej sytuacji starość staje się ciężarem. Twoje ciało się starzeje, lecz świadomość pozostaje na młodzieńczym poziomie. Dojrzałość nie objęła twego wewnętrznego życia. Nie poznałeś wewnętrznego światła, a śmierć zbliża się do ciebie wraz z upływem kolejnych dni. W takiej sytuacji możesz oczywiście drżeć, czuć obawę... Może się w tobie narodzić wielki ból.

Osoby, które żyły we właściwy sposób, potrafią zaakceptować swój sędziwy wiek. Dla nich jest on czasem owocowania. Takie osoby stają się zdolne do dzielenia się wszystkim, co osiągnęły.

Sędziwy wiek jest czymś pięknym, ponieważ całe życie znajduje w nim swoje ukoronowanie. Przecież szczyt nie może przypaść na okres dzieciństwa ani też na środek życia. Jeżeli myślisz, że swój szczyt osiągnąłeś w dzieciństwie – jak czyni wiele osób – cała reszta życia będzie cierpieniem. Jeżeli bowiem osiągnąłeś już szczyt, reszta może być tylko opadaniem. Jeżeli natomiast myślisz, że szczyt życia przypada na okres młodości – a czyni tak wiele osób – wtedy oczywiście po trzydziestym piątym roku życia staniesz się smutny, wpadniesz w depresję. Będziesz myślał, że każdego dnia coś tracisz. Będziesz słabnąć, pojawią się choroby. Do twoich drzwi zapuka śmierć. Będziesz spędzał czas w szpitalu, a nie w domu. Czy możesz być wtedy szczęśliwy?

Na Wschodzie uważa się, że osiągnięcie szczytu przypada na schyłek życia. Jeżeli twoje życie przebiega we właściwy sposób, osiągasz coraz wyższe szczyty. Śmierć jest najwyższym szczytem, na który możesz się wspiąć.

Dlaczego tracimy życie? Dlaczego się starzejemy, a nie możemy dojrzeć? W jakimś momencie życia coś poszło nie tak. Ustawiliśmy się na niewłaściwym torze lub zgodziliśmy się, by tak nas ustawiono. Powinniśmy się przestać na to godzić; spalić podpisany kontrakt. Taką postawę nazywam *sannjas*. Oznacza ona zrozumienie, że aż do tej chwili żyłem w niewłaściwy sposób. Szedłem na kompromis, nie żyłem naprawdę.

Kiedy byłeś dzieckiem, zmuszano cię do ustępstw, do kompromisów. Sprzedałeś swoją istotę. Za co? Nic wartościowego za to nie dostałeś, same śmieci. Dla małych rzeczy straciłeś swoją duszę. Zgodziłeś się być kimś innym, niż jesteś w rzeczywistości. W tym momencie zszedłeś ze swojej ścieżki. Twoja matka i twój ojciec, podobnie jak całe społeczeństwo, chcieli, abyś się stał „kimś". Zgodziłeś się. Stopniowo zrezygnowałeś z bycia sobą. Zacząłeś udawać kogoś innego.

Krzak róży zgodził się być słoniem. Słoń zgodził się być krzakiem róży. Orzeł jest zaniepokojony, chce się wybrać do psychiatry, ponieważ chce być psem. Pies został zabrany do szpitala, ponieważ chciał fruwać jak orzeł. Takie właśnie procesy zaszły w społeczeństwie. Największym nieszczęściem jest wyrażenie zgody na to, by być kimś innym. Wtedy nigdy nie możesz stać się dojrzały, wydorośleć.

Nie możesz stać się dojrzałym człowiekiem, jeśli naśladujesz innych. Masz jedyną i niepowtarzalną drogę dojrzewania. Należy odrzucić wszelkie formuły typu „powinienem". Nie należy zbytnio przejmować się tym, co inni mówią o tobie. Kim oni są? Jakie są ich opinie? Jesteś tu, na ziemi, po to, by być sobą. Nie przyszedłeś tu po to, by spełniać oczekiwania innych ludzi. Twój ojciec może już nie żyć, a ty ciągle próbujesz spełnić obietnicę, którą mu dałeś. On zaś próbował spełnić obietnicę, którą dał swemu ojcu... i tak dalej. Głupota sięga bardzo głęboko.

Spróbuj zrozumieć i bądź odważna. Weź życie w swoje ręce. Nagle poczujesz ogromny przypływ energii.

W momencie, gdy zdecydujesz: „Chcę być sobą, a nie kimkolwiek innym. Za wszelką cenę chcę być sobą", zajdzie zasadnicza zmiana. Poczujesz siłę witalną, poczujesz, jak płynie w tobie i pulsuje strumień energii.

13. Medytacja

Czy jako kobiety potrzebujemy specjalnego rodzaju medytacji?

Nie. Medytacja jest związana ze świadomością, a ta nie jest ani męska, ani kobieca. To jedna z podstawowych prawd, które chcę przekazać światu.

Wszystkie religie odrzucały możliwość duchowego rozwoju kobiety. Uważały, że jej ciało jest inne, że inne jest jej biologiczne wyposażenie. Z tego powodu religie twierdziły, że kobieta nie może osiągnąć ostatecznego dojrzałego stanu świadomości.

Dziwne jest jednak to, że przez stulecia nikt nie zbadał tej istotnej kwestii. Kto osiąga ostateczny stan świadomości: ciało, umysł czy świadomość?

Ciało kobiety różni się od ciała mężczyzny. Jeżeli to ciało wchodziłoby w stan medytacji, wtedy rzeczywiście potrzebne byłyby odmienne rodzaje medytacji dla kobiet i dla mężczyzn. Ponieważ to nie ciało wchodzi w stan medytacji, nie ma kłopotu związanego z różnicami biologicznymi.

Inaczej ta kwestia wygląda w jodze. Tam ciało jest bardzo istotne. Wszystkie pozycje jogi są osadzone w fizjologii ludzkiego ciała. Istnieje wiele pozycji jogi nieodpowiednich dla kobiet. Istnieje też wiele pozycji, które bardziej służą ciału kobiet niż mężczyzn. Możemy więc dokonać podziału na jogę dla kobiet i dla mężczyzn.

Umysły kobiet i mężczyzn także się różnią. Mężczyźni w myśleniu posługują się logiką i językiem. Kobiety na ogół znajdują się pod silniejszym wpływem emocji i uczuć, niepodlegających werbalizacji. Z tego też powodu kobieta nie ma ochoty na dyskusje. Woli raczej krzyczeć i walczyć, płakać i szlochać. W ten właśnie sposób postępowała przez całe stulecia. I wygrywała, ponieważ mężczyzna czuł się zażenowany takim jej zachowaniem. Z logicznego punktu widzenia mężczyzna może mieć rację, jednak kobieta nie funkcjonuje logicznie.

Jeżeli zatem medytacja wiązałaby się z umysłem, wówczas musiałyby istnieć jej dwa rodzaje: jeden dla kobiet, drugi dla mężczyzn. Medytacja jednak dotyczy najgłębszego jądra twej istoty, które nie może być rozdzielone na część męską i część kobiecą.

Świadomość jest po prostu świadomością. Lustro jest po prostu lustrem. Nie jest ono męskie ani kobiece. Lustro odbija swoje otoczenie.

Świadomość jest lustrem. Medytacja pozwala, by twoje lustro odbijało działanie umysłu i działanie ciała. Nie ma znaczenia, czy to ciało kobiety, czy też ciało mężczyzny. Nie ma także znaczenia to, w jaki sposób funkcjonuje umysł – emocjonalnie czy logicznie. Niezależnie od tego, jakiego rodzaju proces zachodzi, świadomość ma za zadanie zachować w stosunku do niego czujność. Tego rodzaju czujność, tego rodzaju przytomność jest medytacją.

Z wymienionych powodów nie ma różnicy w podejściu do medytacji ze względu na płeć.

Czy istnieje prawidłowy sposób medytacji?

Pytasz o prawidłową medytację. Pierwszą i najważniejszą sprawą jest oczyszczenie wnętrza ze wszystkich myśli. Nie polega to na tym, by zatrzymać dobre myśli, natomiast wyrzucić złe. Dla osoby medytującej wszystkie myśli są balastem; zajmują wewnętrzną przestrzeń. Z tego też powodu twoja wewnętrzna istota nie może pozostawać w całkowitym spokoju. Dobre myśli są tak samo złe, jak złe myśli. Nie czyń między nimi różnicy. Wylej dziecko z kąpielą!

Medytacja wymaga całkowitego spokoju, tak głębokiej ciszy, że nic się w tobie nie porusza. Kiedy dokładnie zrozumiesz, czym jest medytacja, nie będzie ci trudno medytować. Jest ona naszym przyrodzonym prawem. Mamy możliwość, by się jej nauczyć. Jednak nie da się mieć dwóch rzeczy naraz: umysłu i medytacji.

Umysł tworzy zakłócenia. Jest on szaleńczym ruchem myśli. Musisz wykroczyć poza umysł. Zaistnieć w przestrzeni, do której nie ma wstępu żadna myśl, w której nie funkcjonuje wyobraźnia, nie pojawiają się sny. W tej przestrzeni po prostu jesteś; tam nie masz tożsamości.

Medytacja jest raczej zrozumieniem niż dyscypliną. Nie musisz wiele robić. Właściwie nie musisz robić nic, lecz jedynie jasno zrozumieć, czym jest medytacja. To rzeczywiste zrozumienie powstrzymuje działanie umysłu. Zrozumienie jest niczym pan, w którego obecności słudzy zaprzestają sprzeczek, a nawet milkną. Pan nieoczekiwanie powraca do domu; zapada cisza. Wszyscy słudzy czymś się zajmują, a przynajmniej udają, że są zajęci. Jeszcze kilka chwil temu wszyscy się sprzeczali, walczyli ze sobą i dyskutowali. Nikt nie wykonywał swoich obowiązków.

Zrozumienie tego, czym jest medytacja, stanowi zaproszenie do swego wnętrza pana. Umysł jest sługą.

W momencie gdy mistrz wchodzi do środka, wnosząc milczenie i radość, umysł zanurza się w całkowitej ciszy.

Jeżeli już raz wszedłeś w przestrzeń medytacji, to osiągnięcie oświecenia pozostaje jedynie kwestią czasu. Nie możesz niczego czynić na siłę. Pozostaje ci tylko cierpliwie czekać, czekać w intensywny sposób, z wielką tęsknotą, tak jak czeka osoba cierpiąca głód lub pragnienie…

W medytacji ta tęsknota przeradza się w pragnienie oświecenia, w cierpliwe oczekiwanie. Jest to potężne doświadczenie, a ty sam jesteś czymś miniaturowym w porównaniu z jego rozmiarami. Nie możesz dosięgnąć oświecenia za pomocą rąk. To doświadczenie może po prostu nadejść i objąć całego ciebie. Nie możesz jednak zrobić niczego, by je sprowadzić. Jesteś zbyt mały. Twoje energie są zbyt skromne. Jeżeli jednak naprawdę cierpliwie czekasz, tęsknisz i pragniesz, oświecenie nadejdzie. Nadejdzie we właściwym momencie. Ono zawsze przychodzi.

O autorze

Nauki Osho wymykają się wszelkim klasyfikacjom. Obejmują wszystko, od indywidualnego poszukiwania sensu do najbardziej palących spraw społecznych i politycznych, z którymi boryka się dzisiejsze społeczeństwo. Książki Osho nie wyszły spod jego pióra, lecz zostały spisane z nagranych na taśmy audio i wideo improwizowanych przemówień, wygłaszanych dla międzynarodowej widowni w ciągu trzydziestu pięciu lat. Londyński „Sunday Times" nazwał Osho jednym z „tysiąca ludzi, którzy stworzyli XX wiek", a amerykański pisarz Tom Robbins określił go jako „najbardziej niebezpiecznego człowieka od czasów Jezusa Chrystusa".

Osho powiedział, że swoją pracą pomaga stworzyć warunki dla narodzenia się nowego rodzaju człowieka. Często charakteryzował go jako „Zorbę Buddę" – zdolnego zarówno do cieszenia się ziemskimi przyjemnościami Greka Zorby, jak i cichym spokojem Buddy Gautamy.

Wątkiem przenikającym wszystkie elementy działalności Osho jest wizja obejmująca i ponadczasową mądrość Wschodu, i najwyższy potencjał nauki i techniki Zachodu.

Osho znany jest też ze swojego rewolucyjnego wkładu w naukę wewnętrznej przemiany. W swoim podejściu do medytacji uwzględnia szybkie tempo współczesnego życia. Jego jedyne w swoim rodzaju „aktywne medytacje" mają na celu uwolnienie nagromadzonego w ciele i umyśle napięcia, co ułatwia doświadczenie wolnego od myśli i zrelaksowanego stanu medytacji.

Międzynarodowy Ośrodek Medytacji OSHO

Międzynarodowy Ośrodek Medytacji Osho (The Osho International Meditation Resort) to miejsce, w którym można osobiście doświadczyć nowego sposobu życia, bardziej świadomego, zrelaksowanego, radosnego. Ośrodek położony w Punie, ponad sto kilometrów na południowy-wschód od Bombaju, oferuje urozmaicony program dla tysięcy ludzi przybywających tu co roku z ponad stu krajów świata.

Puna, będąca początkowo letnim kurortem dla maharadżów i bogatych brytyjskich kolonistów, jest obecnie tętniącym życiem nowoczesnym miastem z wieloma uniwersytetami i nowoczesnymi zakładami przemysłowymi. Ośrodek Medytacji zajmuje powierzchnię ponad czterdziestu akrów na wysadzanym drzewami przedmieściu zwanym Koregaon Park. Kampus ośrodka zapewnia zakwaterowanie dla ograniczonej liczby gości. W pobliskich hotelach i kwaterach prywatnych można wynajmować pokoje na okres od paru dni do kilku miesięcy.

Wszystkie programy ośrodka oparte są na przedstawionej przez Osho wizji nowego typu człowieka, który potrafi zarówno twórczo uczestniczyć w codziennym życiu, jak i relaksować się w ciszy i medytacji. Większość zajęć odbywa się w nowoczesnych, klimatyzowanych pomieszczeniach. W ramach zajęć oferowane są różnorakie indywidualne sesje, kursy i warsztaty, obejmujące wszystko: od sztuki, przez terapie holistyczne, osobistą transformację i terapię, nauki ezoteryczne, podejście zen do sportu i rekreacji, problemy występujące w związkach, aż po ważne przemiany w życiu mężczyzn i kobiet. W ciągu całego roku organizowane są indywidualne sesje i warsztaty grupowe wraz z całodziennym programem medytacji.

Kawiarnie i restauracje na świeżym powietrzu, znajdujące się na terenie ośrodka, serwują tradycyjne indyjskie potrawy oraz dania z różnych stron świata. Wszystkie warzywa pochodzą z ekologicznych upraw z własnego gospodarstwa. Kampus ma własne ujęcie pitnej, filtrowanej wody.

Więcej informacji

Osho International
Nowy Jork
oshointernational@oshointernational.com
www.osho.com/oshointernational
www.osho.com

To rozbudowana strona internetowa w kilku językach, obejmująca wycieczkę on-line po ośrodku i kalendarz prowadzonych kursów, katalog książek i nagrań, listę ośrodków informacyjnych Osho na świecie oraz fragmenty jego wykładów.